新乡医学院博士科研启动项目资助
（项目编号：505087）

新乡医学院人文社会科学研究培育基金项目资助
（项目编号：2014YB220）

1350年至1700年
英国港口贸易的崛起

康瑞林 ◎ 著

THE RISE OF PORT TRADE IN ENGLAND 1350-1700

中国社会科学出版社

图书在版编目（CIP）数据

1350年至1700年英国港口贸易的崛起 / 康瑞林著. —北京：中国社会科学出版社，2019.7
ISBN 978 - 7 - 5203 - 4716 - 7

Ⅰ.①1… Ⅱ.①康… Ⅲ.①港口经济—对外贸易—贸易史—研究—英国—1350 - 1700 Ⅳ.①F555.619

中国版本图书馆 CIP 数据核字（2019）第 139328 号

出 版 人	赵剑英
责任编辑	郭 鹏
责任校对	刘 俊
责任印制	李寡寡

出　　版	中国社会科学出版社
社　　址	北京鼓楼西大街甲 158 号
邮　　编	100720
网　　址	http://www.csspw.cn
发 行 部	010 - 84083685
门 市 部	010 - 84029450
经　　销	新华书店及其他书店

印刷装订	北京君升印刷有限公司
版　　次	2019 年 7 月第 1 版
印　　次	2019 年 7 月第 1 次印刷

开　　本	710×1000　1/16
印　　张	15
字　　数	220 千字
定　　价	69.00 元

凡购买中国社会科学出版社图书，如有质量问题请与本社营销中心联系调换
电话：010 - 84083683
版权所有　侵权必究

序

　　康瑞林君所著《1350年至1700年英国港口贸易的崛起》，即将由中国社会科学出版社出版。他邀我为书写序。作为曾与他有六年学术交集、切磋较多的指导老师，自然不便推辞。一方面出于师生情谊，我始终关注着新一代学人的不断成长，理应为他们的每一步前进摇旗助威；另一方面也是出于学术本身考虑，感觉该书的出版有着较强的学术意义，甚至还能用之于现实关照，从而产生说几句话的冲动。

　　该书研究的是中世纪晚期至近代早期的英国。我们都知道，作为世界上第一个工业化国家和第一个现代化国家，英国的经济"起飞"是从18世纪工业革命开始的。然而，"起飞"之前必有一个在跑道上滑动、积蓄能量的时段。换句话说，英国的崛起绝不是无源之水、无本之木，必是前此若干个世纪社会经济政治变革发展的结果。英国作为欧陆之外的一个边缘国家，其中世纪初中期的经济发展水平比一些大陆欧洲国家要低很多，有人认为它在经济上甚至是中世纪欧洲的三流国家。然而英国却最先成为现代工业国家，这一反差说明它在"起飞"跑道上滑动的速度要快得多，滑动的时间要短得多。因此，学术界的目光一般都关注从中世纪晚期到18世纪工业革命前夕的这几百年时间，这是英国经济社会变革的时代，也是其加速发展的时代。圈地运动的发生，乡绅阶层的崛起，约曼农阶层的形成，乡村工业的兴旺，农业革命的进行，城市职能的转变，国内市场体系的构架，海外贸易的扩张，重商主义政策的施行，等等，成了这一时期英国经济社会发展的诸多亮点，引起了许多研究者关注，研究成果汗牛充栋。然

2　1350年至1700年英国港口贸易的崛起

而，英国社会内部如何产生促使这些变革的机制，则需要更深入的探讨。这部论述中世纪晚期至近代早期英国港口贸易崛起的著作，正是这方面一个很好的尝试。

这部著作论述的是港口贸易，实际上勾勒了从中世纪晚期至近代早期英国对外贸易和国际贸易发展变化的轨迹。随着时间推移，这一时段英国对外贸易重心呈现着从东部海岸港口（14、15世纪）→伦敦（16、17世纪）→西部和西南海岸港口（17世纪）的基本趋势。这一趋势既与英国经济发展的总趋势相吻合，又与英国与国际贸易的关联度相一致。在中世纪晚期，英国对外贸易规模较小，羊毛出口要占总出口的绝大部分，而英国优质羊毛生产的主要基地是东部自东密德兰到东盎格利亚一带，以此为腹地的东部港口城市也就自然成了羊毛的主要出口港，当然也成了主要的外贸港口。由于毛纺业发展，15世纪，中期英国的呢绒制成品出口总值超过了原料羊毛出口总值，羊毛输出逐渐被禁止，东部港口的重要性丧失。16世纪，由于伦敦从实行重商主义政策的国王手中获得特权，规定毛纺织品必须经过伦敦检验出口，结果全国出口呢绒的80%以上都从伦敦输出，不少年份还超过了90%。各地所产出口呢绒须先运到伦敦，再从伦敦运往国外，这样一来，不但地方港口不具呢绒出口功能，而且还只是作为地方呢绒运往伦敦的装运点而已，从属于伦敦，为伦敦服务。伦敦几乎成了英国唯一的对外出口港。它也是英国主要的进口港，英国进出口贸易总量和总额的三分之二以上都归了伦敦。不但如此，伦敦还是国际贸易线上的重要转运站，又是国际贸易商品加工再出口的基地。伦敦这种一家独大的局面，直到17世纪大西洋贸易兴起，才被利物浦、布里斯托尔等西部海岸港口的兴起而有所打破。

可以说，梳理英国港口贸易的兴起和变迁，是从一个新的学术维度来认识转型时期英国发生的巨变，无疑具有学术意义。在目前国际贸易摩擦加剧的这样一个当口，这部著作的出版还体现了一种现实关怀。18世纪后期，主张自由贸易的亚当·斯密经济学兴起，英国由此而成为自由主义老家，对保护关税政策早就嗤之以鼻了。

因此，无论是学术上的探讨，还是面向现实寻找历史借鉴，康瑞林君对国际贸易史的研究确为重要,希望他能够继续进行下去。
是为序。

刘景华
2019 年 6 月 22 日

前　　言

英国作为近现代史上的海洋强国，其对外贸易问题历来是学术界研究的热点，无论是工业革命之后其对外贸易的鼎盛时期，还是近代早期其对外贸易的崛起阶段，都出现了大量成果。但是，对于对外贸易的重要载体——英国港口——在贸易当中的重要作用和发展历程，各个港口贸易成败原因的研究却明显不足。

港口是栖息在欧洲边缘的岛国英国通往外界的大门，对于英国的发展相当重要。它们不仅连通了英国与大陆以及附近岛屿，而且使得英国内部的贸易和人员交流变得相对来说更加容易。港口里汇集了文化的、社会的、商业的各式各样的人——商人、水手、航海者、朝圣者和海盗，穷人和富人、英国人和外国人，他们在这里进行商业贸易、社会文化交流、在近海捕鱼或者起航前往远方。

英国的港口城市在英国城市等级中同样有着很重要的地位。据统计，在1334年英国财富排名前20位的城市当中有8个是港口城市，1337年人口最多的20个城市当中港口城市占了7个，1524—1525年财富排名前20位的城市当中有一半是港口城市。1549年统计的20个大城市当中，港口城市就占了10个，这一时期人口超过5000人的10个城市，港口城市占了5个。1600年，人口超过5000人的20个城市当中，12个是港口城市。1700年，32个人口超过5000人的城市当中，16个是港口城市。

港口城市对于英国对外贸易的重要作用更是不言而喻，所有与大陆的对外贸易都必须通过这些港口，英国很多内陆贸易和沿海贸易也都以港口城市为中心，英国国内外贸易发展促进了英国国内的工商业发展，积累了大量资金，成为英国不断前进发展的源源动力。因而研

2　1350年至1700年英国港口贸易的崛起

究英国港口对了解整个英国的历史发展有着很重要的意义。

英国作为一个岛国，拥有很多港口，每一个港口都在贸易中起着不同的作用，服务区域和腹地范围也不尽相同。因而有必要把研究具体到一些重要港口。按照港口所在区域可以分为伦敦、东部、南部、西南部和西北部等五个部分。每一个地区的港口都对这个地区的发展起着相当重要的作用。

东部港口纽卡斯尔的煤炭出口无疑对整个英国的工业发展至关重要；东盎格利亚地区港口林恩的农业产品，不仅供应伦敦等国内城市需求，而且每年都大量出口到低地国家等欧洲大陆地区；大雅茅斯向来以渔业贸易著名，港口市民的渔船驰骋于海峡之上，并把捕捞到的鲱鱼贩卖到英国以及欧洲大陆，直到遇到荷兰人的竞争而败下阵来；黑斯廷斯、新罗姆尼、海斯、多佛和桑威奇等五个港口组成的东南五港同盟，在军事上显赫一时；在14—15世纪，南部港口南安普顿成为了意大利与英国进行贸易的集散中心，它的码头上终日挤满了意大利的商人和船只，城市里到处都是车水马龙，熙熙攘攘；布里斯托尔地处西陲，工业和贸易却十分发达，一直以来占据全国第二城市的位置，当大西洋贸易兴盛，它的烟草、蔗糖贸易都在全国遥遥领先，甚至于奴隶贸易也十分发达，直到利物浦的兴起抢了它的风头；西北部港口利物浦，在大西洋贸易当中异军突起，成为西部地区贸易重镇，黑奴贸易甚至成为它的代名词，它的发展为曼彻斯特的工业发展，乃至于整个英国的工业革命，都打下了坚实的基础。

首都伦敦作为港口，在贸易上的优势地位从13世纪就开始显现，到16世纪，更依靠自身的优势不断对地方港口加强渗透，控制了绝大部分英国对外贸易的份额，成为贸易的巨头。伦敦对地方港口和城市的渗透、控制，使得伦敦和全国各地的交流不断加强，促进了全国经济一体化的发展。

中世纪晚期到17世纪这一时段属于前工业化时期，对于英国的港口和对外贸易来说有着重要的意义。英国从中世纪开始与外国发生贸易联系时，它出口的主要商品是羊毛。到14世纪随着英国毛纺织业的发展，英国转向了以呢绒出口为主，从此之后英国对外贸易当中呢绒就占据了绝对的优势，直到17世纪末大西洋贸易出现之后，才有所改变。当然，毛纺织品贸易内部也在发生着变化，从出口半成品呢绒转型到成品呢绒，再到新式呢绒，每一次变化对于英国对外贸易的兴衰，以及港口强弱格局的变换都有着重要的意义。

英国港口贸易的变化与英国国内经济的发展变化有着密切的关系。例如，中世纪晚期西南部地区毛纺织业的发展促进了西南部港口的繁荣。伦敦—安特卫普贸易的繁荣使得伦敦迅速扩张，这与中世纪晚期到近代早期英国很多城市的衰落有着直接的关系。英国对外贸易的繁荣直接导致了英国圈地运动的发展。西部港口在17世纪晚期之后的崛起同样表明着英国的经济中心有从伦敦为中心的东南部向中西部转移的趋势。因而研究这一时期的港口贸易可以反映出英国经济发展的历程。

前工业化时期港口贸易的发展变化，同样见证了英国在对外贸易当中从这一时期开始处于弱势，并且受到外国商人的控制。到17世纪末，不仅摆脱了外国商人的控制，把对外贸易掌握到自己的手中，最终蜕变为海上强国的整个历程。

港口兴衰与英国对外贸易形势的变化、英国经济的发展、国际市场需求波动的密切关系、港口与其腹地经济发展的互动，以及英国对外贸易由弱变强的主导因素，等等都是本书所试图阐述的。

十八大以来，中国步入了中国特色社会主义新时代。特别是习近平总书记提出"一带一路"战略以来，中国对外贸易发展十分迅速，与世界各国的对外贸易往来愈加密切的同时，贸易摩擦也愈演愈烈。中国现在对外贸易面临的问题与当时的英国有着很多相似之处。希望通过本书的研究可以为中国的对外贸易发展提供一点借鉴。

目　　录

第一章　对中世纪晚期到17世纪英国港口贸易的学术研究状况 …… (1)

第一节　对贸易载体——港口的研究 …… (1)
一　对英国港口的总体性研究 …… (2)
二　对东部港口研究状况 …… (4)
三　对南部港口研究状况 …… (9)
四　对西南部港口研究状况 …… (12)
五　对西北部港口研究状况 …… (17)
六　对贸易中心港口——伦敦研究状况 …… (18)

第二节　对英国对外贸易发展的研究状况 …… (21)
一　对中世纪晚期对外贸易发展的研究状况 …… (22)
二　对16—17世纪英国对外贸易发展的研究状况 …… (23)

第二章　中世纪晚期英国港口贸易的初兴 …… (28)

第一节　中世纪晚期英国的对外贸易变革 …… (29)
一　中世纪晚期对外贸易概况 …… (30)
二　羊毛出口贸易的衰落 …… (35)
三　英国与汉萨商人和意大利商人的贸易冲突 …… (44)

第二节　意大利人的贸易基地——南部港口南安普顿 …… (54)
一　南安普顿与意大利贸易的重建 …… (54)
二　佛罗伦萨与南安普顿贸易状况 …… (63)
三　中世纪晚期南安普顿成为意大利与英国贸易中心的缘由 …… (69)

第三节　西南部港口埃克塞特的扩张 …………………………（76）
　　　　一　埃克塞特的贸易扩张与对外贸易联系 …………………（77）
　　　　二　埃克塞特与西南部腹地的联系 …………………………（82）
　　　　三　埃克塞特与伦敦的贸易联系 ……………………………（87）

第三章　16世纪到17世纪初期伦敦贸易的大扩张 …………（93）
　　第一节　16世纪至17世纪初期英国的对外贸易 ……………（94）
　　　　一　16世纪上半叶对外贸易的增长与贸易区域的
　　　　　　集中 …………………………………………………（94）
　　　　二　固有贸易模式的崩溃与对外贸易区域的扩展 ………（98）
　　第二节　伦敦—安特卫普贸易 ………………………………（107）
　　　　一　垄断出口贸易的商人冒险家公司 ……………………（107）
　　　　二　繁盛一时的国际贸易中心——安特卫普 ……………（109）
　　　　三　英国对外贸易探险的起航 ……………………………（115）
　　第三节　近代早期贸易扩张刺激下伦敦的飞速发展 …………（119）
　　　　一　伦敦港口贸易的飞速发展 ……………………………（120）
　　　　二　现代意义上首都城市的形成 …………………………（124）
　　　　三　伦敦人口的激增和城市的扩张 ………………………（127）
　　第四节　伦敦挤压下的地方港口——以南安普顿
　　　　　　为样本的分析 ………………………………………（133）
　　　　一　南安普顿主要衰落原因探析 …………………………（134）
　　　　二　伦敦商人对南安普顿贸易的控制 ……………………（137）
　　　　三　伦敦商人离开之后南安普顿的衰落 …………………（141）

第四章　17世纪中晚期贸易变革和西部港口的崛起 ………（146）
　　第一节　17世纪中晚期英国出口贸易的变革 ………………（147）
　　　　一　传统纺织产品旧式呢绒出口的衰落 …………………（148）
　　　　二　新式呢绒出口的扩张 …………………………………（149）
　　第二节　17世纪中晚期进口、再出口和三角贸易 …………（157）
　　　　一　工业生产所需原料进口的增长 ………………………（157）
　　　　二　非欧洲地区贸易的兴起 ………………………………（161）

三　大西洋上的三角贸易 …………………………………（167）
第三节　大西洋贸易中的布里斯托尔 ………………………（173）
　　一　16世纪布里斯托尔贸易的衰落 …………………………（173）
　　二　重新崛起的布里斯托尔 …………………………………（177）
第四节　后起之秀利物浦 ……………………………………（183）
　　一　17世纪中期之前默默无闻的利物浦 ……………………（184）
　　二　利物浦对外贸易的飞速发展 ……………………………（186）
第五节　乘新式纺织品盛行之风——埃克塞特的
　　　　贸易繁荣 ……………………………………………（191）
　　一　17世纪早期埃克塞特的对外贸易 ………………………（191）
　　二　17世纪晚期埃克塞特贸易的繁荣 ………………………（194）
　　三　新式呢绒出口的增长 ……………………………………（198）

结语 ……………………………………………………………（207）

参考文献 ………………………………………………………（215）

后记 ……………………………………………………………（226）

第一章 对中世纪晚期到17世纪英国港口贸易的学术研究状况

国内外学术界对中世纪晚期到17世纪英国港口贸易的发展这一问题一直关注较多，因而成果和资料繁多。笔者把这些研究成果大致分为对贸易载体港口的研究和对总体对外贸易状况的研究两大类，当然学者对两者的研究并不是截然分开的，对外贸易的发展是不可能脱离港口而存在的，港口的发展也必须放到总的对外贸易发展背景下来考察。

第一节 对贸易载体——港口的研究

首先我们需要了解英国港口的地理分布情况，以便在头脑中形成一个英国港口的空间概念。英国东部地区主要港口为泰恩河畔的纽卡斯尔、约克郡的赫尔、林肯郡的波士顿、诺福克郡的国王的林恩，东盎格利亚港口主要有诺福克郡的大雅茅斯、萨福克郡的伊普斯维奇、科尔切斯特，南部地区主要港口是汉普郡的南安普顿，以及黑斯廷斯、新罗姆尼、海斯、多佛和桑威奇等五个港口组成的东南五港同盟，西南部地区主要是德文郡的埃克塞特、普利茅斯和布里斯托尔，西北部地区的主要港口是默西河畔都市郡的利物浦。最后也是最重要的港口就是首都伦敦。如此众多的港口大致分为东部、南部、西南部、西北部和伦敦五个部分，每个港口都有属于它的历史，以及在不同时期在贸易当中起到的不同作用，如此下来港口的资料会特别庞杂，关于各个港口的研究也很多，本书的篇幅有限，做不到面面俱

2 1350年至1700年英国港口贸易的崛起

到,因此每个部分会选出典型港口做出论述。

一 对英国港口的总体性研究

关于英国港口整体的研究主要出现在英国城市史或者贸易史的研究著作当中,如帕里斯尔(D. M. Palliser)主编的《剑桥不列颠城市史》第一卷①和克拉克(Petey. clark)主编的第二卷都对英国的港口城市有专章的论述。第一卷第19章《1300—1540英格兰和威尔士的港口》,对这一时期英格兰港口的行政管理、与英国王室的关系、税收和贸易发展,以及航运商人群体都做了详细的论述。1275年,英国王室把英国沿海划分为13个管理以及税收区域,每一个管理区域指定一个税收首港,负责这一区域的税收。在15世纪早期这种区域增加到了15个。因而我们平常见到的有些港口的税收数据是包含了其他港口的数据的。每一个首港又是一个贸易集中地,所有的进出口贸易都要通过这些港口来进行,后来的羊毛贸易集中地就是从这里发展而来的。每一个首港都会有两个税收官,以及财务主管(controller)、检查官(searcher)等其他人员,这些人员都来自当地的主要商人。港口还给王室提供军用物资、战船、军队,等等。在这一点上东南五港同盟最为典型。

该书认为这一时期英国港口呈现出三个发展特点。第一,伦敦的扩张。伦敦这一时段贸易发展迅速,到15世纪晚期就占了对外贸易总量一半以上。第二,东部港口普遍的衰落。东部港口衰落的原因很多,包括伦敦的扩张,羊毛出口转向呢绒出口,荷兰人的竞争,还有港口的淤塞等因素。第三,西部港口的崛起。这里把南安普顿以及西南部统称为西部,有待商榷,南安普顿和西南部港口的特点以及发展轨迹本身不太相同,南安普顿因为靠近伦敦显然受到伦敦的影响更为强烈,西南部港口则不同。这一时期,西部港口,不仅在呢绒出口上不断扩张,在渔业贸易上也蒸蒸日上,德文郡、康沃尔郡和布里斯托尔更是包揽了73%的葡萄酒运输。

---

① D. M. Palliser ed., *The Cambridge urban history of Britain*, Vol. 1, 600—1540, Cambridge University Press, 2000.

第一章 对中世纪晚期到17世纪英国港口贸易的学术研究状况

克拉克《剑桥不列颠城市史》第二卷[①]第12章《1540—1700年港口》把英格兰和威尔士作为一部分，苏格兰作为一部分概述英国港口的总体状况。该章首先论述了英国港口在英国整个城市等级当中所占的重要地位，其次分地区论述各个地区港口的贸易状况以及在整个港口贸易体系中所起的作用。这一时期，无疑是伦敦对外贸易大爆炸的时代，伦敦在对外贸易上不断地扩张，还在16世纪形成独特的伦敦与低地国家贸易体系。伦敦的贸易扩张侵占了很多地方港口的贸易份额，一些港口的衰落无疑与此有很大的关系。

尽管如此，这并不意味着其他港口集体衰落。这一时期港口的发展依然处于上升势头，虽然总的贸易份额减少了，但是在1549年统计的20个大城市当中，港口城市就占了10个，这一时期人口超过5000人的10个城市，港口城市占了5个。东盎格利亚的港口林恩不仅依靠这一时期东盎格利亚的农业发展，出口谷物到低地国家，而且呢绒和葡萄酒贸易也在进行。埃克塞特等西南部地区的呢绒出口贸易没有衰落，它与法国等地的贸易也很活跃。布里斯托尔的贸易在大西洋贸易发展起来之后，又焕发了生机。它的主要贸易对象是地中海、伊比利亚半岛、乃至于后来的北美殖民地。《剑桥不列颠城市史》这部皇皇巨著，论述了每一个港口城市的发展状况，提供了大量的资料和研究成果。

托马斯·斯图亚特·维兰（Thomas Stuart Willan）的《伊丽莎白时期对外贸易研究》[②]系统论述了伊丽莎白一世时期英国对外贸易的总体情况。其中第三章《都会港口对外贸易研究》分地区对英格兰以及威尔士的各个主要港口在这一时期的贸易状况进行论述，这对我们了解这一时期伦敦港口贸易扩张之下的地方港口贸易状况有很大帮助。马丁·柏科（Martin Rorke）的《1300—1600英格兰和苏格兰对

[①] Peter Clark ed., *The Cambridge urban history of Britain*, Vol. II, 1540—1840, Cambridge University Press, 2000.

[②] Thomas Stuart Willan, *Studies in Elizabethan Foreign Trade*, Manchester University Press, 1959.

外贸易》① 对 1300—1600 年间的英格兰和苏格兰对外贸易进行了比较，对于我们了解这一时期英格兰和苏格兰的贸易状况有很大的帮助。论文首先比较了两个地区的海关税收政策和系统，其次重点比较了羊毛和呢绒出口贸易，当然还有皮毛等贸易。论文使我们可以对这几个世纪英格兰的贸易状况和趋势有清晰的了解，但是该文对港口的论述很少。

二 对东部港口研究状况

东部地区的港口包括泰恩河畔纽卡斯尔、约克郡的赫尔、林肯郡的波士顿、诺福克郡的国王的林恩，东盎格利亚港口主要有诺福克郡的大雅茅斯、萨福克郡的伊普斯维奇、科尔切斯特。

关于东部地区港口贸易研究的著作，不得不提到内维尔·威廉姆斯（Neville Williams）的《1550—1590 年，东盎格利亚港口对外贸易》②，该书整体论述了东盎格利亚各港口在 16 世纪晚期，伦敦—安特卫普贸易出现危机时期的贸易状况，以及东盎格利亚地区毛纺织业的发展。这本书是少有的把东盎格利亚的港口作为一个整体研究的著作，书中详细论述了东盎格利亚港口和腹地的关系，港口和内地各城市之间的交流主要通过耶尔河、比尔河（Bure）、韦弗尼河（Waveney）和乌斯河这几条河流，这一地区的贸易往来也主要以它们为媒介，东盎格利亚的港口和内地的贸易往来，不仅有交流还有和内地城市的冲突，通过乌斯河进行贸易的林恩和剑桥就因为贸易问题不断发生冲突和斗争。大雅茅斯作为这一时期第二大城市诺里奇的出海口，不仅在渔业上，在出口呢绒上也不断地繁荣，因为诺里奇的呢绒主要通过这里出口。伊丽莎白一世初期，诺里奇的毛纺织业有所衰落，大雅茅斯的出口受到很大影响，当 16 世纪晚期荷兰和瓦隆人移民带来新的纺织技术，出口的新式呢绒数量大增时，诺里奇的呢绒出口却舍近求远大部分转向了伦敦。让我们更加直观地认识到伦敦在贸易上是如何侵

---

① Martin Rorke, "English and Scottish Overseas Trade, 1300—1600", *The Economic History Review*, New Series, Vol. 59, No. 2, 2006, pp. 265—288.

② Neville Williams, *The maritime trade of the East Anglian ports, 1550—1590*, Clarendon Press, 1988.

其次，他还分章论述了东盎格利亚港口的对外贸易和沿海贸易，东盎格利亚港口因为地利之便和低地国家贸易往来频繁，出口到低地国家最多的是谷物，进口多是日用工业品，奢侈品不是很多，但是贸易往来的运输大多由荷兰人掌控，甚至大雅茅斯引以为傲的鲟鱼贸易也被荷兰人大量参与。直到安特卫普衰落之后东盎格利亚港口的运输贸易才又焕发生机，而这一地区的港口贸易也不再集中到低地国家一个区域，而是广泛地参与到北海贸易当中。

本书长于说理和论述，对贸易的实例也多有列举，但是亦有缺憾之处，那就是缺乏贸易数据，进出口贸易量的数据不够充实，使得我们无法形成更加直观、精确的认知。另外，虽然最后一章也论述了东盎格利亚港口在全国的地位，但是，只是对各个地区的港口进行概括性的描述，缺乏数据支撑，对这一地区港口和其他地区港口的比较和联系性的论述也较少。

威尔弗里德（Wilfrid J. Wren）的《东部各郡的港口：东部各郡从林肯郡的波士顿到艾克塞斯的罗切福德海岸港口的发展》[①]，主要论述了东部各港口地理沿革，以及各港口的城市发展。斯卡梅尔（G. V. Scammell）的《中世纪晚期英国商人航运：以东部地区为例》[②]，重点论述了中世纪晚期伦敦不断崛起时期东部沿海港口的贸易航运情况，从各港口船舶吨位的变化来论述英国航运贸易的发展。

东部港口，以波士顿、赫尔、大雅茅斯为代表。波士顿在中世纪早期一直都是贸易大港，在英国对外贸易上占有很重要的地位，但是到中世纪晚期，因为种种原因导致其衰落得破败不堪，无足轻重，其关注和研究就不够了。以下两本是研究了解波士顿在中世纪时期贸易情况的必读之作。斯蒂芬·瑞格比（Steven H. Rigby）是研究中世纪

---

① Wilfrid John Wren, *Ports of the Eastern Counties: the development of harbours on the coast of the Eastern Counties from Boston in Lincolnshire to Rochford in Essex*, Dalton, 1976.

② G. V. Scammell, "English Merchant Shipping at the End of the Middle Ages: Some East Coast Evidence", *The Economic History Review*, New Series, Vol. 13, No. 3, 1961, pp. 327—341.

经济社会史的大家,他写了大量的关于波士顿的书和文章,都是研究了解波士顿在中世纪时期贸易情况的必读工作。他的《理查二世时期的波士顿对外贸易》①,详细整理分析了波士顿在理查二世时期的对外贸易税收数据,中世纪英国的税收记录对于经济史学家来说是十分珍贵的,因为它们详细地提供了进出口的货物种类、数量以及哪个商人用哪一条船运输,这可以显示出港口之外的腹地地区的经济状况。这本书把理查二世时期保存下来的特别税税册整理出版,显得十分珍贵。中世纪的波士顿没有自治,因而缺乏相应的市政文献。这就意味着这一时期波士顿的历史是模糊的,尽管它在1334年的税册价值中排名第五,1377年的人头税当中,人口数量排名第十。14世纪中期,它最重要的羊毛贸易的出口量被伦敦超越,有些历史学家认为它从此走向衰落。斯蒂芬·瑞格比在书中表明,在14世纪晚期波士顿仍然保持活力,1377—1378年,22个当地商人出口了5781包羊毛;1383—1384年进口了大量的染料、明矾等毛纺织业用原料。汉萨商人出口的60%的英国呢绒都通过波士顿出口,这在波士顿的港口贸易中起了很重要的作用。另外,书中还详细记录了波士顿税收记录员的人员类型,并且有详细的名单。他在《中世纪晚期波士顿和城市的衰落》② 一文中详细论述了波士顿的衰落,以及与经济腹地林肯郡的联系情况,为我们了解和分析中世纪晚期波士顿衰落的原因提供了很多宝贵的资料。珀西·多佛尔(Percy Dover)的《1086—1400,中世纪早期的波士顿历史》③ 介绍了波士顿早期的一些相关历史,认为它在12世纪就因为在当地举行的集市发展起来,到了后来因为位于威特姆河(Witham)口,成为林肯城出口羊毛的主要港口而繁荣起来。

从中世纪到工业革命时期,赫尔一直是英国东部的主要港口和贸易中心,与从波罗的海到伊比利亚半岛的许多国家和地区都有贸易往来,它的贸易兴衰在英国历史上占有一席之地。关于赫尔的研究很

---

① Steven H. Rigby, *The Overseas Trade of Boston in the Reign of Richard II*, Oxford University Press, 2007.

② Steven H. Rigby, " 'Sore decay' and 'fair dwellings': Boston and urban decline in the later middle ages", *Midland History*, Vol. 10, 1985, pp. 47—61.

③ Percy Dover, *The early medieval history of Boston, AD 1086—1400*, Richard Kay, 1972.

第一章 对中世纪晚期到17世纪英国港口贸易的学术研究状况

多,如艾利森(K. J. Allison)的《约克郡东区郡史第一卷:赫尔城》①是了解赫尔历史很重要的著作。该书第一篇赫尔城,概述了赫尔从建城到19世纪的整体历史。第二篇中世纪的赫尔,从这一时期赫尔的起源和地理位置讲起,主要从经济角度论述了中世纪赫尔的发展状况,包括城市自治权的获得,市政的组成和对城市的管理,城市议会,法庭,城市的财政,王室税收和当地税收,对外国商人的管理,以及外国商人在赫尔的活动等等都有论述。最重要的是还分章节论述了赫尔在中世纪的经济和对外贸易,对于我们了解赫尔的对外贸易有很大帮助。第三篇16—17世纪的赫尔,其中分章节论述这一时期赫尔的贸易和经济,论述了在16世纪晚期赫尔贸易的扩张是以出口约克郡西区廉价的克尔赛呢绒(kerseys)为基础的,特别是16世纪晚期伦敦在安特卫普贸易上出现危机之后贸易发展尤为迅速。第四篇1700—1835年的赫尔,同样重点论述了这一时段赫尔的经济、贸易发展情况。

查尔斯·福斯特(Charles Frost)的《赫尔港口城市的早期历史》②主要记述赫尔12—14世纪的历史。以及詹姆斯·约瑟夫(James Joseph)的《赫尔的城市和港口史》③都是整体记述赫尔港口城市的历史,对于我们了解赫尔的变化和发展有着重要的作用。珍妮·柯默德(Jenny Kermode)的《中世纪晚期的约克、贝弗利和赫尔商人》④一书第一部分从商人的角度切入描述了中世纪晚期约克、贝弗利和赫尔三个城市中商人的社会和政治地位,第二部分论述了这三个城市的商业和贸易情况。

拉尔夫·戴维斯(Ralph Davis)在研究英国近代到工业革命时期的对外贸易上有很多的文章。他的《1500—1700年赫尔的航运和

---

① K. J. Allison, *A History of the County of York East Riding: Volume 1: The City of Kingston upon Hull*, Institute of Historical Research, 1974.

② Charles Frost, *Notices Relative to the Early History of the Town and Port of Hull*, London, 1827.

③ James Joseph, *General and Concise History and Description of the Town and Port of Kingston-upon-Hull*, Simpkin, Marshall & Co., 1864.

④ Jenny Kermode, *Medieval Merchants: York, Beverley and Hull in the later middle ages*, Cambridge University Press, 2002.

8   1350 年至 1700 年英国港口贸易的崛起

贸易》①一书详细介绍了这两个世纪赫尔作为一个北方港口的贸易和航运。他在书中指出虽然赫尔在中世纪晚期有过衰落，但这一时期随着西赖丁地区毛纺织业的繁荣发展，特别是 1620—1624 年伦敦经济遇到困难时期，它和一些地方港口的贸易却稳步发展，甚至它的呢绒贸易出口范围从波罗的海，侵入到了原来由伦敦商人控制的市场。

大雅茅斯，由于它位于耶尔河（Yare）的出口（mouth）处而得名，是英国中世纪时期东盎格利亚地区重要的港口，因为其靠近北海地区优越的地理位置和得天独厚的优良渔场，从而发展成为中世纪时期英国著名的渔业港口。

关于大雅茅斯的研究，有安东尼·索尔（Anthony Richard Saul）所著的《14 世纪的大雅茅斯，关于贸易、政治和社会的研究》②，文中详细论述了大雅茅斯在 14 世纪的贸易、政治以及社会情况。查尔斯·帕金（Charles Parkin）的《大雅茅斯历史：源于档案材料》③，拥有较多的原始文献，亨利·斯文顿（Henry Swinden）《诺福克郡的大雅茅斯古代史》④ 其中两章记述了大雅茅斯与东南五港以及与布列塔尼的争端，是我们了解大雅茅斯贸易和渔业的重要参考。

查尔斯·帕拉莫（Charles Palmer）的《大雅茅斯历史》⑤ 和《大雅茅斯指南》⑥ 都论述了大雅茅斯在中世纪的渔业、贸易和商业，以及东南五港对大雅茅斯渔业的控制。布鲁克斯（F. W. Brooks）的论

---

① Ralph Davis, *The trade and shipping of Hull, 1500—1700*, East Yorkshire Local History Society, 1964.

② Anthony Richard Saul, *Great Yarmouth in the Fourteenth Century: A Study in Trade, Politics and Society*, University of Oxford, 1975.

③ Henry Swinden, *The History of Great Yarmouth Collected from Antient Records, and Other Authentic Materials*, Printed for the author by J. Crouse, 1772.

④ Henry Swinden, *The history and antiquities of the ancient burgh of Great Yarmouth in the county of Norfolk*, Printed for the author by J. Crouse, 1772.

⑤ Charles John PALMER, *The History of Great Yarmouth, Designed as a Continuation of Manship's History of that Town*, louis, 1856.

⑥ Charles John PALMER, *Pictorial guide to Great Yarmouth*, University of Oxford, 1854.

文《东南五港与大雅茅斯在 13 世纪的冲突》[1]则重点论述了大雅茅斯与东南五港在渔业上的冲突。可以看出大雅茅斯的港口发展与渔业密切相关,然而它的渔业却很大程度上受到东南五港的制约。罗伯特·蒂特勒(Robert Tittler)的《16 世纪的英国渔业:以大雅茅斯为例》[2]介绍了这一时期大雅茅斯渔业的发展与衰落,以及这一时期遇到的荷兰人在渔业上的强劲挑战,当大雅茅斯赖以为生的捕鱼业衰落之后,其繁荣的基础也就不复存在,加上港口不断地淤塞,市政缺乏资金来疏通河道,改善港口、码头的基础设施,其衰落就在所难免了。

伊普斯维奇和大雅茅斯一样都是中世纪东盎格利亚地区重要的港口城市。关于伊普斯维奇的研究状况:《维多利亚郡史萨福克卷》(卷一)中对伊普斯威奇有多方面的论述。尼古拉斯·阿莫(Nicholas R. Amor)的《中世纪晚期的伊普斯维奇的贸易和工业》[3]是为数不多的研究伊普斯维奇在这一时期贸易和工业的论著,可以从中看到东盎格利亚毛纺织业的发展对其发展的影响,以及伦敦对其贸易出口的侵夺。

三 对南部港口研究状况

南部地区主要是汉普郡、东萨塞克斯郡、西萨塞克斯郡和肯特四郡,这一地区的港口众多,主要有南安普顿、朴次茅斯,以及以黑斯廷斯、罗姆尼、海斯、多佛和桑威奇为核心的五港同盟,当然五港同盟是军事同盟,其经济贸易性质较弱,不在本书的考察范围内,朴次茅斯的贸易虽然在 13 世纪就发展起来,但是因为它紧挨南安普顿,其贸易发展受到较大影响。南部地区港口贸易因而主要集中于南安普

---

[1] F. W. Brooks, "The Cinque Ports'Feud with Yarmouth in the Thirteenth Century", *The Mariner's Mirror*, Vol. 19, Issue. 1, 1933.

[2] Robert Tittler, "The English Fishing Industry in the Sixteenth Century: The Case of Great Yarmouth", *Albion: A Quarterly Journal Concerned with British Studies*, Vol. 9, No. 1, 1977, pp. 40—60.

[3] Nicholas R. Amor, *Late Medieval Ipswich: Trade and Industry*, Boydell & Brewer Ltd., 2011.

顿，本书仅以南安普顿为例来论述南部地区港口贸易的具体情况。

南安普顿从诺曼征服之后，一直到16世纪30年代都是英国最重要的港口之一①，在英国的对外贸易中起着十分重要的作用。了解这座城市这一时期的贸易史，对于了解英国的对外贸易状况显然有着很重要的作用。

国外学者关于南安普顿贸易发展这一问题的研究成果比较丰富，学者很多。如阿尔文·拉多克（Alwyn A. Ruddock）、席尔渥斯特·戴维斯（J. Silverster Davies）、科布（H. S. Cobb）、奥利弗·克莱曼（Olive Coleman）、科林·普拉提（Colin Platt）、塔夫纳（L. E. Tavener）、莫森（A. L. Merson）、保罗·杜德（Paul Tuder）、利特（D. Lit）、约翰·布莱恩·布德（John Brian Bird）都有过专门的论述。

不得不提的是阿尔文·拉多克先生，他在这一问题的研究上著作颇丰，是南安普顿问题研究的大家，他的论文《15世纪在南安普顿的外国人》②《中世纪晚期在南安普顿的外国商人》③《都铎早期伦敦的资本家与南安普顿的衰落》④ 以及著作《1270—1600年在南安普顿的意大利商人和航运》⑤ 等，都是研究中世纪晚期南安普顿经济问题乃至整个英国中世纪贸易发展的必读之作。

拉多克在这些论著中运用大量翔实的史实，描述了这一时期外国商人尤其是意大利商人在南安普顿的贸易活动，分析了他们的活动对南安普顿乃至整个英国的影响，这些研究侧重于外国商人对于南安普顿的作用。而在论文《都铎早期伦敦的资本家与南安普顿的衰落》中，他阐述了伦敦资本的壮大对于南安普顿的影响以及南安普顿在都

---

① Alwyn Ruddock, *Italian Merchant and Shipping in Southampton 1270—1600*, Southampton University College, 1951, p. 255.

② Ruddock Alwyn A., "Alien Hosting in Southampton in the Fifteenth Century", *The Economic History Review*, Vol. 16, No. 1, 1946, pp. 30—37.

③ Ruddock Alwyn A., "Alien Merchants in Southampton in the Later Middle Ages", *The English Historical Review*, Vol. 61, No. 239, 1946, pp. 1—17.

④ Ruddock Alwyn A., "London Capitalists and the Decline of Southampton in the Early Tudor Period", *The Economic History Review*, New Series, Vol. 2, No. 2, 1949, pp. 137—151.

⑤ Alwyn Ruddock, *Italian merchant and shipping in Southampton 1270—1600*, Southampton University College, 1951, p. 212.

第一章 对中世纪晚期到 17 世纪英国港口贸易的学术研究状况

铎时代早期的衰落。

戴维斯主编的《南安普顿史》① 是一本由石器时代到 19 世纪的南安普顿通史,它详尽描述了南安普顿整个城市经济、政治、建筑、教育等各个方面的历史,其中汇编了有关的城市法令、历届市政、政府人员组成、港口税收等很多方面的原始材料,是研究南安普顿不可多得的参考书,阿尔文·拉多克在论述南安普顿的著作当中就多次引用该书。保罗·杜德和利特等人合编的《南安普顿港口志》② 是考克斯和夏兰德出版社出版的南安普顿港口史料丛编中的一本,其中详细记录了 1427—1430 年间所有的港口进出记录、来往船只和征税情况,其材料价值十分珍贵。奥利弗·克莱曼的《15 世纪南安普顿的贸易和繁荣》③ 全面描述了南安普顿在鼎盛时期的贸易状况,侧重于从南安普顿本身出发来研究问题。他介绍了与它有贸易关系的英国城市这一时期在这里的贸易活动,还描述了南安普顿本地商人的贸易活动,这点与拉多克不同。但他也认为南安普顿的繁荣完全依赖于意大利商人,它只是作为外国贸易与伦敦贸易的中转站而存在的。科布的《15 世纪晚期、16 世纪早期伦敦和南安普顿的呢绒出口》④ 虽然认为外国商人在进出口贸易中占有绝对优势,但是南安普顿本地商人也起到一定的作用。塔夫纳的《南安普顿港口》⑤ 强调了南安普顿的港口优势在贸易中起到的重要作用。约翰·布莱恩·布德的专著《南安普顿岛》⑥ 虽未直接论述南安普顿的贸易,但从地理环境、自然条件等方面很好地描述了南安普顿的状况,使我们对于这个港口有一个更加直观、感性的认识。

---

① Davies J. Silverster, *A History of Southampton*, Gilbert, 1883.

② Paul Studer, *The port book of Southampton*, Cox & Sharland, 1913.

③ Olive Coleman, "Trade and Prosperity in the Fifteenth Century: Some Aspects of the Trade of Southampton", *The Economic History Review*, New Series, Vol. 16, No. 1, 1963, pp. 9—22.

④ H. S. Cobb, "Cloth Exports from London and Southampton in the Later Fifteenth and Early Sixteenth Centuries: A Revision", *The Economic History Review*, New Series, Vol. 31, No. 4, 1978, pp. 601—609.

⑤ L. E. Tavener, "The port of Southampton", *Economic Geography*, Vol. 26, No. 4, 1950, pp. 260—273.

⑥ John Brian Bird, *Southampton Island*, E. Cloutier, 1953.

四 对西南部港口研究状况

西南部港口地处西南面向大西洋,主要包括德文郡、康沃尔郡、萨默塞特郡、多塞特郡以及布里斯托尔,主要港口包括埃克塞特、普利茅斯、布里斯托尔、水桥、普尔、福伊等。其中布里斯托尔和埃克塞特的贸易地位十分重要。关于西南部港口贸易的论述大致分为两类:一类是关于西南部地区贸易的整体性研究,一类是关于埃克塞特和布里斯托尔两个西南部重要港口的专题性研究。

如温迪·蔡尔兹(Wendy R. Childs)的《15世纪晚期英国西部地区的贸易航运》[1]就详细论述了15世纪晚期的英国西南部地区的航运和贸易发展,该文指出在中世纪晚期西部港口飞速发展是这一时期的显著特征。文章中的西南部地区指的是德文郡、康沃尔郡、萨默塞特郡和多塞特郡等四个郡。15世纪开始,西南部四个郡的对外贸易量是呈大体上升趋势的,但是各郡的各个港口的贸易情况又各有不同。这与各个港口当地的和港口腹地的物产,以及港口的地理位置有关。该文虽以西南部四郡为整体来论述,但是更为重要的是把各郡主要港口的贸易情况作了对比和区分,在整体中进行比较是该文的主要特征。

在西南四郡当中,以德文郡的贸易量最大,并且增长最快,德文郡的主要港口有埃克塞特、达特茅斯和普利茅斯,康沃尔郡东部的主要贸易则通过德文郡的普利茅斯来进行,西部贸易港主要集中于福伊港。多塞特郡的主要港口是普尔、韦茅斯和莱姆。而北部的萨默塞特郡的主要港口则是水桥,水桥靠近贸易巨头布里斯托尔,长期受到其影响,在四郡当中贸易量最小。

在英国对外贸易当中,虽然本国商人的势力在不断壮大,但是外国人的势力一直很大,西南四郡同样面临这样的问题,总的来说,德文郡的航运贸易大多由英国人掌控,但是仍然有40%的贸易被外国人占据,多塞特郡本国人掌控的航运贸易比例则低于35%。西南四

---

[1] Wendy R. Childs, "The commercial shipping of south-western England in the later fifteenth-century", *The Mariner's Mirror*, Vol. 83, No. 3, 1997, pp. 272—292.

第一章 对中世纪晚期到17世纪英国港口贸易的学术研究状况 13

郡的贸易地区主要有爱尔兰、英吉利海峡岛屿、法国北部、诺曼底、加斯科尼以及伊比利亚半岛，当然还有少数商人参与到波罗的海、低地国家，乃至于北大西洋的贸易当中。该文对这些地区的贸易情况分别作了论述，与爱尔兰的贸易主要是鱼类，与法国北部的贸易主要是帆布、亚麻和葡萄酒，与加斯科尼的贸易则主要是葡萄酒贸易，西南四郡的葡萄酒贸易在整个英国占有相当大的比例，而且这一地区的葡萄酒贸易大多掌握在英国人手中。该文对西南部地区的葡萄酒贸易进行了重点的论述，列举了大量的数据和表格，包括各个港口各个年代运输葡萄酒的船只和贸易量，还论述了船只的运输费用。

该文论述条理清晰，而且数据很多，各个港口的对比也很多，很好地展现了这一时期西南四郡港口的贸易以及航运状况，但是却很少论及各个港口的呢绒出口状况，颇使人不解。

弗朗西斯·梅斯（Frances A. Mace）的《14—15世纪德文郡的港口》[①]，论述了14—15世纪德文郡各个港口的发展，以及德文郡的贸易状况。米歇尔·奥本海姆（Michael Oppenheim）的《德文郡航运史》[②]和迈克尔·达菲（Michael Duffy）的《从早期到18世纪晚期德文郡的新航运史》[③]，都是了解德文郡各港口航运贸易发展的重要著作。玛丽安娜·科瓦雷斯基（Maryanne Kowaleski）的《中世纪晚期西南部地区渔业的扩张》[④]，论述了中世纪晚期西南部地区各港口渔业贸易的发展。

西南部港口以布里斯托尔、埃克塞特为代表。埃克塞特从中世纪开始就一直是英国西部德文郡比较重要的港口，尤其是中世纪晚期它的呢绒出口飞速发展，成为可以与布里斯托尔比肩的西部港口。一直到近代都在对外贸易中占有很重要的地位。对于埃克塞特的贸易状况

---

① Frances A. Mace, "Devonshire Ports in the Fourteenth and Fifteenth Centuries", *Transactions of the Royal Historical Society*, Fourth Series, Vol. 8, 1925, pp. iv, 98—126.
② Michael Oppenheim, *The maritime history of Devon*, University of Exeter, 1968.
③ Michael Duffy, *The New Maritime History of Devon: From Early Times to the Late Eighteenth*, Conway Maritime Press, 1992.
④ Maryanne Kowaleski, "The Expansion of the South-Western Fisheries in Late Medieval England", *The Economic History Review*, New Series, Vol. 53, No. 3, 2000, pp. 429—454.

研究者多强调其时段性发展特征,如玛丽安娜在《中世纪埃克塞特当地市场和贸易》[1]中,详细介绍了埃克塞特在中世纪时期的经济和贸易,该书分三章,第一章论述埃克塞特所处的德文郡的经济大背景,第二章论述埃克塞特经济发展,与政府的关系,第三章论述埃克塞特的港口贸易,包括与腹地的贸易关系,对外贸易。卡鲁斯·威尔逊(Carus-Wilson)的《中世纪晚期的埃克塞特的扩张》[2]也论述了埃克塞特在中世纪晚期的扩张、经济发展。华莱士·麦卡弗里(Wallace T. MacCaffrey)的论著《1540—1640,埃克塞特的增长》[3],指出这一时期,虽然埃克塞特腹地德文郡和西南地区的毛纺织业飞速发展,乃至于1530年之后埃克塞特本身都发展成为德文郡克尔赛呢绒的生产中心,但是整个16世纪埃克塞特的呢绒出口都没有大的发展,因为这一时期伦敦在对外贸易上爆炸性的崛起,很多伦敦商人参与到当地的呢绒出口当中。还有虽然这一时期德文郡锡矿开采十分繁荣,但是大多数锡矿都被伦敦商人占有了,导致在1550—1600年间,埃克塞特的锡出口量急剧下降。这是这一时期伦敦对各地港口侵害控制的生动实例。直到17世纪,伦敦本身出现经济危机时,埃克塞特的贸易才又发展起来。威廉·霍斯金斯(William George Hoskins)的《1688—1800埃克塞特的工业、贸易和人》[4]则论述了埃克塞特在17世纪晚期到18世纪的呢绒、葡萄酒贸易,以及和伦敦的贸易关系,等等。

布里斯托尔地处西南,其在英国历史上的地位相当显赫,其重要性也是毋庸置疑的。从中世纪一直到近代早期,它一直都是仅次于伦敦的第二大港口城市,其人口和财富也是处于整个国家的前三位。因而它的兴衰对于整个英国的发展有着相当重要的意义。

---

[1] Maryanne Kowaleski, *Local markets and regional trade in medieval Exeter*, Cambridge University Press, 2003.

[2] Eleanora Mary Carus-Wilson, *The Expansion of Exeter at the Close of the Middle Ages*, University of Exeter, 1963.

[3] Wallace T. MacCaffrey, *Exeter, 1540—1640: The Growth of an English County Town*, Harvard University Press, 1975.

[4] William George Hoskins, *Industry, Trade and People in Exeter, 1688—1800*, Manchester University Press, 1935.

第一章 对中世纪晚期到17世纪英国港口贸易的学术研究状况

关于布里斯托尔的研究状况大致分为两类，一类是关于布里斯托尔综合发展状况的研究。如威廉·亨特（William hunt）的《布里斯托尔城市史》，是一本关于布里斯托尔的通史性著作，从这个城市的起源一直写到19世纪，从政治、经济、宗教、社会生活等各方面对布里斯托尔做了系统和详尽的描述，尤其重点论述了布里斯托尔历史上的贸易和工业情况，在国家政治发展的各个阶段的不同表现、兴衰历程。

沃克（F. Walker）的《布里斯托尔港口》[①]，论述了布里斯托尔港口码头中世纪到现代的变迁史，亨利·里斯（Henry Rees）的《布里斯托尔的发展》[②]，还有琼斯（S. J. Jones）的《布里斯托尔的发展，以城区发展为角度》[③]，以及查理·威尔斯的《简明布里斯托尔港口史》[④]，都是以港口或者城区的变化来阐释布里斯托尔的发展变化，使我们对其发展有更加宏观的认识。

另一类则是关于布里斯托尔贸易发展状况的研究。如波斯坦（M. M. Postan）的《15世纪的英国贸易研究》[⑤]，第五章布里斯托尔的对外贸易，其中详细论述了15世纪布里斯托尔的对外贸易状况，腹地贸易，当地的工业生产，与爱尔兰、加斯科尼、伊比利亚半岛以及地中海等地的贸易。

凯瑟琳·皮特（Catherine Rachel Pitt）的《15—16世纪布里斯托尔的葡萄酒贸易》[⑥] 论述了这一时期布里斯托尔与加斯科尼、地中海等地的葡萄酒贸易。查理·西里尔·克拉克（Charles Cyril Clarke）的

---

① F. Walker, "The Port of Bristol", *Economic Geography*, Vol. 15, No. 2, 1939, pp. 109—124.

② Henry Rees, "The Growth of Bristol", *Economic Geography*, Vol. 21, No. 4, 1945, pp. 269—275.

③ S. J. Jones, *The Growth of Bristol: The Regional Aspect of City Development*, Transactions and Papers (Institute of British Geographers), No. 11, 1946, pp. 57—83.

④ Charles Wells, *A short history of the port of Bristol*, University of Oxford, 1909.

⑤ Eileen Edna Power, M. M. Postan, *Studies in English trade in the 15th century*, Routledge, 2006.

⑥ Catherine Pitt, *The Wine Trade in Bristol in the Fifteenth and Sixteenth Centuries*, M. A. Medieval and Early Modern History, University of Bristol, 2006.

16 1350 年至 1700 年英国港口贸易的崛起

《布里斯托尔商人冒险家公司》①，以及卡鲁·威尔逊（E. M. Carus-Wilson）的《15 世纪布里斯托尔商人冒险家公司》②，都对布里斯托尔对外贸易做了较为详细的描述，包括其国内外贸易、航行路线及城市生活等方面。

戴维·哈里斯·萨克斯（David Harris Sacks）的《日益扩大的大门——1450 到 1700 年布里斯托尔和大西洋贸易》③ 论述了这一时期布里斯托尔在日益扩大的大西洋贸易来临之时，参与到了大西洋贸易当中，起到了越来越重要的作用。

帕特里克·麦格拉斯（Patrick McGrath）的《17 世纪布里斯托尔的商人和商业》④ 一书论述了这一时期布里斯托尔的商人组织，以及布里斯托尔参与到大西洋贸易的相关状况。沃特·明钦顿（Walter E. Minchinton）的《18 世纪布里斯托尔的贸易》⑤ 和《18 世纪西部大都市布里斯托尔》⑥ 都详细论述了 18 世纪布里斯托尔的工业和贸易的发展。

肯尼斯·摩根（Kenneth Morgan）在《英国历史评论》的《18 世纪布里斯托尔和大西洋贸易》⑦ 一文中，首先对 18 世纪布里斯托尔大西洋贸易的总体发展做了简单概括，然后从国内外环境、布里斯托尔城市自身及当地商人的商业精神和态度等各个方面对 18 世纪布里斯托尔大西洋贸易的相对衰落作了系统的阐述。

---

① Charles Cyril Clarke, *The society of Merchant Adventurers of Bristol*, The Society, 1975.
② Eleanora Mary Carus Wilson, *The Merchant Adventurers of Bristol in the Fifteenth Century*, University, Bristol Branch of the Historical Association, 1962.
③ David Harris Sacks, *The Widening Gate: Bristol and the Atlantic Economy, 1450—1700*, University of California Press, 1993.
④ Patrick McGrath, *Merchants and Merchandise in Seventeenth Century Bristol*, Bristol Record Society, 1955.
⑤ Walter E. Minchinton, *The Trade of Bristol in the Eighteenth Century*, Bristol Record Society, 1957.
⑥ W. E. Minchinton, "Bristol: Metropolis of the West in the Eighteenth Century", *Transactions of the Royal Historical Society*, Fifth Series, Vol. 4, 1954, pp. 69—89.
⑦ Kenneth Morgan, *Bristol and the Atlantic Trade in the Eighteenth Century*, Cambridge University Press, 2004.

五 对西北部港口研究状况

西北部地区一直以来都不是英国的经济中心,因为其远离欧洲大陆,其贸易也不发达,直到大西洋贸易发展起来,才迎来生机。

西北部港口以利物浦为代表,利物浦位于英国西北部,从中世纪一直到17世纪中期在英国都无足轻重,到了17世纪晚期凭借商业革命后日渐凸显的优越地理位置、柴郡切斯特盐业、兰开夏纺织业、西米德兰的铁工业等腹地工业的发展,英国陆路交通和内河航运网络的完善等有利条件,迅速发展起来。尤其在美洲殖民地建立之后,英国的大西洋贸易日渐发达,利物浦成为三角贸易的重要环节,从中获得了巨大的利润,到18世纪已经一跃成为仅次于伦敦的英国第二大港口城市。

关于利物浦的研究状况,也像对布里斯托尔的研究一样分为城市整体发展状况研究和城市贸易状况研究两类。如拉姆齐·缪尔(Ramsay Muir)的《利物浦史》[1],记述了从1066年诺曼征服至1907年利物浦从一个渔村转变为大城市的发展历史,对各个时段的经济贸易都有论述。约翰·科里(John Corry)的《利物浦史:从出现到现在》[2],约翰·贝尔彻姆(John Belchem)的《利物浦史800年》[3],都论述了利物浦的整体发展历史、利物浦的贸易状况以及其工业情况。他们都指出近代利物浦城市的逐步成长与大西洋贸易的发展关联紧密,也离不开英国国内棉纺织、煤炭、铁制品等工业区域的形成和发展。

亨利·史密斯(Henry Smithers)的《利物浦的商业、统计和机构:棉花贸易史》[4],斯坦利·达姆贝尔(Stanley Dumbell)的《利物

---

[1] Ramsay Muir, *A History of Liverpool*, Biblio Bazaar, 2011.

[2] John Corry, *The history of Liverpool: from the earliest authenticated period down to the present times*, W. Robinson, 1810.

[3] John Belchem, *Liverpool 800: Culture, character & History*, Liverpool University Press, 2006.

[4] Henry Smithers, *Liverpool, Its Commerce, Statistics, and Institutions: With a History of the Cotton Trade*, T. Kaye, 1825.

浦棉花贸易的兴起》①，都论述了利物浦棉花进口贸易的发展兴盛，以及棉花贸易在其对外贸易中的重要地位。托马斯·贝恩斯（Thomas Baines）的《利物浦的商业和城市史：附近各郡工业的兴起》②，则重点论述了利物浦周围地区工业的发展，以及利物浦与这些地区工业发展的关系。

戴安娜·阿斯科特（Diana E. Ascott）所著的《1660—1750 年利物浦人口、财富与权势》③ 一书讲述了 17 世纪中期至 18 世纪中期利物浦的国内外贸易状况，她认为利物浦通过国内运河网络的发展，与日渐繁荣的纺织业城市曼彻斯特、铁工业繁荣的西米德兰地区、盐业生产地切斯特等地的联系日益紧密，这是利物浦崛起的基石。艾利森（J. E. Allison）的《默西塞德郡和利物浦港口的发展》④，则从港口海湾等地理因素的角度出发论述了默西塞德郡和利物浦港口的发展崛起过程。

保罗·克莱门斯（Paul G. E. Clemens）的《1665—1750 年利物浦的兴起》⑤ 认为，这一时期利物浦崛起是因为大西洋贸易以及腹地工商业的发展，详细论述了利物浦的烟草、蔗糖、棉花，乃至于奴隶贸易，以及腹地各郡的工商业发展给利物浦带来的契机。

六　对贸易中心港口——伦敦研究状况

伦敦，对于英国的重要性是毋庸多言的，它是英国的政治、经济、贸易、文化、消费的超级中心，如果没有伦敦，英国的实力就会大打折扣，从中世纪到现在它都无可争议的是英国排名第一的城市，

---

① Stanley Dumbell, "The Beginnings of the Liverpool Cotton Trade", *The Economic Journal*, Vol. 34, No. 134, 1924, pp. 278—281.

② Thomas Baines, *History of the Commerce and Town of Liverpool: And of the Rise of the Manufacturing Industry in the Adjoining Counties*, Longman, Brown, Green, and Longmans, 1852.

③ Diana E. Ascott, Fiona Lewis, Michael Power, *Liverpool 1660—1750, People, Prosperity and Power*, Liverpool University Press, 2010.

④ J. E. Allison, "The Development of Merseyside and the Port of Liverpool", *The Town Planning Review*, Vol. 24, No. 1, 1953, pp. 52—76.

⑤ Paul G. E. Clemens, "The Rise of Liverpool, 1665—1750", *The Economic History Review*, New Series, Vol. 29, No. 2, 1976, pp. 211—225.

第一章 对中世纪晚期到 17 世纪英国港口贸易的学术研究状况

而且人口和经济还远超出第二名城市很多倍。伦敦在对外贸易上的地位也是无法比拟的。研究英国的港口和对外贸易伦敦是一个无法绕开的话题。

关于伦敦的研究,大致分为对城市整体发展、商人组织和对外贸易发展状况研究三类。

第一类关于伦敦整体发展状况的研究。《剑桥英国城市史》[1] 一二卷,都有专门的章节对伦敦的整体城市发展情况进行论述,第一卷是《伦敦 1300—1540》,第二卷是《伦敦 1540—1700》,对于伦敦的地理情况、市政发展、与王室的关系、经济、工业、信仰都有概况的论述。格温·威廉斯(Gwyn A. Williams)的《中世纪伦敦》[2] 当中论述了从 1086 年到 14 世纪的伦敦发展史,包括市政结构、管理、手工业,还专章论述了这一时期伦敦的贸易,认为伦敦的贸易、经济发展发端于 13 世纪。彼得·克拉克的《过渡期的英国城市:1500—1700》[3] 第五章论述了伦敦在 1500—1700 年间的城市经济、贸易、政治、社会等各方面的发展情况。贝尔(A. L. Beier)的《伦敦 1500—1700:超级都市的演变》[4] 从人口、贸易、工业以及社会结构的变化等方面论述了伦敦在 1500—1700 年间如何演变成为一个超级大都市,探讨了这一时期伦敦经济贸易的发展以及和地方都会城市的经济发展关系。

第二类关于伦敦商业组织的研究。如帕梅拉·南丁格尔(Pamela Nightingale)的《中世纪的一个商业共同体:1000—1485 年伦敦杂货商公会的政治与贸易》[5] 以伦敦杂货商会为视角论述了 1000—1485 年伦敦的贸易与政治的关系。乔治·昂温(George Unwin)的《伦敦

---

[1] D. M. Palliser ed., *The Cambridge urban history of Britain*, Cambridge University Press, 2000.

[2] Gwyn A. Williams, *Medieval London*, Routledge, 2013.

[3] [英] 彼得·克拉克,保罗·斯莱克:《过渡期的英国城市:1500—1700 年》,薛国中译,武汉大学出版社 1992 年版。

[4] Roger Finlay, *London 1500—1700: The Making of the Metropolis*, Longman, 1986.

[5] Pamela Nightingale, *A Medieval Mercantile Community: The Grocers' Company and the Politics and Trade of London, 1000—1485*, Yale University Press, 1995.

的手工业行会与公会》①中梳理了从金雀花王朝的亨利时代到维多利亚时代伦敦行会与公会整体上的发展。西尔维亚·斯拉普（Sylvia L. Thrupp）的《中世纪伦敦商人1300—1500》②，论述了伦敦商人在这一时期的经济、社会结构以及生活、信仰等情况。波斯坦的《15世纪英国贸易研究》第六章的伦敦的杂货商，分配贸易研究，详细论述了伦敦杂货商在这一时期的贸易和自身的组织情况。尼古拉斯·坎尼（Nicholas Canny）的《商人和革命：商业变革，政治冲突和伦敦的对外贸易者，1550—1563》③，论述了这一时期英国伦敦商人团体的贸易、组织以及他们之间的冲突。

第三类关于伦敦对外贸易的研究。如安妮·萨顿（Anne F. Sutton）的《1130—1578伦敦呢绒商人》④，对于伦敦中世纪一直到近代早期的贸易，以及呢绒商人的发展都有很详细的描述。拉姆齐（G. D. Ramsay）的《伦敦城市》⑤论述了伊丽莎白时期伦敦城市的飞速扩张，第一章写安特卫普经济在这一时期达到鼎盛，这为伦敦在近代早期的扩张提供了便利的而且很发达的市场，为伦敦—安特卫普贸易模式的建立奠定了基础。第二章论述了伦敦的城市和贸易的飞速发展，下面几章论述了伦敦对外贸易，以及与外国的政治、外交等方面的冲突。还有他的《女王的商人和尼德兰的动乱，安特卫普市场的终结》⑥一书的第二部分详细论述了16世纪中后期安特卫普市场的衰落，最终导致伦敦与安特卫普贸易模式的结束。这对我们了解探讨伦敦—安特卫普贸易模式的发展以及衰落有很好的帮助。

---

① George Unwin, *The Gilds and Companies of London*, London, 1908.
② Sylvia L. Thrupp, *The Merchant Class of Medieval London：（1300—1500）*, University of Michigan Press, 1989.
③ Nicholas Canny, *Merchants and revolution ：commerical change，political conflict，and london's overseas traders，1550—1653*, Verso, 2003.
④ Anne F Sutton, *The Mercery of London：Trade，Goods And People，1130—1578*, Ashgate Publishing, Ltd. , 2005.
⑤ G. D. Ramsay, *The City of London, in International Politics at the Accession of Elizabeth Tudor*, Manchester University Press, 1975.
⑥ G. D. Ramsay, *The queen's merchants and the revolt of the Netherlands：the end of the Antwerp mart*, Manchester University Press, 1986.

查尔斯·卡波（Charles Capper）的《伦敦的港口和贸易》①是一本关于伦敦港口贸易的通史，一直从盎格鲁萨克森时期讲到近代，是整体了解伦敦港口贸易的很好窗口。费舍尔（F. J. Fisher）的《伦敦和英国经济，1500—1700》②是研究这一时期英国经济发展与伦敦关系的大作，他论述了这一时期伦敦的消费市场、伦敦的出口贸易、伦敦的增长，以及它作为英国经济发展的引擎的作用。《17世纪早期伦敦的出口贸易》③，论述了这一时期伦敦贸易的特点和情况。

另外，阿尔文·拉多克的《都铎早期伦敦的资本家与南安普顿的衰落》④，以及科布的《15世纪晚期、16世纪早期伦敦和南安普顿的呢绒出口》⑤，从近代早期伦敦贸易扩张导致南安普顿衰落的角度论述了超级都市对周边城市的虹吸现象。有助于我们了解伦敦的扩张过程以及对周边港口的影响。

第二节 对英国对外贸易发展的研究状况

这一时段英国的对外贸易以纺织业为主线，英国在14世纪以前以出口羊毛为主，14世纪之后转向呢绒出口，棉纺织业发展起来之后棉纺织品出口增多。当然，其他出口贸易也很多，主要是西南部地区的锡和铅，17—18世纪时期的铁制品等；进口贸易的主要商品是工业制成品、纺织业所需原料、葡萄酒、奢侈品，到大西洋贸易兴起时，烟草、蔗糖、棉花，还有奴隶贸易在总体对外贸易当中所占比例越来越大。

---

① Charles Capper, *The port and trade of London, historical, statistical, local, and general*, Smith, Elder & Co., 1862.

② F. J. Fisher, *London and the English Economy, 1500—1700*, Continuum, 1990.

③ F. J. Fisher, "London's Export Trade in the Early Seventeenth Century", *The Economic History Review*, New Series, Vol. 3, No. 2, 1950, pp. 151—161.

④ Ruddock Alwyn A., "London Capitalists and the Decline of Southampton in the Early Tudor Period", *The Economic History Review*, New Series, Vol. 2, No. 2, 1949, pp. 137—151.

⑤ H. S. Cobb, "Cloth Exports from London and Southampton in the Later Fifteenth and Early Sixteenth Centuries: A Revision", *The Economic History Review*, New Series, Vol. 31, No. 4, 1978, pp. 601—609.

一 对中世纪晚期对外贸易发展的研究状况

关于中世纪晚期英国贸易的研究，大致分为三类。

第一类主要论述这一时期英国羊毛出口贸易的发展及衰落状况。如艾琳·鲍尔（Eileen E. Power）的《英国中世纪羊毛贸易》①和劳埃德（T. H. Lloyd）的《中世纪英国的羊毛贸易》②都是研究英国中世纪羊毛贸易的经典之作，两本书分别从不同的角度论述了中世纪的羊毛贸易。艾琳·鲍尔首先论述了整个欧洲的羊毛生产，以及呢绒生产地区的分布，然后论述了羊毛在英国的生产，羊毛贸易的组织，集中地系统等等，认为羊毛贸易在 15 世纪的衰落与羊毛出口商公司对羊毛贸易的垄断有很大关系。劳埃德则从羊毛贸易与外国商人的关系角度入手，论述了羊毛贸易由佛来芒商人、意大利商人的控制到回到英国本土商人手中的整个过程，并且从与外国的关系、重金主义政策等方面分析了羊毛贸易衰落的原因。

艾琳·鲍尔的《爱德华四世时期的羊毛贸易》③，托马斯的《15 世纪羊毛商人》④，贝尔的《1230—1372 年英国羊毛市场》⑤，赫斯特的《科茨沃尔德的绵羊：中世纪的羊毛贸易》⑥也都是研究了解羊毛贸易的著作。

第二类主要论述这一时期呢绒出口贸易的发展状况。如威尔逊的《14 世纪的英国呢绒出口趋势》⑦，论述了 14 世纪英国呢绒出口从发端到不断壮大的过程。他和克莱曼合著的《1275—1547 年英国出口

---

① Eileen E. Power, *The wool trade in English medieval history*, Greenwood Publishing Group, Incorporated, 1987.
② T. H. Lloyd, *The English Wool Trade in the Middle Ages*, Cambridge University Press, 2005.
③ Eileen Power, "The English Wool Trade in the Reign of Edward IV", *Cambridge Historical Journal*, Vol. 2, No. 1, 1926, pp. 17—35.
④ Gladys Scott Thomson, *Wool Merchants of the Fifteenth Century*, Longmans, Green, 1958.
⑤ Adrian R. Bell, *The English Wool Market*, *C. 1230—1327*, Cambridge University Press, 2007.
⑥ J. D. Hurst, *Sheep in the Cotswolds: The Medieval Wool Trade*, History Press Limited, 2005.
⑦ E. M. Carus-Wilson, "Trends in the Export of English Woollens in the Fourteenth Century", *The Economic History Review*, New Series, Vol. 3, No. 2, 1950, pp. 162—179.

贸易》①，属于档案合集，上面有每一个港口城市在这些年的羊毛、呢绒出口状况，是我们了解各个港口城市出口贸易发展状况不可多得的史料汇编。

格雷（H. L. Gray）的《14 世纪英国呢绒的生产和出口》②，论述了 14 世纪呢绒生产的发展，以及英国由羊毛出口向呢绒出口的转变，认为 14 世纪英国呢绒的生产中心仍在城市，但是到 14 世纪末已经开始向乡村地区转移，并且形成了以西南地区为首的三大毛纺织业中心，英国已经转型为工业生产国。

第三类主要论述中世纪总体贸易状况。如波斯坦的《中世纪贸易和金融》③，分析了中世纪贸易中英国与汉萨、意大利的关系，以及与整个欧洲贸易的关系。他的《15 世纪的英国贸易研究》④ 一书，其中不仅论述了 15 世纪英国对外贸易的整体状况，而且对这一时期布里斯托尔、伦敦等港口城市的贸易发展也有研究。

福瑞德（Fryde）的《中世纪的贸易和金融研究》⑤，重点论述了中世纪时期王室与意大利商人、本国商人等的金融借贷关系，以及英国与意大利的贸易关系。关于中世纪的贸易的论述还有路易斯·弗朗西斯·萨尔茨曼（Louis Francis Salzman）的《中世纪英国贸易》⑥ 等，都对我们认知这一时期的英国贸易发展状况有很大帮助。

二 对 16—17 世纪英国对外贸易发展的研究状况

关于 16—17 世纪英国对外贸易发展状况的研究，大致分为两类。

第一类倾向于关注总体贸易模式的发展变化。如费舍尔的《前工业化时期英国的贸易、政府和经济》⑦，其中论述了安特卫普市场的

---

① Olive Coleman, *England's Export Trade, 1275—1547*, At the Clarendon Press, 1963.
② H. L. Gray, "The Production and Exportation of English Woollens in the Fourteenth Century", *The English Historical Review* Vol. 39, No. 153, 1924, pp. 13—35.
③ M. M. Postan, *Medieval Trade and Finance*, Cambridge University Press, 1973.
④ M. M. Postan, *Studies in english trade in the15th century*, Routledge, 2005.
⑤ Fryde, *Studies in Medieval Trade and Finance*, Continuum, 1983.
⑥ Louis Francis Salzman, *English trade in the middle ages*, H. Pordes, 1964.
⑦ F. J. Fisher, *Trade, Government and Economy in Pre-industrial England*, Weindenfeld and Nicolson, 1976.

崛起以及与英国的联系，还有他的《16世纪英国贸易趋势和政策》[1]，劳伦·斯通（Lawrence Stone）的《16世纪英国贸易的国家控制》[2]，以及论文《伊丽莎白时期的对外贸易》[3]，都论述了16世纪英国对外贸易的发展变化，如伦敦—安特卫普贸易模式走向崩溃、贸易公司的大量出现、对新贸易市场的开发，以及英国商人在王室的大力支持下与汉萨商人的斗争，等等。

第二类成果则更倾向于强调贸易模式变革对港口发展的影响。如戴维斯（Ralph Davis）的《1500—1700英国对外贸易》[4]，是研究这一时期贸易的重要著作，论述了16世纪上半叶伦敦—安特卫普贸易发达时期，伦敦贸易的繁荣景象。到16世纪后期安特卫普市场出现危机，英国商人开始寻找新的贸易市场的过程，以及17世纪之后北美贸易发展起来，与殖民地的烟草、蔗糖贸易状况。他还特别指出从16世纪晚期开始英国地方港口的贸易发展起来，伦敦占总体对外贸易的相对比例下降了，不再是贸易的侵害者，同时举出了埃克塞特、赫尔、布里斯托尔等港口贸易发展的例子。

斯蒂芬斯（W. B. Stephens）的《1600—1640年都会港口的呢绒出口》[5]论述了1600—1640年间地方港口贸易的发展，他认为在17世纪英国对外贸易的发展主要靠伦敦，地方港口的贸易量在17世纪初明显下降了。这一观点遭到克劳德（J. D. Gould）的质疑，他在《1600—1640年呢绒出口》[6]一文中认为地方港口的贸易是发展了的，斯蒂芬斯忽略了地方港口在新开发的市场当中起的作用。斯蒂芬斯在

---

[1] F. J. Fisher, "Commercial Trends and Policy in Sixteenth-Century England", *The Economic History Review*, Vol. 10, No. 2, 1940, pp. 95—117.

[2] Lawrence Stone, "State Control in Sixteenth-Century England", *The Economic History Review*, Vol. 17, No. 2, 1947, pp. 103—120.

[3] Lawrence Stone, "Elizabethan Overseas Trade", *The Economic History Review*, New Series, Vol. 2, No. 1, 1949, pp. 30—58.

[4] Ralph Davis, *English Overseas Trade, 1500—1700*, Macmillan, 1973.

[5] W. B. Stephens, "The Cloth Exports of the Provincial Ports, 1600—1640", *The Economic History Review*, New Series, Vol. 22, No. 2, 1969, pp. 228—248.

[6] J. D. Gould, "Cloth Exports, 1600—1640", *The Economic History Review*, New Series, Vol. 24, No. 2, 1971, pp. 249—252.

《1600—1640年英国呢绒出口再考察》① 中回应了克劳德的质疑,坚持了自己的观点,还是强调了伦敦在对外贸易当中的主导作用。

克劳德的《17世纪20年代早期贸易危机的思考》②,查尔斯·金德伯格(Charles P. Kindleberger)的《1619—1623年经济危机》③,还考察了17世纪20年代早期的贸易危机。戴维斯的《1660—1700年英国对外贸易》④,以及《1700—1774年英国对外贸易》⑤,详细论述了17—18世纪大西洋贸易以及大陆传统贸易的发展。认为这一时期地方港口都有较大的发展。

相对于国外关于港口城市研究的丰富,国内关于港口城市的研究则属于起步阶段,一直以来由于受到资料的限制,国内对于英国港口的研究不很多见,很多研究只是在研究贸易问题时论及了英国港口的一些情况。但是近年来,关于英国港口城市的研究,特别是单个城市的研究日渐增多,相继出版了一些学术价值较高的专著和论文,给本书的写作提供了很好的借鉴和坚实的基础。

如刘景华教授的《中世纪英国的意大利商人》⑥《汉萨商人在英国的活动及其对英国社会的影响》⑦《试论英国崛起中的尼德兰因素》⑧《外来移民和外国商人:英国崛起的外来因素》⑨,都论述了英

---

① W. B. Stephens, "Further Observations on English Cloth Exports, 1600—1640", The Economic History Review, New Series, Vol. 24, No. 2, 1971, pp. 253—257.

② J. D. Gould, "The Trade Crisis of the Early 1620's and English Economic Thought", The Journal of Economic History, Vol. 15, No. 2, 1955, pp. 121—133.

③ Charles P. Kindleberger, "The Economic Crisis of 1619 to 1623", The Journal of Economic History, Vol. 51, No. 1, 1991, pp. 149—175.

④ Ralph Davis, "English Foreign Trade, 1660—1700", The Economic History Review, New Series, Vol. 7, No. 2, 1954, pp. 150—166.

⑤ Ralph Davis, "English Foreign Trade, 1700—1774", The Economic History Review, New Series, Vol. 15, No. 2, 1962, pp. 285—303.

⑥ 刘景华:《中世纪英国的意大利商人》,《天津师范大学学报》(社会科学版),2008年第5期。

⑦ 刘景华:《汉萨商人在英国的活动及其对英国社会的影响》,《广州大学学报》(社会科学版)第7卷第11期。

⑧ 刘景华:《试论英国崛起中的尼德兰因素》,《史学集刊》2009年第2期。

⑨ 刘景华:《外来移民和外国商人:英国崛起的外来因素》,《历史研究》2010年第1期。

国在对外贸易当中外国因素起到的作用,以及这些商人在英国港口城市的发展当中起到的作用。《中世纪英国的意大利商人》当中就论述了意大利商人在英国南部港口南安普顿的活动情况,并指出外来商人对其发展的重要性,《城市转型与英国的勃兴》[1]《论崛起时期英国经济地理格局的演变》[2],论述了伦敦作为首都以及贸易大港,如何成为全国的中心,使得英国在近代形成以伦敦为中心的经济结构,包括很多港口在这一时期的发展兴衰都有所论述。

关于地方港口的研究还有很多专门性的论文,如张思的《16至19世纪利物浦经济研究》,解美玲的《11至18世纪布里斯托尔贸易的兴衰》,于梦军的《12世纪末至19世纪初英国赫尔的贸易兴衰》,周东辰的《论14—16世纪英国港口大雅茅斯的兴衰》,孙佳琦的《17世纪前伊普斯威治经济兴衰考察》,马涛的《英国纽卡斯尔采煤工业及煤炭贸易研究》,以及康瑞林的《11—16世纪英国南安普顿贸易的兴衰》[3] 都是对英国港口城市的单独研究,这些论文都是从经济贸易方面入手,以时间为线索顺序,来论述这些港口城市的兴衰,为我们研究英国的港口城市提供了很多个案,但是这些研究往往就个案而研究,缺乏与其他城市的比较和联系研究。

关于伦敦的发展国内学术界也多有研究,如刘景华教授的《城市转型与英国的勃兴》[4],其中有两节论述了15—18世纪,伦敦快速增长为英国的经济和贸易中心,以及其对地方城镇的控制状况,对于我们了解这一时期的伦敦扩张有着很好的启迪。赵秀荣在《1500—1700年英国商业与商人研究》[5] 一书中也论述了伦敦的经济中心地位的形

---

[1] 刘景华:《城市转型与英国的勃兴》,中国纺织出版社1994年版。
[2] 刘景华:《论崛起时期英国经济地理格局的演变》,《天津师范大学学报》(社会科学版)2009年第6期。
[3] 张思:《16至19世纪利物浦经济研究》;解美玲:《11至18世纪布里斯托尔贸易的兴衰》;于梦军:《12世纪末至19世纪初英国赫尔的贸易兴衰》;周东辰:《论14—16世纪英国港口大雅茅斯的兴衰》;孙佳琦:《17世纪前伊普斯威治经济兴衰考察》;马涛:《英国纽卡斯尔采煤工业及煤炭贸易研究》;康瑞林:《11—16世纪英国南安普顿贸易的兴衰》,均为2009—2012年,天津师范大学,硕士学位论文。
[4] 刘景华:《城市转型与英国的勃兴》,中国纺织出版社1994年版。
[5] 赵秀荣:《1500—1700年英国商业与商人研究》,社会科学文献出版社2004年版。

成与全国商业网的初步形成，以及伦敦在近代早期的贸易垄断地位。陈曦文的《英国都铎时代伦敦商人的财富和权力》① 对都铎时期伦敦的贸易和商人财富做了论述，但是主要侧重点都在近代，而对中世纪的情况论述不足。

国内外已有的研究成果为本书的研究和写作提供了很好的基础。本书各章将采用分时段模式对 1350—1700 年英国总体对外贸易发展和典型港口贸易发展进行分别论述，以期获得对这一时段英国港口贸易崛起过程，以及崛起原因的较为全面的认识。

需要强调的是因 18 世纪之前，英国的对外贸易以英格兰为主体，加之资料缺乏和本人学识有限，本书所论及的所有英国港口和贸易状况以英格兰为限，并不包含英国的其他区域。当然这也是本书的缺憾之处，望读者见谅。

---

① 陈曦文：《英国都铎时代伦敦商人的财富和权力》，《世界历史》1993 年第 4 期。

第二章　中世纪晚期英国港口贸易的初兴

当我们回望中世纪时期西欧的经济和贸易版图时，无疑会看到意大利、汉萨同盟乃至于佛兰德尔熠熠生辉闪耀着光芒，而英国是那般的贫瘠和落后。中世纪西欧有两大贸易区域，即北海—波罗的海贸易区和地中海贸易区。北海—波罗的海贸易区被德国商人组成的汉萨同盟所掌握，地中海贸易区被意大利商人所掌握。英国在13世纪晚期之前与这两个区域的贸易联系并不多。此时，英国的主要对外贸易地区是低地国家和法国，特别是低地国家的佛兰德尔和布拉班特。英国出口到大陆最主要的货物是羊毛。此种贸易状况是由西欧地区的纺织工业分布所决定的。在13世纪低地国家和意大利的毛纺织业日渐发达，它们对羊毛的需求越来越大。而不列颠群岛的气候十分稳定，一年四季温差不大，温暖潮湿，十分适合牧草的生长，对发展养羊业十分有利。① 英国羊毛无论强度，还是质量在欧洲都是一流的。② 而低地国家和意大利等地所产羊毛的质量比较差，因而英国羊毛成为佛兰德尔和意大利等地毛纺织业的主要原料。

佛兰德尔商人是最早参与到英国羊毛出口贸易当中的。早在诺曼征服之前就能看到他们前来英国进行贸易的身影，但是当时他们出口羊毛量微乎其微，直到12世纪才有所增多，总的来说在13世纪70年代佛兰德尔和英国关系恶化之前，英国的羊毛出口贸易当中佛兰德

---

① 王乃耀：《英国都铎时期经济研究》，首都师范大学出版社1997年版，第134页。
② Alwyn Ruddock, *Italian Merchant and Shipping in Southampton 1270—1600*, Southampton University College, 1951, p. 15.

尔商人占有很大优势。而中世纪最为富有的意大利商人起初并不直接参与英国的羊毛出口贸易。意大利商人主要通过欧洲大陆市场来获得工业所需的英国羊毛,他们通常翻过阿尔卑斯山来到低地国家购买那里的英国羊毛,然后经由陆路运回国内。因为此时从意大利还没有直通欧洲北部的海运航线。直到13世纪70年代,意大利人才建立起了直接航行到英国和低地国家的海运航线,这使得意大利商人从英国出口羊毛更加方便。特别是意大利商人通过向英国国王贷款,获取了大量的贸易优势,逐渐控制了大量羊毛出口贸易。汉萨商人虽然在13世纪就在英国建立了贸易商站,但是对英国羊毛的出口一直都不多,直到14世纪才有所改变。总的来说,在14世纪晚期之前因为经济落后,商人实力弱小,英国的羊毛出口贸易大部分由外国商人掌握。

但这一切在中世纪晚期渐渐发生了变化。在14世纪晚期,英国本土的纺织工业逐渐发展起来,开始向海外出口呢绒。特别是到了15世纪初,呢绒在出口价值上超过了羊毛,羊毛出口贸易逐渐衰落,英国逐渐由原料出口国转变为工业产品出口国。英国纺织工业的发展使得那些靠近纺织工业繁荣地区的港口贸易开始繁荣起来,特别是西南部港口埃克塞特、布里斯托尔等地。在这一过程中,英国商人的力量不断壮大,在对外贸易当中所占的份额逐渐增多。但外国商人在英国的势力仍然十分强大,这些外国商人在英国的贸易活动对英国的港口造成很大影响。正是14—15世纪意大利商人在南部港口南安普顿的活动,使得南安普顿繁盛一时,成为英国三大港口之一。本章以考察南安普顿和埃克塞特为实例,试图展示英国工业发展、外国商人在英国的活动对英国贸易的影响,以及英国西南部港口在中世纪晚期崛起的趋势。

第一节 中世纪晚期英国的对外贸易变革

中世纪的英国相对欧洲大陆来说经济十分之落后,就对外贸易而言也处在欧洲贸易体系的底层,主要是为欧洲的纺织工业提供工业原料羊毛,即使这样一种贸易也主要掌握在汉萨同盟、意大利等外国商人手中。在英国人的努力之下,到中世纪晚期对外贸易终于迎来了它的变革。

一 中世纪晚期对外贸易概况

中世纪晚期英国最主要的出口产品是羊毛和呢绒，而这两种产品最重要的市场都是欧洲西北部。商人把羊毛出口到羊毛集中地——加莱，卖给低地国家的呢绒商，而呢绒则直接输入低地国家的市场和集市。此外，英国与海峡对岸的布列塔尼和诺曼底的贸易量也相当可观，主要贸易方式是在法国西南部的英国领地加斯科尼用谷物和羊毛来交换葡萄酒等产品。

英国在13世纪和意大利等地建立起的海路贸易，到14世纪晚期日渐繁荣。威尼斯、佛罗伦萨和热那亚带来英国毛纺织业生产过程当中必需的菘蓝、明矾和染料等原料，还有香料、药材、意大利呢绒、名贵甜葡萄酒等商品，返回时运走呢绒、羊毛、锡和锡器等产品。

英国与欧洲北部波罗的海的贸易同样重要。波罗的海地区与英国进行贸易的商人主要是汉萨商人，汉萨商人对英国的兴趣增长是因为它开始成为宽幅呢绒的主要供应地。他们把英国的呢绒沿着莱茵河进行销售。到中世纪晚期日渐强大的英国商人想要打破汉萨商人和意大利商人的垄断，进入波罗的海和地中海开拓新的市场，但都未能成功，因而它的对外贸易日益集中到了低地国家。除此之外，布里斯托尔、切斯特等西部港口与爱尔兰的贸易也十分繁忙。

影响英国对外贸易的因素有很多。从内部讲，英国经济，特别是工业的发展很大程度上决定了英国对外贸易的特征和发达程度；从外部讲，整个欧洲贸易区的经济环境，英国在欧洲贸易体系所处的地理位置，欧洲政治形势等等都会对英国对外贸易发展产生重大影响。

英国的对外贸易处在整个欧洲的大贸易体系中，因而欧洲整个经济环境的好坏，国际贸易当中商品供需关系的变化、价格的调整，必然会使得英国对外贸易进出口量产生波动。英国处于欧洲贸易南北交汇处，很多商人从大陆来到这里，很多国家进行对外贸易的船只都需要经过它的海岸，特别是那些穿过英吉利海峡前往波罗的海、佛兰德尔的船只。这也是英国对外贸易发展的一个优势。

欧洲政治形势，特别是欧洲北部的政治对外贸易的影响更为直接。英国和法国从 14 世纪开始战争，一直到 1475 年签订《皮基尼协定》(Treaty of Picquigny)，两国之间才恢复真正的和平。战争严重影响了英国和法国、加斯科尼，以及 1449 年之后和诺曼底、布列塔尼的商业关系。勃艮第公爵寻求和低地国家联盟，进而摆脱法国王室控制的一系列政治行为，使得对外贸易面临的政治环境变得十分糟糕。勃艮第和英国的关系在盟友和敌人之间不断变化。汉萨商人和勃艮第的贸易受到了英国和勃艮第冲突的影响。汉萨城市和丹麦的冲突甚至导致来往船只无法进入波罗的海，波兰和条顿骑士团的战争则严重影响了波罗的海腹地的市场。

政治因素使得贸易恶化，在英国与加斯科尼葡萄酒贸易当中表现得十分明显。在 1305 年到 1309 年间，加斯科尼每年出口约 9 万到 10 万桶葡萄酒，输往英国约 2 万桶。[1] 这些葡萄酒主要由英国商人通过伦敦、赫尔、布里斯托尔和南安普顿等港口运进国内。1337 年战争的爆发，严重打击了加斯科尼的葡萄酒贸易，因为两国海战频发不仅使得贸易路线变得危险，还推高了运输费用，由每桶 3 英镑上升到 5—6 英镑。到 14 世纪 60 年代，波尔多每年出口的葡萄酒已经下降到 3 万桶。14 世纪晚期，英国进口葡萄酒量每年仅约 1 万桶[2]，只有 14 世纪早期的一半，下降程度比黑死病导致人口锐减的时期还要厉害。1453 年，英国失去加斯科尼，葡萄酒贸易又遭到一次严重打击，直到《皮基尼协定》签订之后才有所恢复。但是 1475 年之后，葡萄酒的进口贸易开始集中在伦敦和西部港口城市，这在很大程度上损害了南安普顿、赫尔等南部和东部港口的葡萄酒贸易。[3]

当然，能对对外贸易造成影响的核心因素还是本国工业生产的发展。从本质上讲，正是这一时期毛纺织业的飞速发展才引发英国出口贸易的巨大变革。从 14 世纪中期开始，随着英国毛纺织业的发展，

---

[1] Richard W. Barber, *The companion guide to south-west France: Bordeaux and the Dordogne*, Collins, 1999, p. 98.

[2] J. L. Bolton, *The Medieval English Economy, 1150—1500*, J. M. Dent and Sons Ltd, 1980, p. 291.

[3] Wendy R. Childs, "The commercial shipping of south-western England in the later fifteenth-century", *The Mariner's Mirror*, Vol. 83, No. 3, 1997, pp. 272—292.

本土的呢绒不仅逐步夺回了国内市场，而且开始走向国外，最终取代羊毛成为主要出口商品，甚至取代佛兰德尔成为欧洲宽幅呢绒的主要供应者。需要强调的是，在这场工业大发展当中外来技术移民，特别是佛兰德尔工匠移民起到了至关重要的作用。这是因为尽管英国拥有优质的羊毛，而且英国国王也意识到出口呢绒能够带来远超过羊毛的利益，但是技术落后的英国毛纺织业工匠并不能生产出在国际上拥有竞争力的产品。技术的进步亦非一日之功，因而想要提高呢绒生产质量，必须引进先进的生产技术、吸引拥有先进技术的人才。为了达到这一目的，英国王室开始不遗余力地鼓励外国工匠移民英国。如1331年，爱德华三世授予移居英国的佛兰德尔织工约翰·坎普保护状，将他和他的雇工学徒置于国王的保护之下，并将这一政策惠于任何愿意跨海前来的织工、漂工或染工。[①] 恰好这时工业技术发达的佛兰德尔城市遭遇了不利于纺织工匠生存的严重政治动荡，英国的召唤给予了这些处在困境当中的佛兰德尔工匠一个避风港，因而大量的佛兰德尔工匠开始移民到英国。佛兰德尔纺织工匠的到来，极大提高了英国毛纺织业的生产技术和生产能力，推动了英国的这场对外贸易变革。从此之后尽管在战争、政治以及欧洲总体经济形势的影响下，呢绒出口贸易还会出现阶段性收缩，但总的趋势是上扬的。

在1350年晚期到1360年英国的对外贸易出现了第一个真正的扩张期。1350—1368年间增长率为每年高达18%。1366—1368年间，每年呢绒出口量达到16000匹左右。英国呢绒的大量出口开始对佛兰德尔纺织工业形成威胁，成为1360年佛兰德尔纺织业城市陷入困境的重要因素之一。1380年开始，呢绒出口量的增长更为明显，有些年份出口量甚至超过了4万匹。[②] 如图1所示，我们可以看到14世纪下半叶呢绒出口贸易的发展趋势。

---

① 刘景华：《外来因素与英国的崛起——转型时期英国的外国人和外国资本》，人民出版社2010年版，第158页。W. Cunningham, *Alien Immigrants to England*, London: Swan Sonnenschein & Co., Ltd., 1897, p.106.

② E. M. Carus-Wilson, "Trends in the Export of English Woollens in the Fourteenth Century", *The Economic History Review*, New Series, Vol. 3, No. 2, 1950, pp.162—179.

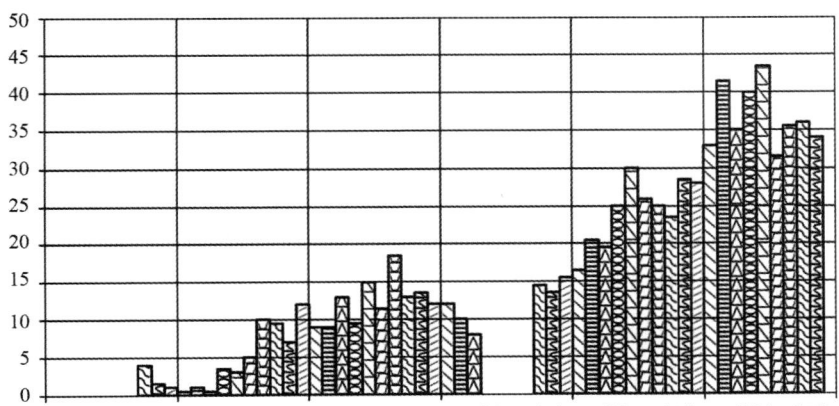

第二章　中世纪晚期英国港口贸易的初兴　33

图 1　1347—1399 年英国呢绒出口趋势图①

14 世纪最后 20 年，呢绒出口有所下降。欧洲贸易的普遍衰落，和法国战端重开，与汉萨商人的争端以及海盗的掠夺导致英国每年呢绒出口量下降到 3 万匹以下。到 1420 年贸易量又开始回升，低地国家开始进口英国的半成品呢绒，用于精加工后，进行再出口。在 1437—1447 年间，英国呢绒年均出口量接近于 6 万匹，并且首次在出口价值上超过羊毛。②

15 世纪 50 年代，欧洲贸易再次出现普遍衰落，英国兰开斯特家族和约克家族为了争夺王位开始了长达 30 年的玫瑰战争，与汉萨商人的贸易斗争仍时有发生，与主要出口市场勃艮第关系陷入低谷，这一切都使得呢绒出口贸易出现困难。与勃艮第的矛盾甚至导致勃艮第在 1447—1452 年和 1464—1467 年间禁止进口英国呢绒。1446—1448 年间，英国年均出口宽幅呢绒为 54000 匹。而在勃艮第禁令发布的

---

①　转自 E. M. Carus-Wilson, "Trends in the Export of English Woollens in the Fourteenth Century", *The Economic History Review*, New Series, Vol. 3, No. 2, 1950, pp. 162—179。
②　J. L. Bolton, *The Medieval English Economy*, 1150—1500, J. M. Dent and Sons Ltd, 1980, p. 292.

1464年，下降到仅有2万匹。1448—1475年这28年期间呢绒出口量平均每年只有35000匹。① 出口贸易的困境直到15世纪70年代才得以缓解。

1474年，英国与汉萨商人重建了商业关系；1475年与法国归于和平，以及与勃艮第重建商业关系，再加上欧洲人口上升导致呢绒需求增长，使得15世纪晚期英国贸易出口开始恢复和扩张。到1475—1480年间，年均呢绒出口量又达到6万匹。甚至在1493—1496年间，亨利七世因为恼怒勃艮第援助波金·沃贝克妄图夺取他的王位，从而禁止与勃艮第进行贸易，都没有对贸易增长势头造成太大损害。1496年，英国和勃艮第签订《马格努斯·因特科斯（Magnus Intercursus）协定》之后，英国呢绒出口更加繁荣。1499—1500年出口量超过了7万匹，达到75957匹，并且还在不断增长。②

呢绒出口贸易繁荣的同时，羊毛出口贸易则很快走向衰落。14世纪50年代，羊毛年出口量大都超过了4万包，到1401—1430年间则下降到年均13000包。发生在1429—1439年间的事件更是予以羊毛贸易致命打击。首先，羊毛的信用交易受到限制，这对羊毛贸易极为不利。其次，英国与主要市场勃艮第这一期间战争频发，敌人在1436年围攻当时的羊毛集中地加莱的行为，几乎给羊毛出口贸易按下了暂停键。1439年后羊毛出口贸易虽然有所恢复，但在整个15世纪出口量基本上维持在每年8000—9000包。③

呢绒和羊毛是英国出口贸易最主要的货物。除此之外比较重要的出口商品是锡制品。锡通常会以条棒状或者块状的矿石，或者制成锡质容器来出售。欧洲中部新锡矿的开采使得德国对英国锡的需求量减少，但意大利人的需求弥补了这一缺失。热那亚和威尼斯人先是从南

---

① Eileen Power, Michael Postan, *Studies in English Trade in the 15th Century*, Routledge, 2006, p. 23.

② Peter Ramsey, "Overseas Trade in the Reign of Henry Ⅶ: The Evidence of Customs Accounts", *The Economic History Review*, New Series, Vol. 6, No. 2, 1953, pp. 173—182。王乃耀：《英国都铎时期经济研究》，首都师范大学出版社1997年版，第169页。

③ J. L. Bolton, *The Medieval English Economy, 1150—1500*, J. M. Dent and Sons Ltd, 1980, p. 294.

安普顿，后来又从伦敦运输大量的锡制品到地中海乃至于小亚细亚。汉萨商人、荷兰商人，还有伦敦商人也经常从伦敦港口运输锡制品到加莱或者低地国家。从西南各港口也有运输锡制品到法国的贸易线路，在1475年签订和平协议之后，这一贸易有所增长。即使如此，每年英国锡制品出口价值也很少超过1万英镑，远远落后于羊毛和呢绒。

二 羊毛出口贸易的衰落

中世纪晚期，英国逐渐变成了一个工业制成品和半制成品出口国而不再是原料出口国，这对于整个国家经济的发展相当有利。工业的发展会带来更多的工作岗位和更高的工资。这意味着对制造者、出口商乃至整个国家都有更多的利润，因为同等重量的呢绒卖到国外能比羊毛获取更高的利润。当然，不可避免的是原本十分兴盛的羊毛出口贸易走向了衰落。这一重大改变是多种因素互相作用的结果。

首先是羊毛贸易集中地制度的制约。这一制度出现在爱德华二世当政的14世纪早期，爱德华二世想要通过统一征税的方式获得更多的钱财，因而要求所有的出口羊毛都要运输到欧洲大陆一个固定地点来管理。这一地点最初设置在圣奥梅尔，后来又转移到安特卫普、布鲁日等地。为了防止外国商人从羊毛生产者手中直接购买羊毛，英国还设置了国内集中地，主要包括伦敦、纽卡斯尔、约克、林肯、诺里奇、布里斯托尔等靠近羊毛产地的港口城市。

羊毛贸易集中地地点的变化，实质上是王室和在羊毛贸易中有着利益的各色人等冲突妥协的结果。王室需要对出口羊毛征收高额税收，以此来维持战争的开销。王室同样需要金融家来代替这一时期破产的意大利银行家巴尔蒂和佩鲁兹。王室向商人借款往往用羊毛税收和补助金做担保。伦敦以及东部地区城市如约克和林肯的富有商人想要支配羊毛出口贸易，并且排斥外国商人。中小规模的羊毛商人不仅想要赶走外国商人，同时也反对大商人垄断羊毛贸易，因为那样意味着自己也被排斥在羊毛贸易之外。最后是外国商人，他们拥有庞大的资金储备和贸易特权，能够轻易地控制市场，贸易限制的增多无疑对他们是不利的，因而他们想要在英国自由进行羊毛贸易。

1363 年，英国在海外的羊毛贸易集中地转移到加莱（Calais），与此同时，英国羊毛出口商公司出现了。然而，王室却经常发放给外国商人直接出口羊毛到低地国家和地中海的特许状，从而获得在羊毛出口上的双倍税收。这引起了代表商人的下议院的不满，下议院在 1372—1373 年要求国外的贸易都要集中在他们选定的加莱。在理查德二世时期（1377—1399），贸易集中地被转移到了米德尔堡（Middelburg），但是亨利四世（1399—1413）继位后，集中地就基本固定在加莱。羊毛出口商公司对于羊毛出口贸易的控制也越来越严格。

羊毛出口商公司由伦敦的大商人掌控，伦敦市长以及长老负责公司的管理。公司的 200 个左右商人成员来自全国各地。这些商人十分富有可以满足王室大量的贷款需求，而英国王室则经常用国家在海关征收的羊毛出口税来偿还贷款。例如，1377 年王室就用在首要港口[①]征收每包 50 先令的羊毛税来偿还羊毛出口商公司的 1 万英镑借款。羊毛出口商公司成为 15 世纪英国王室主要的财政支柱。

14 世纪晚期，意大利以及西班牙人虽然都能获得英国王室特许直接运货到地中海，但是他们出口羊毛的贸易份额在不断减少，从 1370 年的 34% 下降到 15 世纪早期的 10%。[②] 英国王室向外国商人征收高额的羊毛出口税，使得他们在这项贸易当中无利可图，进而退出英国羊毛出口贸易。英国北部城市纽卡斯尔的商人有时也能获得王室特许，直接运输羊毛到佛兰德尔。因为英国东北部地区的羊毛质量相对较差，统一运输到加莱，就会增加额外成本，进而失去在国际市场的竞争力。但羊毛出口商公司为了保持他们的垄断，强烈反对王室发放任何不通过加莱出口羊毛的执照。最终羊毛出口商公司完全垄断了羊毛出口贸易。

集中地贸易发展导致羊毛出口急剧减少。羊毛出口商公司利用他们的垄断权，把出口羊毛的高额税收成本转嫁到了外国消费者身上。

[①] 英国王室实行的一种出口贸易管理制度，全国的沿海地区被大致均分为 13 个征税区域，每一个区域的进出口贸易由一个主要港口负责管理，并进行征税，这个港口被称为首港。首港管理区域内的其他小港口的税收通常要交到首港统一管理。

[②] J. L. Bolton, *The Medieval English Economy, 1150—1500*, J. M. Dent and Sons Ltd, 1980, p. 296.

这就推高了英国羊毛在国际市场的价格，虽然羊毛出口商公司能获得短期利润，但是这无疑使得英国羊毛在国际市场的竞争力下降。当然，这也使得英国优质羊毛留在国内市场，为英国毛纺织业的发展提供了大量原料。

与此同时，英国的出口税收政策更加倾向于鼓励毛纺织业的发展。商人出口呢绒时只需要缴纳相当于其价值3%—5%的税，而出口羊毛所缴税额却高达其价值的30%—33%。[1] 在这一政策的刺激下，羊毛出口锐减，呢绒出口却在不断增长。可以说王室和羊毛出口商公司尽管目的不同，却共同促进了毛纺织业的繁荣发展。

最后，集中地制度成为政府追求金银等贵金属的财政工具，也使羊毛出口贸易受到严重打击。中世纪晚期的欧洲重金主义特别流行，其基本思想就是把金银等贵金属视为国家财富的主要形态，因而国家想要富有政府就必须谋求金银供应和储备的增长。然而，在现实中贵金属的供应是有限的，一个国家的获得通常只能以另外一个国家的损失为代价。对于经济关系密切的英国和勃艮第来说就是如此。这一时期的勃艮第公爵急于树立权威，扩大领土，因而需要大量的金钱。对政府来说，最容易也最赚钱的一个方法就是通过降低金银含量的方式重铸货币。中世纪欧洲的君主都有征收货币制造税的权力，就是把货币收回铸币厂重铸时抽取一定的金银。勃艮第公爵向商人提供了诱人的金银价格，使商人能够从铸币厂换取更多的货币，因此货币大量流向铸币厂，公爵进而从中获利。从14世纪80年代到15世纪70年代，勃艮第公爵都实行宽松的铸币政策，但他不是唯一如此做的欧洲君主。周围很多国家也实行相似的政策，争夺金银的斗争在不断进行着。

英国国王同样需要金钱来维持战争。但是，在百年战争开始阶段，爱德华三世对铸币的干涉引起了巨大混乱，因而他在1352年法令中承诺不会降低现行货币的纯度和重量。他的继任者也遵守了这一承诺，英国在整个15世纪只进行了两次货币重铸。因而英国货币质

---

[1] J. L. Bolton, *The Medieval English Economy, 1150—1500*, J. M. Dent and Sons Ltd, 1980, p. 297.

量很高，拥有较高的金属含量，但是货币定期磨损不可避免，在政府重铸货币不能够降低货币的质量情况下，外国仿造的货币以次充好，就会导致金银外流。英国采取了双重政策应对这一情况，一方面禁止货币出口，另一方面以金银形式从商人手中提取一部分出口收入。这就能一定程度解决中世纪晚期英国贸易中金银的均衡难题。

在 14 世纪后期，羊毛仍然是英国的首要出口物，获得金银的主要途径就是通过羊毛贸易。在百年战争开始之后，英国王室法令要求为每一包出口的羊毛在铸币厂预付一定数量的金银。英国虽然多次强调这一政策，但是因为商人的抵制，没有取得成功。但是，英国人很快就发现更好的方法以达到目的，那就是让在加莱的客户部分或者全部用金银来支付羊毛款。这样金银就能很快地运进英国在加莱的铸币厂，这些货币运回英国，从而补充铸币不足，而那些用于购买羊毛的质量低劣的外国仿造货币就不会进入英国的流通领域。

亨利六世需要加莱的铸币厂来供养他在法国的军队，同时羊毛出口商公司内部也发生着权力的斗争，20—30 个有钱的大商人试图排挤那些实力较弱的商人。在这样的背景下，1429 年英国进一步通过了著名的重金法令。该法令规定在集中地的羊毛交易必须通过金银，禁止任何的信用支付。为了防止有人违反政策，法令还规定羊毛卖家不仅不准通过借贷的方式退还给买家任何金钱，还必须要把 1/3 的售卖所得以金银或者外国货币的方式交到加莱铸币厂。法令规定羊毛商人不能单独售卖获得收益，而是要把羊毛带到集中地进行统一销售。在那里会有专人对羊毛进行分类并且和其他同等质量的羊毛整合。只有当整包的羊毛出售后，每个商人才能得到属于他的那份收益。

重金法令是王室和集中地大商人合作的产物，国王想要获得英国在法国有驻军的加莱要塞的军费，集中地大商人想要控制羊毛贸易。不管原因如何，该法令对羊毛贸易的打击都是毁灭性的。很多佛来芒和荷兰商人很难支付购买羊毛的所有费用。经济实力较弱的英国羊毛商人被迫退出这项贸易活动。他们没有充足的流动资金和信用，以长时间维持他们的对外贸易，只有在无限的等待后才能分到最终的收益，而这份收益往往并不比他们带来羊毛的价值多多少。少数存活下来的商人能够垄断羊毛贸易，并且把羊毛价格定得很高。重金法令激怒了勃艮第公爵，因为他的商人是这一时期英国羊毛的主要购买者之一。勃艮第商人被强迫用金银支付羊毛货款，金银就会大量从勃艮第流失到英国，勃艮第公爵却急需金钱来应对与荷兰和泽兰的战争。他在1435年撕毁了与英国的同盟，率领军队围攻加莱，使得羊毛贸易陷入瘫痪，一直持续到1439年。虽然重金法令在1444年得以废除，但羊毛贸易却再也没有恢复到往日的荣光。在重金主义思潮影响下，羊毛贸易当中继续禁止信用买卖，这给这项贸易的发展带来极大障碍。直到15世纪70年代羊毛贸易彻底衰落之后，普遍的信用交易才得以解禁。

与此同时，英国的毛纺织业得到长足发展，呢绒出口量飞速增长。英国呢绒不仅在国内打败了外国竞争者，而且在低地地区的经济中扮演了重要角色。低地地区的精加工工业开始大量加工英国的半成品呢绒，之后把它们出口到波罗的海，汉萨以及其他商人也在低地地区的大集市上购买这些呢绒用来出口。

因此，羊毛出口商公司很多贸易政策完全是自取灭亡。高税收、垄断控制以及重金主义政策，合力把英国毛纺织业的竞争者赶出了市场。当然，羊毛出口贸易也面临了其他问题。例如：1379—1385年内战，对原本大量进口英国羊毛的佛兰德尔打击颇为严重。佛兰德尔呢绒生产开始转移到乡村，并且开始采用价格便宜、质量次等的苏格兰、西班牙以及当地羊毛以便生产重量更轻、更廉价的呢绒。同样的情况也发生在布拉班特、佛罗伦萨等地。特别是佛罗伦萨的纺织工业在1379年梳毛工起义当中遭到了重创。从某种意义上讲，英国毛纺织业的扩展正好填补了大陆毛纺织业衰落的真空。

不管是什么原因，本土毛纺织业的发展以及呢绒出口的大量增长对英国经济发展是有利的。毛纺织业提供了大量新的就业机会给生产者，并且给商人带来了更多新的利益。需要指出的是，这样的对外贸易变革，并未立时给英国带来远超羊毛出口贸易的繁荣，甚至在一段时间内出口总价值还有所下降，但这并不意味着英国出口贸易的衰落。我们把13世纪晚期和15世纪中期的出口贸易价值进行比较加以说明。13世纪80年代，英国每年平均出口26806包羊毛。大多数从羊毛生产者手中购买的中等质量的羊毛价格约为 5.17 英镑每包[①]，价值约为 157107 英镑。在 1441—1451 年，每年约出口 49350 匹呢绒，价值约 89660 英镑。加上这一时期每年出口的 8810 包羊毛，价值约为 51080 英镑，总计 140737 英镑。仅从量上讲，呢绒出口相当于 11408 包羊毛（通常四又三分之一匹标准呢绒等于一包羊毛）[②]，相当于价值 65596 英镑，而制成呢绒出口就是 89660 英镑，呢绒至少超过了羊毛价值的 37%。虽然这一时期英国出口贸易的绝对值减少了，但如果考虑到这一时期英国人口至少下降了 1/3，相对来说出口贸易就没有下降。如果我们再考虑到旷日持久的百年战争、玫瑰战争、黑死病之后频繁爆发的瘟疫对贸易的轮番打击，以及相当多的本土呢绒并未用于出口，而是用于国内消费，那么这样的贸易方式转变给英国经济和贸易带来的红利必然很快超过之前的羊毛贸易。

　　单单从价值和数量来计算，很容易忽略影响对外贸易的其他方面。例如，国内贸易系统。如果没有相应的国内贸易系统来分销进口货物，并且收集出口货物，对外贸易很难运行下去。而国内贸易系统这些功能的实现则首先需要依托相应的交通运输系统。事实证明，中世纪晚期英国的道路、河流和沿海航线是完全能够胜任当时的贸易需求的。大多数主要贸易港口从海外运来的是原材料，特别是毛纺织业所需的菘蓝、明矾、羊油、香皂和染色剂，当然还有大量的葡萄酒、食材、工业品以及奢侈品。向外运输的主要是呢绒、羊毛和锡，很多时候这些货物需要经过漫长的路程才能从产地到达出口港。英国西南部的锡需要通过沿海运输运到南安普顿，再通过陆路运到伦敦；羊毛通过陆路由科茨沃尔德以及威尔士南部运输到伦敦和南安普顿。呢绒从科茨沃尔德、东盎格利亚以及西赖丁运输到以伦敦为首的各个主要港口再进行出口。

　　我们将以南安普顿为例对 15 世纪中期再分配贸易的相关情况进行介绍。南安普顿对马车运输货物进出城市进行征税，并保存了相关

---

　　① Terrence Henry Lloyd, *The Movement of Wool Prices in Medieval England*, Cambridge University Press, 1973, pp. 38—39.

　　② E. M Carus-Wilson, *Medieval Merchant Venturers: Collected Studies*, Routledge, 2013, p. 24.

记录，这给我们提供了很大便利。南安普顿除了运往周边乡村一小部分进口货物以换取谷物和肉类，还与温彻斯特和罗姆塞有重要的陆路联系，这两个城市一个是宗教中心，另一个是毛纺织业中心；索尔兹伯里每年从这里运走大约 800 包或者 80 吨菘蓝，然后分配到威尔特郡的各个毛纺织中心；意大利和伦敦商人会在这里托运大量的菘蓝、明矾和奢侈品到伦敦；南安普顿还和 160.9 千米（100 英里）之外的考文垂有密切的贸易联系，每年的冬天和夏天，一辆辆马车满载着菘蓝、明矾、茜草和葡萄酒从南安普顿出发前往这个中部地区重要的呢绒生产中心，一周到十天之后，带着羊毛和呢绒返回，然后再开始新的旅程，周而复始。①

南安普顿的贸易网络向我们展示了相对那个时代来说通畅的贸易运输系统。而这样的贸易交通网络在那时的英国不是绝无仅有的。英国水陆交叉的运输网同样服务着伦敦、赫尔、布里斯托尔等英国从南到北的港口，承载着国内外大量贸易的运转。伦敦五金商人吉尔伯特（Gilbert）在国外不仅与西班牙进行铁制品贸易，而且还有菘蓝和明矾贸易，国内向他购买明矾的客户远到萨福克郡和索尔兹伯里。伦敦的杂货商，往往同时进行香料、菘蓝等染色剂、明矾、金属（主要是锡）和其他工业原料、奢侈品、生活用品的贸易。他们与布里斯托尔、格洛切斯特、莱切斯特、牛津和梅德斯通等地的香料、药材商人，与约克和贝弗利的染料商人，与从威斯特摩兰到埃克塞特的商人、小贩进行贸易。15 世纪上半叶，伦敦杂货商每年从全国各地收购 2 万—3 万匹的呢绒和 4000—6000 包的羊毛。全国的布商和呢绒商人都直接在伦敦的布莱克威尔大厅买卖商品，或者和出口商通过样品进行交易。这都离不开英国的水陆交通网络。

14—15 世纪的羊毛贸易，还催生了大量的中间商。例如，著名的希里文献（cely papers）上的威廉、诺斯利奇（Northleach）的福斯特（Forteys）等人。这些中间商对于对外贸易的开展也十分重要。他

---

① Coleman Olive, "Trade and Prosperity in the Fifteenth Century: Some Aspects of the Trade of Southampton", *The Economic History Review*, New Series, Vol. 16, No. 1, 1963, pp. 9—22.

们从众多的小生产者手中收购羊毛，通过样品与出口商进行交易，然后由伦敦的羊毛打包协会进行打包。他们打包时会对羊毛进行估价，以确保卖家没有欺骗买家，他们还会在包裹或者样品上标上品级，最后通过伦敦或者南安普顿进行出口。

中世纪晚期的英国不仅存在着满足外国贸易需求的运输以及国内贸易系统。同时，相应的金融系统也已经出现。交易过程当中，人们已经开始较多地采用信用和借贷手段，金钱能够比较容易的从一个国家转移到另外一个国家，借贷过程中某种形式的纸币也出现了。信用交易对于中世纪晚期的贸易至关重要。如果商人购买货物时都必须支付现金，那么他的经营规模就会受到很大限制。信用交易可以使商人同时参与到几项商业冒险当中，因为他的资金可以不用固定在一项贸易上。这样小商人就能够不受资金的限制，扩大经营规模，像卖东西一样，他也可以在购买货物时采用信用方式，这样他们就能够从容等待自己的客户支付货款。最后，信用把贸易从货币供应的限制中解放出来。很明显，所有的交易都用现金来支付，现有的金银等贵金属是不够用的。

我们可以从希里（cely）家族在15世纪晚期进行的羊毛贸易当中很好地体会到中世纪晚期信用交易的具体运行方式。他们的主要代理人通过信用方式从羊毛生产者手中购买羊毛，然后再用信用方式卖给希里家族。信用交易通常采取首付1/3，尾款在接下来的一年里分两次或者三次付清的方式。希里家族然后在集中地通过信用方式卖给低地地区的商人。对方同样先付一部分款项，尾款则一般在低地地区的周期性集市上结清，低地地区在每年冬天、复活节、圣灵降临节以及10月都会举行集市。这样就形成了一个从科茨沃尔德丘陵的羊毛生产者到低地地区商人的完整信用链条。

同样的方式也存在于呢绒贸易当中。1459年的一本公证书当中提到，当年2月有两个德国商人与格洛斯特郡的约翰就交易尾款方式达成协议，在圣灵降临节支付12英镑，11月支付11英镑，下一年的2月支付11英镑6先令10便士，还款也可以在国外完成。另外，两个德国商人还承诺在荷兰安特卫普举行下一次集会时，用佛来芒货币支付给一个伦敦呢绒商人50英镑。这些交易大部分都与呢绒有关。当时的伦敦商人账册显示，吉尔伯特交易的75%都是用信用方式完成的。①

信用交易当然也会出现问题。当商人没有充足的现金支付给债主时，就不得不从有多余资金的商人手里，或者用财产担保向伦敦的公共机构借钱。例如，希里家族在没有充足的现金支付给羊毛商人时就借钱应急，当在集市上收到付款有多余资金时就贷款给其他人。他们的贷款经常是短期的，2—6个月大约利息每月2.5%。当真正资金缺口较大时，他们还会以汇兑的方式借钱。商人在一个地方需要钱，并且在另外一个地方有资金就可以通过汇兑的方式交换。汇兑通常通过意大利或者西班牙银行家来完成。例如，1487年9月，威廉·希里在加莱通过一个意大利公司发给伦敦的乔治·希里100斯特林，他用佛兰德尔的货币支付斯特林，得到低于市场利率的钱作为利息，然后得到意大利的票据，他在伦敦的代理人，就能够承兑出斯特林。票据也可以用来贷款，假如一个商人在低地地区售卖羊毛获得资金，但是在英国却急需资金购买更多的羊毛，那他就会与在低地地区需要资金购买进口货物的商人进行兑换。第一个商人将会把他的佛来芒货币交付给第二个商人，他会得到一张在伦敦的汇兑票据和英国货币。汇兑的利息根据贷款规模和时间长度来定。呢绒商人和集中地商人并没有天然的汇兑关系。例如，希里家族只进行羊毛贸易。其他伦敦商人，特别是杂货商则大多是同时进行羊毛和呢绒贸易，任何情况下他们在低地地区出售了呢绒，都将会有充足的资金。

还有一些金融手段也推动了贸易的发展。比如，商人抵扣债权给他的债主。这在国内外都很流行。低地地区哈勒姆（Haarlem）的女商人埃德（Ade），1447年把伦敦商人约翰欠她的1.97英镑支付给她的债主英国商人威廉。② 这笔钱比她欠的钱要多，因而威廉又把其他商人欠他的一笔钱转让给她，这样债务被当作某种纸币来使用。羊毛出口商公司也会发凭证给那些借给公司钱的会员，他们可以用来支付债务。这与王室借钱之后发给的债券相似，都是当作某种货币来使用。

---

① J. L. Bolton, *The Medieval English Economy*, *1150—1500*, J. M. Dent and Sons Ltd, 1980, p. 303.

② Ibid., p. 305.

这些贸易手段的发明，不仅避免了在购买货物时资金短缺的限制，而且还发展出很多便利的贸易方法。商人带着货物出行，在外国市场卖掉，然后回国时带着金银或者外国货物的日子一去不复返。他们定时地接货发货，并且在国内外进行信用交易。货主不可能一下把所有货物都卖掉。商人在国内外都有大量的事务需要处理，而他不能同时出现在两个或者多个地方，因而必须雇佣代理人来代表他。通常这个人要精通贸易事务，大多是家族里面的年轻人，有时也会是非家族的外人，当商人在国内时，代理人就会在加莱或者安特卫普帮忙处理生意；当他在国外时，代理人会在国内帮他处理生意。

三 英国与汉萨商人和意大利商人的贸易冲突

这一时期的英国贸易比中世纪早期要成熟得多，不管是市场、交易技术还是商人实力。随着实力的增强，英国商人对外国商人掌控对外贸易的状况愈加不满，他们不仅想夺回对外贸易的自主权，还想把贸易区域扩展至汉萨商人和意大利商人的势力范围波罗的海和地中海。但是，英国对外贸易发展绝不是那么一帆风顺，英国商人虽然在本国的对外贸易当中逐渐掌握了主动权，特别是随着英国商人冒险家公司的成长，这种趋势愈加明显。但是，他们与汉萨同盟等外国商人还是有较大差距，因而在与外国商人的竞争当中往往落于下风。到15世纪末，外国商人的贸易额在英国对外贸易中的比例仍然很大（见表1、2）。

表1　　　1421—1461年间，英国本国商人、外国商人
在贸易当中所占比例[1]　　　　　单位：%

年份	本国商人 进口	本国商人 出口	汉萨商人 进口	汉萨商人 出口	其他外国人 进口	其他外国人 出口	所有外国商人 进口	所有外国商人 出口
1421—1431	62	68	9	7	29	25	38	32
1431—1442	65	57	12	12	25	31	37	43
1442—1452	61	62	13	14	26	24	39	38
1452—1461	62	60	18	19	20	21	38	40

---

[1] J. L. Bolton, *The Medieval English Economy, 1150—1500*, J. M. Dent and Sons Ltd, 1980, p. 307.

表2　　　呢绒出口贸易当中本国商人、汉萨商人和其他外国

商人所占百分比① 　　　　　　　单位:%

年份	本国商人	汉萨商人	其他外国商人
1480—1481	60	24	16
1490—1491	54	19	27
1500—1501	60	21	19

在欧洲贸易区域上，英国人虽然掌控了北海到加莱以及到低地地区的贸易，意大利也已经退出了直接与英国进行贸易的行列，但是汉萨商人仍然牢牢控制着波罗的海以及通过科隆到莱茵河下游的贸易，英国势力也没能进入地中海地区。最终，英国商人的对外贸易越来越集中在呢绒一种产品、英国到低地地区一条贸易线路上。

首先我们了解一下英国商人与汉萨同盟的商业竞争情况。英国是汉萨同盟商人从波罗的海到北海贸易线路的一端。他们在这里交换工业，主要是毛纺织业所需的原料。他们在波士顿、林恩、赫尔等东部港口，特别是伦敦都拥有贸易基地。在伦敦的贸易基地是始建于1267年的"钢院"（Steelyard）商站，也称作"斯蒂尔亚德"商站。"钢院"商站位于泰晤士河两岸，伦敦桥上游，四周设有围墙，是一个封闭的地区，基地内实行自治。②"这种商业侨居地在其建立的国家中享有司法豁免权，因而亦为母邦领土在国外之延伸部分，在其商人中实行德意志法律。"③"钢院"商站类似于列强在近代中国建立的租界，但是两者也有本质的区别，前者的权力是英国国王为了获取利益而主动赋予他们的，后者则是列强强加给中国政府的。他们不断地从英国国王的手中获得特许状进而获得各方面的特权，特别是爱德华三世在1347年颁发的商人宪章，给予他们关税豁免权，以至于他们的税率甚至比英国商人还低。

---

① E. M. Carus-Wilson and Olive Coleman, *England's Export Trade: 1275—1547*, Clarendon Press, 1963.

② 刘景华:《外来因素与英国的崛起——转型时期英国的外国人和外国资本》，人民出版社2010年版，第132—133页。

③ [美]詹姆斯·W. 汤普逊:《中世纪晚期欧洲经济社会史》，徐家玲等译，商务印书馆1992年版，第226页。

这必然会引发英国商人，特别是东部地区港口城市林恩、波士顿、赫尔等地想要自己掌握波罗的海呢绒贸易商人的不满。这些东部地区商人强烈要求在波罗的海拥有与汉萨商人对等的权利。

面对英国以及荷兰的竞争，汉萨同盟决定捍卫自己在波罗的海的贸易垄断。然而它的内部也并非铁板一块。比如，但泽和科隆不愿意直接与英国发生冲突，因为他们还要依赖英国的呢绒出口贸易。同盟的领导者卢贝克，看到英国和荷兰船只通过海路直接到达波罗的海威胁到了他的商业优势，多次倡导组织同盟统一抵制英国，但是同盟内部响应者寥寥。最初，汉萨同盟抵制多是各自为政。例如：普鲁士阻挠英国商人进入波罗的海，招致英国人袭击汉萨同盟的船只进行报复，普鲁士再进行反报复，而其他汉萨同盟成员并未参与过多。即使如此大规模商业战争，对于双方来说都是灾难，特别是对于那些依赖汉萨商人与欧洲北部波罗的海进行贸易的北方港口，赫尔在英国与汉萨商人的冲突当中就深受其害，它的贸易船只经常受到汉萨同盟的洗劫。

为了解决纠纷，1434年但泽市长率领着庞大的代表团来到英国进行谈判，双方终于在1437年达成协议。该协议使英国人取得在波罗的海与汉萨商人的同等权利，汉萨在英国的特权也得到进一步确认。但是，普鲁士拒绝批准这一协议，并且继续反对英国进入波罗的海进行贸易；丹麦扣押了英国船只。英国政府也进行反击，甚至鼓励海盗行为，疯狂地袭击"海湾船队"。[①] 最后，英国没收汉萨商人在伦敦的货物的行为，终于激怒了除科隆之外所有的汉萨商人，双方开始了激烈的海洋战争。

这场旷日持久的贸易战争最后以英国商人的失败而告终。因为英国王室开始介入其中。1474年，爱德华四世力主与汉萨同盟签订了利于汉萨同盟的《乌特勒支协议》。他之所以这样做，首先是为了感谢汉萨同盟提供船只，帮助他成功返回英国，夺回在1470年失去的王位；其次，他想在这一年重开与勃艮第和法国的战争。如果英国在英吉利海峡和北海的安全都得不到保障，后果不堪设想，因而英国必须与汉萨同盟恢复和平；最后，英国与勃艮第进行战争，需要大量军费，通往波罗的

---

① 海湾船队是每年汉萨和荷兰到达布列塔尼雷斯新堡海湾进行盐贸易的船队。

海的贸易线路关闭,会大大影响其税收。汉萨同盟在英国的特权被再次确认,科隆被开除出了同盟。在这个世纪以后的日子里,英国人被排挤出了波罗的海,因为汉萨同盟的敌视,他们与斯堪的纳维亚半岛以及冰岛的贸易也被严重破坏了。

当然,英国商人的失败并不仅仅是政治因素导致的,还有经济实力不足的原因。在这场贸易战争当中,与汉萨商人发生冲突的主要是东部沿海地区的商人。英国经济实力最为强大的伦敦商人并未过多参与,因为这一时期他们的对外贸易都集中在了低地地区。

英国商人在与意大利商人的交锋中同样落败。意大利人是英国在15世纪排外宣传中被丑化的主要对象。英国舆论指责意大利商人,专门进口价格较贵的商品以及奢侈品;几乎不买或者只买一些廉价的东西用来出口;在英国采用信用购买方式欺骗英国人,在意大利采用现金售卖方式,然后把钱转移到佛兰德尔,最后再借给英国人收取利息。英国舆论认为,意大利商人通过贸易和银行把金钱从英国吸走了。为了改变这一状况,英国经常要求外国商人特别是意大利商人,应该在英国人的监督下把所有进口所得用在出口货物上。

为什么意大利人遭到英国人如此的仇视呢?我们再来了解一下这一时期,意大利与英国的贸易状况。这一时期,意大利商人不再是王室最大的金融商,称雄欧洲的佛罗伦萨巴尔迪家族(Bardi)和佩鲁兹家族(Peruzzi)的银行,因为英国国王爱德华三世赖账而倒闭的事件,使得他们不敢再轻易借钱给英国王室。

14世纪晚期,地中海直通英国的海洋贸易路线出现,并逐渐取代通过欧洲大陆的陆路中转路线,因为海上运输成本是陆地的1/4。意大利各个城市国家从事海洋运输的船只也不尽相同。热那亚的主要海运船只类型是卡拉克帆船(Carrack),这种船只拥有2—3个大型桅杆,载重超过700吨。威尼斯和佛罗伦萨主要的海运船只类型是桨帆船(Galley),这种船只吨位较小,可是更容易在海岸以及有潮汐的水域航行。他们开始定期航行到北海区域进行贸易。最初,他们把布鲁日作为欧洲北部的贸易中心,主要业务是出口佛来芒呢绒。英国毛纺织业发达之后,英国也开始成为意大利的主要贸易地。14世纪90年代,威尼斯国家桨帆船队开始定期到达伦敦进行贸易。威尼斯商人把伦敦作为他们在英国进行贸易的首选之地,因为伦敦可以给他们的香料和名贵呢绒等主要商品提供最佳市场。热那亚商人从 14 世纪晚期开始定期到访英国,他们选择了南安普顿作为在英国进行贸易的基地,因为那里可以为他们庞大的帆船提供良好的港口。佛罗伦萨商船首次到达英国是 1425 年,同样选择南安普顿作为在英国的贸易基地。①

图 2 14 世纪威尼斯桨帆船

无论意大利人选择哪个港口做贸易基地,伦敦都是他们在英国活动的中心。15 世纪中期意大利人在伦敦的侨居地,居住着 50—60 个商人以及他们的仆人,威尼斯、热那亚、佛罗伦萨、米兰和卢切斯等城市共和国的 20 多个代表。意大利的公司和商人之间会进行适当的合作,方便他们处理在英国遇到的贸易等方面的问题。还有相当一部分意大利商人选择在伦敦设立代理机构。

意大利商人的贸易手段十分发达。这一时期记账法的发展,特别是阿拉伯数字、复式记账法的运用,使意大利商人能够比竞争对手运作更加复杂的贸易,而这些贸易手段直到 16 世纪才在北欧地区推广开来。英国舆论认为意大利人往往会通过复杂的计算从英国获得更多的利益,这是引起英国人仇恨的原因之一。意大利人往往既是商人也是银行家。

---

① Ruddock Alwyn, *Italian Merchant and Shipping in Southampton 1270—1600*, Southampton University College, 1951.

他们能够接受存款，这样就能拥有大量流动资金。资金可以便利地从一个客户账户转移到另一个账户，或者另外一个他们有生意往来的公司，不需要一个硬币的出现就可以完成。贷款也可以轻松实现，汇票的发展使得意大利人可以任意在欧洲转移资金。伦敦几乎每一个公司都扮演着在伦敦没有常驻代表的意大利商人代理商的角色。这一切都使得意大利商人的对外贸易十分便利。例如，像威尼斯的安德里亚（Andrea）这样中等财富的商人都能够在西班牙、意大利和利凡特之间进行三角贸易，用出卖西班牙羊毛和油的收入来购买英国呢绒，在自己的城市通过汇票和伦敦进行金钱转移。

意大利商人贸易规模庞大，也是引起英国人嫉妒和仇视的原因。他们控制着英国 1/4 的对外贸易。单就每个商人的营业额来说都十分巨大。例如：威尼斯的马库（Marcuonovo）兄弟在 1441 年米迦勒节到 1442 年米迦勒节一年之间，从威尼斯运来 58 包胡椒，还有很多其他药物、香料、丝绸、名贵呢绒、174 包菘蓝。这些货物加上之前在伦敦的库存，他们卖给伦敦呢绒商和杂货商的货物价值高达 3690 英镑。返回意大利时，他们购买的呢绒、羊毛价值 6290 英镑。这种规模的贸易不是个例。阿尔贝蒂、美迪奇等意大利大家族的贸易规模毫无疑问比这还要大。甚至最富有的伦敦商人都难以与之匹敌，绝大多数英国商人的财富更是相差甚远。

以佛罗伦萨和米兰为首的意大利公司，还基本垄断了对伦敦十分重要的银行业和汇兑业。米兰一家公司在伦敦的分支机构的账册显示，1436 年分公司营业额是 3 万英镑，其中 9500 英镑汇兑到了威尼斯、热那亚、阿维农、巴塞尔和巴塞罗那等地。[①] 伦敦的大商人、杂货商、酒商经常使用它们的金融服务从低地国家转移金钱回国内，特别是从米德尔堡的呢绒市场以及布鲁日的银行总部。可以想象一下，如果没有意大利的银行家，英国的对外贸易将会难以运行。

尽管如此，意大利在英国贸易中的份额是在不断衰减的。意大利人在英国进行贸易有诸多限制，缴纳的税额比很多其他商人要高。英国的

---

① J. L. Bolton, *The Medieval English Economy*, 1150—1500, J. M. Dent and Sons Ltd, 1980, p. 313.

排外浪潮也给意大利在英国的贸易造成重大打击。1456 年，伦敦发生袭击意大利人的骚乱。1460 年，南安普顿也爆发了类似事件。1458 年，英国为了对 1457 年英国商人罗伯特的船只在地中海惨遭掠夺的事件进行报复，没收了热那亚在英国的货物，并把他们的几个商人投入监狱。罗伯特是一个试图打进地中海进行贸易的布里斯托尔商人，他的第二次航行就遇到了灾难，被当地人扣押。他给了热那亚人很多钱才赎回自由，这严重伤害了英国与意大利的贸易。

地中海贸易区域内部的冲突，以及连绵不断的战争对意大利贸易造成的伤害更大。15 世纪 30—50 年代的战争，时不时会打断威尼斯和佛罗伦萨的船队到英国的贸易；热那亚忙于与那不勒斯的战争，失去了在君士坦丁堡和佛歌利亚的基地以及对明矾贸易的垄断。1489 年，英国政府规定由图卢兹进口的明矾禁止用外国船只装运，更是予以逐步衰落的热那亚与英国贸易致命一击。当 1465 年佛罗伦萨开放了港口比萨之后，来自外国航运的竞争开始增强。到 1478 年，佛罗伦萨与英国的贸易基本停止。[①] 最后只剩下威尼斯，还在设法维持与英国的贸易。

英国并没有从意大利的衰落中受益。1460 年之前，只有少数伦敦和南安普顿商人乘着意大利卡拉克帆船到地中海进行贸易。1460 年之后，开始有一些英国船只运输羊毛到达匹萨诺，但是数量很少。1489 年，英国商人在匹萨诺建立了一个羊毛集中地。但是，在集中地建立之后，比斯开人和其他外国商人承担了运输英国羊毛到集中地的主要任务。虽然有一些英国船只到克里特的甘地亚购买葡萄酒，但是事实上还是西班牙和荷兰用更廉价的航运填补了意大利人航运衰落留下的空缺。

进入波罗的海和地中海的尝试都失败了，英国在其他区域的贸易却得到了发展。1453 年，旷日持久的英法战争结束了，海峡贸易的安全有了保障，因而开始强劲复苏，英国与西班牙、葡萄牙和爱尔兰的贸易也很活跃。这一时期，英国跨海峡和北海到低地国家的主要贸易线路被两个公司控制，分别是控制羊毛贸易的羊毛出口商公司，还有控制呢绒贸易的商人冒险家公司（Company of Merchant Adventurers）。商人冒险

---

① Ruddock Alwyn, *Italian Merchant and Shipping in Southampton 1270—1600*, Southampton University College, 1951.

家公司实力十分强劲。虽然羊毛出口商公司的发展在 15 世纪初就已经很成熟了，商人冒险家公司只是刚刚出现。冒险商人这个名头起初适用于任何参加到对外贸易当中，但不是从事羊毛贸易的商人。到 15 世纪后期指代范围开始变窄，专门用来称呼主要出口呢绒的外贸商人。他们选择避开羊毛集中地加莱，前往波罗的海、挪威、西班牙，还有低地地区进行贸易。在英国很多城市，为了方便对外贸易，冒险商人自行组成贸易团体，像约克和纽卡斯尔的商人冒险家公司，还有赫尔的圣乔治行会，同时伦敦以杂货商、皮毛商人和呢绒商人为主的冒险商人群体也开始从本就实力强劲的商人公会中发展起来。这些商人感觉到在国外也需要组成团体，以解决商业纠纷，并且保护他们的利益。15 世纪初，前往低地地区、泽兰、布拉班特和佛兰德尔的冒险商人从王室手中获得了组织自己的机构、选举机构管理者的特许。他们组成统一团体，处理他们和外国人之间的纠纷，制定规则管理在他们的管辖权之下的英国商人，惩罚不遵守规则的人。

随着英国到北方贸易的衰落，英国对外贸易开始越来越多地集中到低地地区。伦敦商人也越来越想控制所有从事对外贸易的英国冒险商人，建立一个拥有统一权力的单一组织，并且排斥无贸易执照者。伦敦从王室手中获得特权，占有了北方港口城市的关税，提高贸易的准入费，征收关税，强迫商人在街上展示进行交易的呢绒，这引起了北方商人群体的不满。但是，1486 年在低地地区进行呢绒贸易的伦敦商人还是从国王亨利七世手中获得了对外贸易管理特权，成立了由伦敦冒险商人控制的统一海外商人冒险家公司。因为，这一时期亨利七世对伦敦冒险商人有较大需求。亨利七世在位期间与勃艮第的关系极差，他特别仇恨勃艮第公爵，因为后者给篡位者西蒙和沃贝克提供援助。他需要利用统一的贸易管理作为外交手段。1496 年，英国国王签署政令，伦敦的约翰·皮克林作为唯一的商人管理者派往国外，伦敦商人冒险家公司强迫所有进行呢绒贸易的商人加入他们的权力，同时也得到了确认。在王室的授权下，商人冒险家公司逐渐演变成单一组织，并且可以向所有参加他们贸易的商人征收罚款。

商人冒险家公司是一种规约公司（Regulated Company），相对羊毛出口商公司来说组织管理更加严密。商人单独进行贸易，但是公司负责统一租赁船只、确定运费、船队起航前往海外的时间。因为在北海海域的航行危险性较大，公司还要花钱租用国王的船只来保护船队。因此就要从来往低地地区的货物中征收管理费。公司的主要功能就是制定政策，采取统一行动确保贸易优势地位。例如，他们坚决反对在呢绒出口上征收一英镑一先令的磅税；当国王禁止与低地地区进行贸易时与国王进行谈判；当与低地地区的贸易遇到麻烦时，他们就会与贸易对手汉萨和羊毛出口商公司进行斗争以确保自身的利益。他们同样要求对外国人在英国的贸易加以限制，从而使汉萨商人不能够独占英国到低地国家的贸易。他们和羊毛出口商公司的关系，因为呢绒出口的增长，羊毛出口的衰落而日益恶劣。他们不断地互相攻击，但是在15世纪末他们已经取代羊毛出口商公司成为英国对外贸易的领导者。

　　商人冒险家公司存在本身就是他们意识到在实力上不如外国商人。他们需要联合在一起才能更好地与外国人进行竞争。或许英国人在低地国家的贸易上是成功的，但是他们并没有能开拓新的市场。相对于他们的大陆竞争者，特别是意大利商人，单个的英国商人缺乏长时间商业冒险的资本和商业技术手段。众所周知，在英国商人家族一般都是富不过三代。商业贸易行为到15世纪，仍然得不到人们的尊重。土地主往往有较高的社会地位，尽管土地投资每年获得的回报比从事对外贸易收益小得多，风险性却也小得多。其结果就是，在英国没有像意大利商业家族那样，能够接受存款长期存在的商业金融公司，从而不能够利用这些资金扩大贸易，进行再投资以获取利益。商人之间的合作关系是有的，但是大多是为了某一次特定的冒险贸易临时组成，通常被当作一种增加冒险投资的方式。英国商人对意大利商人复杂的贸易技术手段知之甚少，这就严重制约了他们在同一时间进行不同贸易冒险的能力。同时，英国人在与低地国家进行贸易时还必须依赖意大利人的汇兑服务业务。

　　这当然不是说英国没有有钱的大商人，一些伦敦人还是很富有的。例如，1458年伦敦人西蒙·艾尔（Simon Eyre）死之前，在生意上的投资高达4666英镑13先令4便士。[①] 15世纪晚期，坎尼斯（Canynges）

---

① Thomas Dekker, *The Shoemakers' Holiday*, Barron's Educational Series, 1978, p. 25.

家族在布里斯托尔有一个 11 艘船组成的船队，每年单运费一项就获利高达 10000 英镑。在索尔兹伯里，现在依然能够看到当年约翰等富有商人的住宅，但是这都无法与意大利富有家族的宫殿媲美。大多数英国商人的财富规模更小。例如，希里兄弟每年各自收益只有 100 英镑。[①] 难以积累大量的财富，获取资金相对困难，这成为制约英国商业冒险的一个因素，因为对外贸易所需成本昂贵。索具和储货船就需要相当可观的投入，众多投资者的集合投资才使得贸易船队能够出行，航行周期却往往十分漫长，所以商人们都期待相对来说短线的投资。从这个意义上讲，就不难理解为什么英国商人都集中在较短的海峡贸易线路上了。这样资金回报较快风险较小。但是过多的资金积累在这个线路，就没有足够的钱用于开拓波罗的海以及地中海等地的贸易。即使海峡线路的短程贸易也会经常依赖其他国家的船只，比如在葡萄酒贸易上就经常依赖西班牙和布列塔尼的船只。

  缺乏资金、商业技术落后的英国商人被迫集中在北海贸易线路上，并且组成公司壮大力量，以获取个体无法获取的利益。虽然英国人夺回了 60% 的对外贸易，但是外国人的占比仍然高达 40%，外国人好像从英国贸易的发展中获利更多。英国人仅仅是把呢绒运到低地地区，在那里汉萨商人、荷兰或者其他商人会把英国呢绒进行再出口。这些外国商人加上那些直接从英国出口货物的外国商人，他们供应了全欧洲的客户。他们把英国的货物运输得甚至更远，以获得更高的利润。

  外国商人还运来英国毛纺织业所需的菘蓝和明矾等商品，在这项贸易上他们获利巨大。1466 年，热那亚商人在托尔法的教皇所属的明矾矿上购买了 3880 坎特（Cantares）价值 4187 英镑的明矾，运输到南安普顿以 5844 英镑价格卖出，利润超过 26%。在出口贸易上情况亦然。1444 年 3 月，安德里亚（Andrea）在威尼斯收到了价值 900 英镑的英国呢绒和锡，他把一些呢绒运到君士坦丁堡，一些在意大利出售，锡主要在威尼斯和亚历山大出售，最终呢绒获利

---

① J. L. Bolton, *The Medieval English Economy, 1150—1500*, J. M. Dent and Sons Ltd, 1980, p. 318.

38%、锡51%。15世纪晚期,威尼斯商人每出口一包羊毛到地中海将会获利5英镑左右,也就是投资的37%,而集中地商人在加莱卖出羊毛每包获利才是1—2英镑。① 荷兰和汉萨商人通过相同的方式从北部贸易中获取了大量利润。如此看来,英国商人不过是海峡贸易的搬运工。

16世纪我们将会看到对外贸易过度集中于一种商品一条线路,就是从伦敦出口呢绒到低地国家的经济风险。尽管这一时期的对外贸易给整个英国经济带来很多益处。例如,呢绒出口的收益不仅可以用来进口原材料和奢侈品,还有很多英国不能自己生产,供大众消费的商品,羽绒被、铜矿、喝东西的玻璃杯,等等。但是这种贸易方式是不合理的,并且损害了其他港口的利益。如果低地国家市场一旦衰落,后果必然十分严重。

第二节 意大利人的贸易基地——南部港口南安普顿

南安普顿位于英国南部,是一座美丽的沿海城市,汉普郡第一大城市,英国南部的重要港口。它的南面是索伦特海峡和斯皮特黑德海峡,处在泰斯特与伊钦两河出海口之间,与伦敦距离120公里。这座著名的港口城市在中世纪英国对外贸易中有着相当重要的地位,很多历史学家称其是与伦敦和布里斯托尔并列的中世纪英国三大港口之一。②

一 南安普顿与意大利贸易的重建

14世纪中叶至15世纪后期是南安普顿在中世纪最为辉煌和繁荣

---

① J. L. Bolton, *The Medieval English Economy*, 1150—1500, J. M. Dent and Sons Ltd, 1980, p. 319.

② L. E. Tavener, "The port of Southampton", *Economic Geography*, Vol. 26, No. 4, 1950, pp. 260—273. Olive Coleman, "Trade and Prosperity in the Fifteenth Century: Some Aspects of the Trade of Southampton", *The Economic History Review*, New Series, Vol. 16, No. 1, 1963, pp. 9—22.

的时期。① 虽然1338年战争的洗劫和黑死病的连番打击，使得南安普顿陷入了困境，但它的贸易恢复得很快。因为中世纪最为富有的意大利商人和南安普顿建立了相对稳定的长期贸易联系，将这里作为他们与英国进行贸易来往的基地。特别是当15世纪英国许多其他城市发生严重的排挤外国人事件时，南安普顿却因为对外国人的友好态度及政策，吸引意大利商船更多地集中到这里，城市也因此而进入繁荣状态。

百年战争初期，英国和法国激烈的战争使得南安普顿遭到重创，直到很多年后这座城市才又返回英国大港的行列。爱德华三世时期的长年战乱及不断面临敌军攻击的威胁，使南安普顿丧失了正常的贸易，黑死病又使它的人口大大减少。看到这样一个重要港口几近毁灭，爱德华三世开始了雄心勃勃的南安普顿城市重建计划。法军破坏的海堤被修复和加固了，城堡也几乎完全重建。原来的城防只是把朝向陆地的一面围起来，现在在国王的命令下，朝向大海的一面也建起了城防。整个城市完全被7.62—9.14米（25—30英尺）高的城墙包围起来。

但是这些工程花费巨大，给城市居民带来很大压力。连续不断的城墙税和码头税几乎花光了他们所有的钱，在城墙和海堤修建上连续投入大量的人力，也阻碍了他们重建商业繁荣的步伐。1369年，爱德华三世严令市民们必须为城防修复做出更大贡献，如果拒绝或反抗将被投入监狱，同时发布公告严禁任何人从南安普顿搬走。1371年一整年，市长约翰·普莱姆德（John Polymond）都在忙于应对下一次可能到来的法军攻击。第二年，法军洗劫了朴次茅斯和怀特岛，幸而没有攻进南安普顿，然而法军的威胁仍在。1376年，市民们请求国王重新掌管南安普顿以减轻市政的防御责任；城防的重负已掏空了他们所有的钱，两年中他们花费在城防上的钱超过了1000英镑；城市人口只有以往的一半，而且很多人还准备逃离这里。②

---

① Paul Studer, *The port book of Southampton*, Cox & Sharland, 1913, p. 13.
② Davies J. Silverster, *A History of Southampton*, Gilbert, 1883, p. 60.

半个世纪前，南安普顿还是英国主要港口之一。1334 年，南安普顿的补助金缴纳为 511 英镑，在所有城市中位列第 17 名。[①] 但到 1377 年这里的居民却只剩下 1728 人，与伦敦的 34971 人和约克的 10872 人形成巨大反差，布里斯托尔也有 9518 人，普利茅斯（Plymouth）有 7256 人。[②] 南安普顿交税人口仅列第 36 位（见表 3）。

表 3　　　　　　　1377 年英国城市人头税排名[③]　　　　　　单位：人

排名	城市	交税人数	排名	城市	交税人数
1	伦敦	23314	9	科尔切斯特	2951
2	约克	7248	10	波士顿	2817
3	布里斯托尔	6345	11	贝弗利	2663
4	考文垂	4817	12	纽卡斯尔	2647
5	诺里奇	3952	13	坎特伯雷	2574
6	林肯	3569	14	温切斯特	2500
7	索尔兹伯里	3373	15	伯里圣埃德蒙兹	2445
8	林恩	3127	36	南安普顿	1152

另外，由于巴尔迪和佩鲁齐家族的破产，使得意大利在英国的贸易严重受挫，终结了佛罗伦萨在英国至意大利羊毛贸易中的统治地位。黑死病也同样打击了佛罗伦萨毛纺织业，此后 20 年经历了严重的倒退。[④] 佛罗伦萨著名的羊毛行会（Arte Della Lana）暂时衰落了，仍然维持英国羊毛贸易的佛罗伦萨商人大幅度减少。

爱德华三世采取了很多措施，期盼意大利商人重返英国。他曾多次向威尼斯提议。1340 年，当热那亚加入了法国一方时，爱德华则试图雇佣威尼斯的桨帆船和英国一起对抗法国，作为回报他愿给所有

[①] D. M. Palliser ed., *The Cambridge Urban History of Britain*, Vol.1, 600—1540, Cambridge University Press, 2000, p. 755.

[②] Josiah C. Russell, *British Medieval Population*, Univ. of New Mexico Press, 1948, p. 142.

[③] D. M. Palliser ed., *The Cambridge Urban History of Britain*, Vol.1, 600—1540, Cambridge University Press, 2000, pp. 758—759.

[④] ［美］詹姆斯·W. 汤普逊：《中世纪晚期欧洲经济社会史》，徐家玲等译，商务印书馆 1992 年版，第 368 页。

能来英国的威尼斯商人以广泛的商业特权,承诺他们会享受到和他的臣民一样的待遇。威尼斯总督谢绝了他的邀请,仅仅要求爱德华三世免费给予他们 1357 年和 1358 年北海航线的安全通行证。威尼斯人并不想去英国,只是希望他们的商船在前往佛兰德尔的途中免受英国舰船的攻击,因为在 1340 年斯鲁伊斯海战(Battle of Sluys)后英国掌握了英吉利海峡和爱尔兰海的制海权。[1] 1374 年,在回复威尼斯市政议会(Signory)的安全通行证请求时,爱德华提议他们访问英国的港口,但威尼斯没有接受提议。后来虽然偶尔有威尼斯的私人船只到来,但直到 1384 年,威尼斯政府的桨帆船船队才出现在英国港口。[2]

英国在重建与热那亚的关系上则要成功些。1347 年,两国签订协议,双方的商业交流恢复很快;1372 年,两国又签订永久和平协议,热那亚人很快建立起在英国的意大利商人中的领先地位。这一时期,英国毛纺织工业发展很快,对明矾、菘蓝等原材料的需求越来越大。这些都是热那亚所经营的货物。他们在小亚细亚的佛格里亚还拥有明矾矿。[3] 他们为英国提供了毛纺织业所需的原材料,从意大利带来明矾、菘蓝、木灰,途中在伊比利亚半岛再带一些羊油(Wool Oil)、肥皂和染色用的胭脂;回程时所带的货物主要是羊毛。热那亚抓住了此时佛罗伦萨在英国未再立足的时机,大大增加了英国羊毛输出量。反过来,这一时期佛罗伦萨不仅依赖热那亚的明矾,还需要热那亚商人卖给他们英国羊毛。

1351—1352 年,热那亚商人从南安普顿出口羊毛 1097 包。[4] 1353 年羊毛集中地在这里建立后,外国商人可以从这里自由地出口羊毛。[5] 1352—1355 年间,外国人平均每年从这里运走 2003 包羊毛

---

[1] Robert Southey, *The Early Naval History of England*, Carey, Lea, & Blanchard, 1835, pp. 221—223.

[2] Alwyn Ruddock, *Italian Merchant and Shipping in Southampton 1270—1600*, Southampton University College, 1951, pp. 40, 148.

[3] [美] 詹姆斯·W. 汤普逊:《中世纪晚期欧洲经济社会史》,徐家玲等译,商务印书馆 1992 年版,第 380—381 页。

[4] E. B. Fryde, *Studies in Medieval Trade and Finance: History Series*, Hambledon Press, 1983, p. 294.

[5] Davies J. Silverster, *A History of Southampton*, Gilbert, 1883, p. 250.

和 25894 张羊毛皮。① 1353 年，英国人对热那亚人出口的 1097 包羊毛进行免税，以补偿在百年战争初期在布列塔尼沿海被洗劫的热那亚船只。

但不久，他们就遭到了英国商人的挑战。1363 年，英国在加莱建立了羊毛集中地，取消了南安普顿的集中地，剥夺了外国人在南安普顿贸易的商业优惠权利。② 正在崛起中的英国商人阶层试图从富有的意大利商人手中夺取贸易的控制权。废止国内羊毛集中地，在加莱建立新的集中地，以及羊毛出口商公司的建立，都是英国羊毛商人实现这一目的的手段。意大利人很不喜欢加莱，他们喜欢从羊毛生产者手中直接购买羊毛，并且直接运回意大利，而不是从加莱购买，因为在加莱羊毛的价格已经抬高了很多。

爱德华三世发给了意大利商人出口通行证，使得他们能够得偿所愿。1362—1368 年间，意大利商人以这种方式每年从南安普顿运走 211 包羊毛，尽管相对英国商人年均出口 1609 包要少得多。③ 1368 年后，爱德华三世发放的通行证增多，外国人从南安普顿运走的羊毛数量大增，1368—1369 年出口 976 包，1369—1371 年间的 22 个月出口 1056.5 包，1371 年 3 月之后的一年内出口 1857 包。④ 多数羊毛由热那亚的船只运走。例如，1366 年，从佛兰德尔来的热那亚潘斯鲁斯（Pansilius）号商船在南安普顿装载羊毛。1370 年，三艘热那亚船只在南安普顿卸下价值约 1709 镑 16 先令 8 便士的明矾、菘蓝、糖、胡椒和巴西木等货物，并且运走 1857 包羊毛。虽然英法战争仍在进行，但是南安普顿受到的威胁越来越小，这使得热那亚人越来越喜欢这里。

---

① A. Beardwood, *Alien Merchants in England 1350—1377*, Harvard University Press, 1931, p. 155.

② Eileen Power, *The Wool trade in English Medieval History*, Oxford University Press, 1941, p. 98. E. B. Fryde, *Studies in Medieval Trade and Finance：History Series*, Hambledon Press, 1983, p. 306.

③ Eileen Power, *The Wool trade in English Medieval History*, Oxford University Press, 1941, p. 91. A. Beardwood, *Alien Merchants in England 1350—1377*, Harvard University Press, 1931, p. 155.

④ A. Beardwood, *Alien Merchants in England 1350—1377*, Harvard Universrty, 1931, pp. 155—156.

第二章　中世纪晚期英国港口贸易的初兴　　59

尽管有羊毛集中地英国商人的仇视和排斥，但他们并没有立即将意大利商人排除在外，因为英国商人并没有准备好自己来供应意大利市场。这时佛罗伦萨的工业从短暂的衰退中恢复过来，毛纺织业开始趋于上升①，每年对羊毛的需求量越来越大，单靠发放通行证是无法满足需求的，他们想在英国本土建立起常规贸易，不再受集中地商人的干扰。爱德华三世的穷兵黩武使得国力空虚，因而，1378 年理查二世即位伊始就通过法令鼓励外国商人来英国，规定所有从地中海来的商人可以直接从南安普顿以及其他英国港口出口羊毛、锡、铅、皮革等货物，而不受到集中地商人的干扰，并且把南安普顿作为羊毛出口基地。② 从此意大利人可以在英国自由地购买羊毛，出口羊毛。15 世纪初，每年约有 1/5 的英国羊毛由意大利和加泰罗尼亚船只通过直布罗陀海峡运到地中海。③

1378 年，英国法令确定了南安普顿在英国羊毛贸易中的地位之后，将南安普顿作为热那亚在英国的贸易中心的谈判立即展开了。热那亚的谈判代表要求将南安普顿城堡的一部分立即腾空供他们存放货物，他信心十足地认为，几年后这里将成为北部欧洲最重要的港口之一。但是这一计划遭到了伦敦商人的强烈反对，因为他们担心南安普顿的成长会损害伦敦的利益。据沃尔辛厄姆（Walsingham）的托马斯记载，伦敦商人派人暗杀了热那亚大使，以阻止这一计划的实现。起初看起来他们是成功的，热那亚在南安普顿的贸易中断了一段时间。1378 年 11 月之后的一年里，外国商人仅运走 235 包呢绒，而之前的 13 个月外国商人出口了 1198.5 包羊毛和超过 1453 包的呢绒，④ 但是很快情况就改变了。

---

　① ［美］詹姆斯·W. 汤普逊：《中世纪晚期欧洲经济社会史》，徐家玲等译，商务印书馆 1992 年版，第 369 页。

　② ［美］坚尼·布鲁克尔：《文艺复兴时期的佛罗伦萨》，朱龙华译，生活·读书·新知三联书店 1985 年版，第 89 页；E. B. Fryde, *Studies in Medieval Trade and Finance: History Series*, Hambledon Press, 1983, p. 306.

　③ Eileen Power, *The Wool trade in English Medieval History*, Oxford University Press, 1941, pp. 55, 100.

　④ 刘景华：《外来因素与英国的崛起——转型时期英国的外国人和外国资本》，人民出版社 2010 年版，第 99 页。

1379—1385 年佛兰德尔爆发了激烈的内战。这场战争对佛兰德尔是重大灾难，其毛纺织业遭到了严重打击。[1] 受战争影响，许多意大利商人将贸易从佛兰德尔转移到南安普顿[2]，很多热那亚船只又回到了这里。从 1380 年 11 月到 1382 年 2 月，外国人从这里出口了 2416 包羊毛和超过 3800 包的呢绒，1382 年 2 月到 1383 年 3 月，出口了 1473 包的羊毛和超过 4150 包的呢绒。[3] 外国人在这里出口呢绒数量的突然增长是低地国家对意大利呢绒供应减少的直接后果。从此以后外国商人在日益发达的英国毛纺织业产品出口方面扮演了重要角色。[4] 南安普顿作为英国西南部毛纺织业发达地区呢绒出口的有利条件更使得意大利人对它青睐有加。

1383—1386 年，南安普顿对外贸易又有较大增长。1383 年米迦勒节到 1385 年 1 月间，外国人出口了 2447 包羊毛和超过 5600 匹的呢绒；1385 年 1 月到 1386 年 2 月间出口了 2744 包羊毛和 6450 包呢绒，[5] 这是由于威尼斯政府商业桨帆船船队重新出现引起的。虽然像热那亚一样，威尼斯人越来越多地使用科格船和卡拉克帆船来运输甜葡萄酒和其他大宗货物到西北欧，但他们仍然使用桨帆船来运输香料等奢侈品到低地国家和英国。高价值的货物需要这种高收费的桨帆船来运输。有武装保护并配有长桨的桨帆船船队是当时海上最快捷、最安全的运输方式。自从 1319 年威尼斯船队在南安普顿发生冲突之后，他们的贸易集中到了佛兰德尔，并多次拒绝了英国国王对他们重返英国港口的邀请。正是佛兰德尔战争导致低地国家货物的短缺，使得威尼斯的政府船队最终又返回到了英国港

---

[1] T. H. Lloyd, *The English Wool Trade in the Middle Ages*, Cambridge University Press, 2005, p. 225.

[2] T. H. Lloyd, *England and the German Hanse, 1157—1611*, Cambridge University Press, 2002, p. 100.

[3] Alwyn Ruddock, *Italian Merchant and Shipping in Southampton 1270—1600*, Southampton University College, 1951, p. 49.

[4] 刘景华：《外来因素与英国的崛起——转型时期英国的外国人和外国资本》，人民出版社 2010 年版，第 99 页。

[5] Alwyn Ruddock, *Italian Merchant and Shipping in Southampton 1270—1600*, Southampton University College, 1951, p. 50.

口。1384 年，在佛兰德尔的三艘热那亚科格船赶在威尼斯船队到达之前抢走了低地国家所有货物。威尼斯元老院（Senate）命令船队立即前往南安普顿作为回应。

这次威尼斯船队转移到热那亚在英格兰的贸易基地，也是意大利政治关系的一种反映。威尼斯和热那亚长期进行着关于地中海控制权的斗争，在 1379 年 12 月奇奥治亚（Chioggia）战争中热那亚海军几乎全军覆没，从此地中海东部霸权转归威尼斯人手中。[①] 当威尼斯在地中海上的军事势力超过热那亚后，他就开始挑战热那亚在英国与地中海贸易中的优势地位。威尼斯舰队尽其所能购买南安普顿货物，一部分直接运回威尼斯，一部分运到来亨（Leghorn），再从来亨运到佛罗伦萨。毫无疑问，这时佛兰德尔毛纺织业的衰落及英国呢绒在欧洲市场上日益增长的竞争力改变了威尼斯对在英国进行贸易活动的态度。

理查二世及继任者也很愿意给他们安全通行证等贸易优惠，以鼓励他们的到来。最初，每年只有一艘桨帆船到来，1394 年后每年有两艘桨帆船被派往英国，不过他们多把伦敦当作首选。威尼斯人不像热那亚人一样带来很多原材料和其他货物，它运来的香料等奢侈品在伦敦才有广大的市场。他们的桨帆船舰队相对笨重的热那亚卡拉克帆船来说更容易进入泰晤士河湾，往往可以在伦敦的码头直接卸载货物。[②]

尽管如此，热那亚等意大利商人的到来还是极大促进了南安普顿对外贸易的繁荣。1392—1395 年间，每年外国人出口的羊毛大约 1634 包，呢绒每年大约 5600 包，在所有出口港中遥遥领先，位列第二，仅次于伦敦（见表 4）。1394 年米迦勒节之后的一年里外国人在南安普顿缴纳港口税（Petty）的货物价值达到了 13760 镑 3 先令 4 便士。[③]

[①] 中国人民解放军军事科学院：《简明军事百科词典》，解放军出版社 1985 年版，第 27 页。[法] 布罗代尔：《15 至 18 世纪的物质文明，经济和资本主义》，施康强、顾良译，生活·读书·新知三联书店 1993 年版，第 17 页。
[②] John Stow, Henry Morley, *A Survey of London*, Wildhern Press, 2007, p. 136.
[③] Alwyn Ruddock, *Italian Merchant and Shipping in Southampton 1270—1600*, Southampton University College, 1951, p. 53.

表5　14世纪后半期英国各港口年均出口呢绒情况① 单位：包

港口	1366—1368年（米迦勒节）本国人	1366—1368年（米迦勒节）汉萨商人	1366—1368年（米迦勒节）其他外国人	1377—1380年（米迦勒节）本国人	1377—1380年（米迦勒节）汉萨商人	1377—1380年（米迦勒节）其他外国人	1392—1395年（米迦勒节）本国人	1392—1395年（米迦勒节）汉萨商人	1392—1395年（米迦勒节）其他外国人
纽卡斯尔	—	—	—	22	—	17	356	31	197
赫尔	1165	111	155	1159	89	155	3379	326	48
波士顿	1131	1544	54	514	1033	491	362	2200	28
林恩	—	—	—	862	—	445	2336	257	9
大雅茅斯	—	—	—	430	636	40	430	636	40
伊普斯维奇	—	—	—	—	—	—	803	292	176
伦敦	1240	35	1678	1355	270	1626	4197	4373	5353
桑威奇	39	—	10	131	—	66	334	—	64
奇切斯特	47	—	13	1	—	—	11	—	18
南安普顿	478	—	62	860	—	605	4399	12	5596
梅尔科姆或普尔	—	—	—	164	—	11	1328	—	82
埃克塞特	1055	—	13	843	—	2	312	—	3
布里斯托尔	5656	—	107	3112	—	510	4924	—	157
总计	10811	1690	2092	9453	2028	3968	23174	8127	11771
所有商人总计	14593			15449			43072		

热那亚人到来是南安普顿走向繁荣最大的促进因素，但它并非完全依赖热那亚来维持它的繁荣，还有其他外国人和商船经常到这里，虽然在货运量上比不上热那亚。加泰罗尼亚人带来了香料和明矾；葡萄牙和西班牙的船只运来了水果、葡萄酒和铁；低地国家船只运来了菘蓝、大蒜、葡萄酒及工业制成品，它们回航时带走了英国呢绒。许多南安普顿本地船只也参与到与加斯科尼、佛兰德尔和伊比利亚半岛的贸易当中。

---

① H. L. Gray, "The Production and Exportation of English Woollens in the Fourteenth Century", *The English Historical Review*, Vol. 39, No. 153, 1924, pp. 13—35.

第二章 中世纪晚期英国港口贸易的初兴

南安普顿港口的葡萄酒贸易也很繁荣，它是英国仅次于伦敦和布里斯托尔的第三大葡萄酒输入口岸[①]，但意大利人在这一贸易中所占份额相对较少。如 1383 年 9 月至 1385 年 6 月，共有 2818 吨葡萄酒运抵南安普顿，其中仅有 268 吨是意大利商人用西班牙、加斯科尼和热那亚的船只运来的。1397 年米迦勒节至 1398 年 4 月有 2625 吨的葡萄酒运来，其中意大利人通过加泰罗尼亚的卡拉克帆船运来 149 吨。葡萄酒贸易大都掌握在当地人手中。

二 佛罗伦萨与南安普顿贸易状况

亨利四世（1399—1413 年在位）晚期，英国和意大利之间的贸易有了新变化。佛罗伦萨在 1380—1390 年十年间，由于城市内部安定，毛纺织业又趋于上升[②]，从 14 世纪中叶的灾难中恢复过来，重新在意大利与北欧之间的贸易中活跃起来，参与到南安普顿的羊毛出口活动当中。除了热那亚和加泰罗尼亚船只从南安普顿为佛罗伦萨运输羊毛外，威尼斯桨帆船 15 世纪早期也为佛罗伦萨运输羊毛。佛罗伦萨人又一次和英国建立了贸易关系，虽然再也达不到巴尔迪和佩鲁齐时期的辉煌程度。

15 世纪早期，佛罗伦萨发展出现了一些有利因素。1406 年它占领了比萨，拥有了自己的港口波尔图·皮萨诺（Porto Pisano），在历史上可以第一次直接通往大海。从此它开始发展自己的海运业。[③] 它的商人不再满足让热那亚帮助运输对外贸易货物。很快，佛罗伦萨船队开始出现在英国。1411 年，佛罗伦萨的圣迪奥尼斯（Saint Dionys）号卡拉克帆船，在伦敦卸下了属于佛罗伦萨商人艾伯蒂（Alberti）等人的货物。几年后，艾伯蒂应其在伦敦的商号的要求，用加泰罗尼亚

[①] Olive Coleman, "Trade and Prosperity in the Fifteenth Century: Some Aspects of the Trade of Southampton", *The Economic History Review*, New Series, Vol. 16, No. 1, 1963, pp. 9—22.

[②] [美] 詹姆斯·W. 汤普逊：《中世纪晚期欧洲经济社会史》，徐家玲等译，商务印书馆 1992 年版，第 369 页。

[③] Alwyn Ruddock, *Italian Merchant and Shipping in Southampton 1270—1600*, Southampton University College, 1951, p. 57. M. E. Mallett, "The Sea Consuls of Florence in the Fifteenth Century", *Papers of the British School at Rome*, Vol. 27, 1959, pp. 156—169.

船只运输更多的货物到英国。亨利四世乐于见到这种状况,并给予佛罗伦萨出口英国羊毛很多优惠。佛罗伦萨航运业的发展威胁到热那亚人为佛罗伦萨运输羊毛的业务。他们请求亨利四世不要准许佛罗伦萨人出口羊毛。当其要求遭到拒绝后,他们从英国撤走了所有的商人和船只;他们在布鲁日的理事奉命阻止本国船只从佛兰德尔前往南安普顿,并派专人去南安普顿监督命令的执行。[1]

热那亚人的离开,倒是引发了早期英国商人以贸易为目的的地中海航海行动。因为这时候用来运输羊毛的佛罗伦萨船只还很少。以德鲁·巴恩顿(Drew Barentyn)、威廉·瓦尔德恩(William Waldern)和华特·克顿为首的一群英国商人带了大量的羊毛和呢绒前往地中海,试图开创与这一地区的直接贸易。佛罗伦萨航运的发展已然威胁到热那亚,现在英国商船又出现在地中海,热那亚不能容忍这种情况继续发展,决定将其扼杀在萌芽状态。他们扣押了英国船只和货物,并把英国在热那亚的代理人投进了监狱。得知这一消息,英国人愤怒了,摄政的威尔士亲王很快同意了报复的请求,下令禁止所有英国与热那亚的贸易,并且颁发了报复许可证,允诺这次航运的发起人从在英国的热那亚货物中获取他们价值34000英镑的损失,陷于狂热状态的英国甚至要没收掉所有意大利人的货物,除非货主能证明它们不是热那亚人的财产。

德鲁·巴恩顿及其合伙人在南安普顿的代理人开始忙活起来。一艘威尼斯卡拉克帆船和一艘西班牙船只被扣押,货物因为报复令而被没收。很明显,他们不想费力气去区分意大利不同城市的商人,更急切地想补偿自己的损失。于是很多威尼斯的货物也被错误地扣押,如威尼斯商人安德里亚·科尔纳(Andrea Corner)的货物。亨利五世(1413—1422年在位)登基后,英法战争又开始了,而热那亚又加入了法国一方,英国和热那亚成为战争状态,双方的关系陷入最低谷。

1415年,英国在海战中大胜,解除了法国对英国港口的威胁。

---

[1] Alwyn Ruddock, *Italian Merchant and Shipping in Southampton 1270—1600*, Southampton University College, 1951, p. 58.

1420年，热那亚大使来到英国进行谈判，并在次年达成协议同意补偿英国商人在1412年的损失以及战争期间热那亚对英国造成的损失。于是，热那亚又一次回到了南安普顿并在英国贸易中扮演越来越重要的角色。1421—1458年间，平均每年有10—11艘的热那亚卡拉克帆船在港口停泊。战争的结束和热那亚的回归，使得南安普顿港口的外国人贸易量大增。战争期间，外国人交港口税的货物价值下降到每年3279镑，年均呢绒出口1215包。到1421年，这两项数据上升到9051镑和4660包。① 甚至1431—1434年，地中海爆发的热那亚、加泰罗尼亚、阿拉贡和威尼斯等国大混战，也没有打断热那亚在南安普顿的贸易。1433年6月，仍然有10艘热那亚船只出发前往南安普顿。1444年2月至8月，至少价值8000英镑的呢绒在南安普顿装上热那亚人的商船。②

但这一时期热那亚或多或少受到了佛罗伦萨航运事业发展的影响。战争期间，佛罗伦萨船只继续前往南安普顿进行贸易，1421年后他们不遗余力地发展自己的航运业，并且建立到北欧贸易的直接联系。他们早先获得的意大利港口波尔图·皮萨诺港口条件并不好，1421年他们又获得了来亨③，这里有良好的港口设备，能够停泊大型的船只，对其发展航海事业非常有利。1421年，佛罗伦萨在比萨成立了新的地方行政机构，即海运理事会（Consuls of Sea）。④ 这一机构就是要模仿威尼斯，建立起政府桨帆船贸易船队来进行从地中海到北欧的贸易。1422年，第一支佛罗伦萨船队起航前往亚历山大寻找香料，不久就到达了君士坦丁堡、突尼斯、法国北部和西班牙等地。

1425年，佛罗伦萨政府船队第一次造访英国和佛兰德尔，共

---

① Eileen Edna Power, Michael Postan, *Studies in English trade in the Fifteenth Century*, Landon, 1933, p. 357.
② 刘景华：《外来因素与英国的崛起——转型时期英国的外国人和外国资本》，人民出版社2010年版，第100页。
③ [美] 詹姆斯·W. 汤普逊：《中世纪晚期欧洲经济社会史》，徐家玲等译，商务印书馆1992年版，第369页。
④ M. E. Mallett, "The Sea Consuls of Florence in the Fifteenth Century", *Papers of the British School at Rome*, Vol. 27, 1959, pp. 156—159.

有三艘桨帆船载有价值约 25000 杜克特的货物，但接下来好几年都没有新的航行。因为热那亚强烈抗议，声称这违背了他们签订的关于热那亚帮佛罗伦萨运输货物的协定。1428 年，米兰公爵成为热那亚最高统治者时，才把佛罗伦萨从先前的协议中解脱出来。从此佛罗伦萨桨帆船队可以自由前往英国等地。1429 年，比萨海运理事会命令船队尽力模仿威尼斯舰队作为一个整体进行远洋运输，到达斯鲁伊斯后卸下到低地国家的货物，并留下一两艘船装载当地的货物，其余的都驶往英国卸货，然后装运英国羊毛和呢绒运回意大利。

理事会制定的航海守则规定好了佛罗伦萨政府船队的每一个航海细节，并且附上了船队长的职能权限，这基本是对威尼斯佛兰德尔大舰队的模仿。[1] 起初航海理事会希望他们的航线能够尽可能的短，出于这种考虑，他们把南安普顿作为在英国航运的中心，从那里改由陆路运输货物到伦敦。虽然南安普顿是一个出口英国羊毛和呢绒的理想地点，但他们带来的奢侈品在当地能卖出的很少，租用船只的商人们有时就会诱使船长前往伦敦而不是按照规定的条款所为。虽然如此，但南安普顿还是他们在英国进行贸易的主要港口。

尽管 15 世纪南安普顿出口羊毛的数量大幅度下降，意大利商人大都转向呢绒出口，但佛罗伦萨仍然对出口英国羊毛特别感兴趣。[2] 理查二世时，热那亚承担了南安普顿大量的羊毛出口，但到 1430 年后，羊毛大多数由佛罗伦萨桨帆船来运走。随着佛罗伦萨航运的发展，热那亚损失了为佛罗伦萨运输羊毛的业务。

佛罗伦萨桨帆船成为亨利六世（1422—1461）（1470—1471 年在位）时期经常光顾南安普顿的意大利商船。尽管有些佛罗伦萨商人偏爱伦敦，但大部分佛罗伦萨船只还是选择南安普顿。他们在码头卸下佛罗伦萨精美的工业制品、香料、盔甲和其他奢侈品，运走羊毛、呢绒、锡和皮革等货物。他们向南安普顿的航行，以及 1436 年后威尼

---

[1] Alwyn Ruddock, *Italian Merchant and Shipping in Southampton 1270—1600*, Southampton University College, 1951, p. 23.

[2] George Holmes, "Anglo-Florentine Trade in 1451", *The English Historical Review*, Vol. 108, No. 427, 1993, pp. 371—386.

斯舰队的偶尔造访，大大增加了南安普顿的港口贸易。15 世纪 30 年代至 40 年代是南安普顿贸易的繁荣稳定期。尤其是 1436 年米迦勒节到 1441 年米迦勒节，每年都有佛罗伦萨和加泰罗尼亚桨帆船、热那亚和加泰罗尼亚的卡拉克帆船以及威尼斯的桨帆船来到港口，每年外国商人大约出口 621 包羊毛、8840 包呢绒，他们每年缴纳港口税的货物价值约为 14425 镑。[1]

亨利六世晚期，意大利商人在南安普顿的贸易活动达到了顶峰。[2]特别是 1459 年，来到港口的意大利船只出乎意料得多，有 7 艘桨帆船和 12 艘卡拉克帆船在这里卸下面向英国市场的货物。1459 年米迦勒节后的 11 个月里，外国商人卸下缴纳港口税的货物价值约 12899 镑，并从这里运走 641 包羊毛和超过 8360 包呢绒。[3] 本来这些年头是英国贸易严重衰落的时期，许多英国大港口的进出口量都有相当大程度的下降。而南安普顿不但没衰落，反而越发地繁荣了。这完全应该归功于意大利人的到来。

而南安普顿越来越依赖意大利商人，却伤害了早在 15 世纪初就为它的繁荣做出了贡献的其他国家商人。加泰罗尼亚的船只从港口消失了，他们在港口留下的最后记录是 1449 年。马略卡岛的船只消失得更早，他们在港口的最后记录是 1434 年。随着意大利商人在南安普顿利益的不断增大，13、14 世纪在南安普顿贸易中比较活跃的西班牙和葡萄牙等国商人都转移到英国西部各郡的港口了。15 世纪来到布里斯托尔的西班牙船只数量有了很大的增长。[4]

亨利六世在位最后几年，掌握在本地商人手中的对外贸易份额也受到影响。失去加斯科尼后，他们的葡萄酒贸易遭到了重创。虽然有些当地商人在安全证书保护下仍能与阿基坦保持贸易，然而葡萄酒进

---

[1] Eileen Edna Power, Michael Postan, *Studies in English trade in the Fifteenth Century*, London, 1933, p. 357.

[2] Ruddock Alwyn A., "*Alien Merchants in Southampton in the Later Middle Ages*", The English Historical Review, Vol. 61, No. 239, 1946, p. 7.

[3] Alwyn Ruddock, *Italian Merchant and Shipping in Southampton 1270—1600*, Southampton University College, 1951, p. 69.

[4] E. M. Carus - Wilson, *The Overseas trade of Bristol in the Later Middle Ages*, Barnes & Noble, 1968, p. 218.

口量从 1444—1449 年的年均约 1365 吨下降到接下来五年的年均 568 吨。而且这些葡萄酒的一半以上是意大利人从地中海带来的甜葡萄酒。① 南安普顿商人到葡萄牙和西班牙的贸易也大大萎缩了。很多英国商人雇佣意大利船只从伊比利亚半岛运货，也损害了本地人的航运业。但这些都不妨碍南安普顿港口贸易的繁荣。1459—1460 年度港口税收达到了中世纪的最高值 323 镑 3 先令 9 便士，陆路出口的货物征税也达到了 15、16 世纪的最高值 104 镑 3 先令 3 便士。② 正是意大利人使南安普顿贸易达到了中世纪前所未有的繁荣。1478—1482 年，南安普顿在贸易上成为仅次于伦敦的第二大港（表5）。

表5　　1478—1482 年英国各主要港口贸易情况表③　　单位：英镑；%

税收大港	对外贸易总值	所占百分比
纽卡斯尔	2063	0.1
赫尔	62567	4.4
波士顿	39909	2.8
林恩	10626	0.7
大雅茅斯	14925	1.0
伊普斯维奇	29299	2.1
伦敦	871158	60.9
桑威奇	79117	5.5
奇切斯特	11685	0.8
南安普顿	109606	7.7
梅尔库姆和威茅斯	31089	2.2
埃克塞特和达特茅斯	42489	3.0
普利茅斯和福伊	13422	0.9
水桥	9850	0.7
布里斯托尔	103353	7.2
总计	1431158	100.0

---

① Eileen Edna Power, Michael Postan, *Studies in English trade in the Fifteenth Century*, London, 1933, pp. 357—358.
② Alwyn Ruddock, *Italian Merchant and Shipping in Southampton 1270—1600*, Southampton University College, 1951, p. 70.
③ D. M. Palliser ed., *The Cambridge urban history of Britain*, Vol. 1, 600—1540, Cambridge University Press, 2000, p. 477.

15世纪中期那些贸易繁忙的月份里,南安普顿到处都能见到意大利人活动的身影。热那亚、佛罗伦萨的代理商在城中最好的房子中安顿下来,这里有他们的家庭、办事员、家仆,在南安普顿组成了一个繁荣的意大利聚居区。城市的街道和旅馆当中挤满了意大利商人、代理人、办公人员、旅行者,还有更多的从船只上下来的海员们。港湾里停泊着威尼斯和热那亚的巨型卡拉克帆船,使得那些停靠在港口的当地小船自叹不如。西城门外的意大利商船正把香料、天鹅绒、丝绸等货物卸在码头上,许许多多当地居民也在为他们服务,到处都是忙碌的景象。

三 中世纪晚期南安普顿成为意大利与英国贸易中心的缘由

这一时期意大利商人之所以选择南安普顿作为他们与英国进行对外贸易的主要枢纽和基地,主要原因有以下几点:第一,南安普顿腹地盛产优质羊毛,而且毛纺织业发达;第二,港湾条件优良,适合意大利商人的大型帆船进出;第三,南安普顿市政府和市民对外国商人态度友好,为他们提供贸易便利。

如前文所言,南安普顿港口服务的腹地广阔,从英国南部沿海一直到中部地区都属于其港口的辐射范围。这一地区,一方面盛产意大利毛纺织工业所需的优质羊毛,另一方面在中世纪晚期毛纺织业日臻发达,对意大利商人所要销售的明矾、靛蓝等毛纺织工业所需原料需求增多。

南安普顿附近地区的羊毛不仅质量上乘,而且产量很大。例如1259年温切斯特主教庄园养羊29000只,温切斯特的圣斯威森(Swithun)修道院也养有20000只羊。[1] 1225年左右,威尔特郡的某一地区有半数以上的佃农都拥有羊群。[2] 这些羊毛大多通过南安普顿出口。14世纪,其附近的科茨沃尔德地区成了英国最优质的羊毛生

---

[1] Alwyn Ruddock, *Italian Merchant and Shipping in Southampton 1270—1600*, Southampton University College, 1951, p.18. Eileen Power, *The Wool trade in English Medieval History*, Greenwood Publishing Group, Incorporated, 1987, p.34.

[2] [英] 约翰·克拉潘:《简明不列颠经济史——从最早时期到1750年》,范定九、王祖廉译,上海译文出版社1980年版,第148页。

产基地。这正好可以满足意大利毛纺织业对羊毛的需求。很多意大利商人为了获得羊毛,一方面向从事大规模养羊业的庄园主和修道院购买,另一方面他们骑马纵横在南安普顿腹地的乡间,直接向当地的养羊人收购。意大利商人购买的这些羊毛很大一部分是从南安普顿运走。例如,1337年12月初,他们在英国收购了2000包羊毛囤放在南安普顿港口仓库准备运走,到1338年1月运走了1394包,到1338年3月又运走了569包羊毛。① 1351—1352年,热那亚商人从南安普顿出口羊毛1097包。② 1379—1400年,外国商人从南安普顿出口羊毛约33330包,每年平均出口1587包③,其中绝大部分是由意大利商人出口的。

意大利商人不仅可以从南安普顿出口本国工业需要的羊毛,而且可以向其腹地销售英国毛纺织业所需的工业原料。从14世纪中叶,英国的毛纺织业开始逐步发展起来,并且在全国形成了三个主要毛纺织业中心,分别是南安普顿所处的西南地区、以伦敦为中心的东部地区和以约克城为主的北部地区,而西南地区的呢绒产量远远超过其他两个地区,以1356—1358年为例,这两年西南地区呢绒产量占全国产量的56%,东部地区的产量为全国产量的24%,北部地区仅占13%,这一时期重要的毛纺织业中心城市索尔兹伯里、温彻斯特都是南安普顿的腹地城市④,甚至密德兰大城市考文垂也是其腹地⑤。这些地方对毛纺织业所必需的明矾、菘蓝、木灰等原材料都有很大的需求,明矾是用来固定染料的,菘蓝是毛纺织业最基本的染色剂,因为它不仅仅是蓝色,很多其他颜色也必须用相应染料与菘蓝搭配才能制

---

① Alwyn Ruddock, *Italian Merchant and Shipping in Southampton 1270—1600*, Southampton University College, 1951, p. 32.
② E. B. Fryde, *Studies in Medieval Trade and Finance: History Series*, Hambledon Press, 1983, p. 294.
③ Ibid., p. 307.
④ H. L. Gray, "The Production and Exportation of English Woollens in the Fourteenth Century", *The English Historical Review*, Vol. 39, No. 153, 1924, pp. 13—35.
⑤ Olive Coleman, "Trade and Prosperity in the Fifteenth Century: Some Aspects of the Trade of Southampton", *The Economic History Review*, New Series, Vol. 16, No. 1, 1963, pp. 9—22. J. L. Bolton, *The Medieval English Economy, 1150—1500*, J. M. Dent and Sons Ltd, 1980, p. 251.

成。这些工业原料英国本土基本没有，只能依赖进口。而意大利商人在地中海等地却能够搜罗到大量的毛纺织业工业原料。他们把这些工业原料运到英国进行销售，谋取大量利润。例如，1387年6月到12月，四艘热那亚商船在南安普顿港口卸载了价值1198英镑的959大包菘蓝和476大包明矾。1443年，仅热那亚商人格里勒的一艘卡拉克大帆船运来的明矾价值就高达1916英镑。[1]

随着英国毛纺织业的发展，本国的市场不再能消费这些日益增多的工业产品，毛纺织业想要获得更大的发展就必须走向国外，开拓海外市场，而这一时期英国商人本身经济实力以及对外贸易经验的不足给意大利等外国商人带来了机会，尤其意大利商人在14、15世纪英国南部地区的呢绒出口上起到了相当重要的作用。而南安普顿则成为这一时期意大利商人出口英国呢绒的主要港口。例如，1380—1381年，以意大利商人为主的外国商人从南安普顿出口呢绒3812匹。1383—1384年，出口呢绒则增长到5619匹，总价值超过9000英镑。[2]

单单周围地区盛产羊毛，毛纺织业发达需求明矾等工业原料，可以供意大利商人出口呢绒，并不足以使得南安普顿脱颖而出成为意大利商人在英国贸易的中心。在与英国进行贸易往来时，意大利人曾考虑过伦敦、布里斯托尔、南安普顿和许多其他港口作为他们在英国的海上贸易中心。他们很快发现布里斯托尔不适合，尽管它是科茨沃尔德优质羊毛出口，以及西南部毛纺织业所需原材料进口和销售的绝佳地点，但它地处英国西南部，距离意大利前往低地国家的航线太远，而且也远离伦敦，这无疑会增加他们的运输和时间成本。伦敦是意大利商人最理想的选择，这里不仅是意大利商人贩卖香料和奢侈品的主要消费市场，还是英国科茨沃尔德羊毛出口比较合适的地点，船只沿泰晤士河航行也很便利。意大利商人运来的明矾等毛纺织业所需原材料在这里销量很大，以伦敦为中心一直向东延伸到东盎格利亚都是毛

---

[1] E. B. Fryde, *Studies in Medieval Trade and Finance*: *History Series*, Hambledon Press, 1983, p. 358.

[2] Ibid., p. 347.

纺织业比较发达的地区。① 意大利人在英国的主要聚居区也在伦敦。因此从13世纪开始伦敦就一直是意大利人航运贸易的中心。但在14世纪晚期,这一情况发生了变化,热那亚等意大利商人最终选择了南安普顿,甚至那些准备在伦敦销售的货物也卸载在南安普顿港口。

这是因为这一时期地中海的航海造船技术有了新的发展。此前意大利的船只类型多为桨帆船(Gally),这种船只装备有三个桅杆、横帆,并且载有大量的桨手,属于桨帆并用船,在逆风时可以靠划桨来控制方向和速度②,这样可以使船只航行得更快,而且船上的船员都装备有武器,使得在海上遇到敌人时更加安全,13—14世纪商业桨帆船都是海上航运最安全可靠的运输方式。

虽然桨帆船是中世纪时期所知的所有运输方式中最安全的,但由于桨帆船往往需要很多桨手,导致船上人员众多,不仅运货量受到了限制,运输成本也相应偏高。③ 威尼斯商人出口货物多是香料和其他奢侈品,因而需要最安全、最快捷的运输方式——桨帆船船队来运输。但与威尼斯不同的是,热那亚运来英国的货物大部分是体积较大而且笨重的非奢侈品,例如地中海水果、油以及英国毛纺织业所需要的原材料,因而他们越来越多地转向使用载货量较大的新型帆船。最初他们使用的是14世纪早期一种新型帆船科格船(cog),它拥有横帆和从北欧船只上引进的艉舵,这对于早期难以操纵的大三角帆船来说是一种进步。因为需要的船员较少,科格船的运输费用相对商业桨帆船要低很多,虽然在运输贵重货物上还无法与桨帆船竞争,但在运输廉价货物以及体积较大的货物时,却在地中海越来越受欢迎。意大利人在对科格船进行改进后造出了卡拉克帆船,它又经过缓慢的发展成为一种有三根巨型桅杆,载货达到700多吨的横帆船,最终在地中海长

---

① H. L. Gray, "The Production and Exportation of English Woollens in the Fourteenth Century", *The English Historical Review*, Vol. 39, No. 153, 1924, pp. 13—35.

② 刘景华、张功耀:《欧洲文艺复兴史·科学技术卷》,人民出版社2008年版,第362页。

③ 刘景华、张功耀:《欧洲文艺复兴史·科学技术卷》,人民出版社2008年版,第372页。[美]詹姆斯·W. 汤普逊:《中世纪晚期欧洲经济社会史》,徐家玲等译,商务印书馆1992年版,第333页。Alwyn Ruddock, *Italian Merchant and Shipping in Southampton 1270—1600*, Southampton University College, 1951, p. 40.

途航运中取代了科格船①，渐渐的，热那亚在向欧洲北部运输大体积货物时也用卡拉克帆船代替了科格船，到理查二世（1377—1399年在位）时期，与英国的贸易运输当中几乎全部采用卡拉克帆船。

弃用商业桨帆船而采用卡拉克帆船来进行大宗而且廉价货物的运输，也给热那亚贸易地点选择带来一定的限制。在此之前伦敦一直是热那亚在英国的主要贸易中心，那里有热那亚人在英国最大的聚居区，但是卡拉克帆船的巨大体积使得它们沿着泰晤士河航行时相当困难，吹动这些大型船只北上英吉利海峡的西南风，又不利于它们在北福德角转弯之后的航行，泰晤士河湾沙洲以及靠近伦敦时的其他障碍都使得这些早期横帆船从伦敦的出海口进入伦敦码头相当困难，因为它们在体积上比这一时期任何进入伦敦的船只都要大。把一艘早期的巨型横帆船带到伦敦码头实在是件困难的事情，因而几乎没有卡拉克帆船停靠在泰晤士河湾的记录。②

沿泰晤士河以及北福德角航行的困难使得越来越多的热那亚卡拉克帆船转而来到南安普顿这个陆地距离伦敦并不太远的港口城市，再从这里把货物转运到伦敦。南安普顿港口拥有远比多数英吉利海峡港口都要好的天然停泊条件、港口设备等。巨型的卡拉克帆船在与海峡的狂风巨浪斗争之后，在怀特岛的背风处发现了良好的避风港和宽阔的海湾以供停泊。因为有怀特岛作为屏障，南安普顿城前的水域相对平静；由于斯皮特黑德海峡和索伦特海峡包围怀特岛，为往来的贸易船只提供了两个相反角度的入海口，所以船只可以在任何风向下进入南安普顿港口，不仅如此，双海峡还导致港口沿岸有两次海潮，使得港湾的高水位比一般港口延长了四个小时左右③，像卡拉克帆船这样的大型船只有更多的时间到达城墙下的停泊处。在与几乎处于暴露状

---

① Frederic Chapin Lane, *Venetian Ships and Shipbuilders of the Renaissance*, Johns Hopkins University Press, 1992, p. 35. Romola Anderson, Roger Charles Anderson, *The sailing-ship: six thousand years of history*, Bonanza Books, 1963, p. 110.

② Alwyn Ruddock, *Italian Merchant and Shipping in Southampton 1270—1600*, Southampton University College, 1951, p. 47.

③ L. E. Tavener, "The port of Southampton", *Economic Geography*, Vol. 26, No. 4, 1950, pp. 260—273.

态下的肯特郡海岸港口比较之下,热那亚等意大利商人不可能不欣赏南安普顿的这些优点。越来越多的前往伦敦的热那亚船只转而来到南安普顿,南安普顿开始成为热那亚人与英国的贸易中心。

中世纪晚期南安普顿吸引意大利等外国商人还有一个很重要的原因,就是当地政府和市民对待到达此地的外国人态度友好。这与这一时期英国其他地方对待外国人的态度形成强烈的反差。这一时期英国其他地方特别是伦敦,对外国人特别是意大利人表现出巨大的敌意,而南安普顿则十分欢迎他们的到来,为他们进行贸易提供很多便利条件,其中很多外国商人还在此定居并且成为当地居民。

这一时期英国很多地区充满着对意大利商人的敌对情绪,这在伦敦表现得特别明显。这种情绪不断地发展酝酿,进而演变成全国上下普遍的排外浪潮。1450年发生杰克·凯德叛乱,很多在伦敦的外国商人遭到袭击,经过慎重考虑之后,威尼斯元老院在1453年决定,前往伦敦的桨帆船商队应该停泊在伦敦附近的格雷夫森德(Gravesend)或格林威治(Greenwich),再用当地驳船把货物转运到伦敦。1456—1457年伦敦排斥意大利人的骚乱彻底警醒了意大利人[1],他们开始设想把整个居住区转移到温彻斯特或南安普顿,让威尼斯船队避开伦敦而把南安普顿作为他们在英国的航运中心[2],因为这时南安普顿市政以及居民对他们十分友好,他们能受到很好的保护。

15世纪50年代英国的排外骚乱很普遍,汉普郡也不例外。在南安普顿的意大利商人与拉姆西人发生了争执。拉姆西是离南安普顿8.05千米(5英里)远的一个小城镇,这时是汉普郡的毛纺织业中心。结果,很多拉姆西人跑到南安普顿准备对这里的意大利人大肆劫掠一番。可是他们的美梦破灭了。南安普顿市长得知这一情况后立即下令保护外国人的聚居区,三天之内在城堡、西码头、城墙上到处都是城市的巡逻队。一些意图不轨的人被市民们扣押并且被扭送到温彻

---

[1] 刘景华:《外来移民和外国商人:英国崛起的外来因素》,《历史研究》2010年第1期。Ralph Flenley, "London and Foreign Merchants in the Reign of Henry VI", *The English Historical Review*, Vol. 25, No. 1, 1910.

[2] A. R. Myers, *English Historical Documents 1327—1485*, Vol. 4, Routledge, 1969, p. 281.

斯特，等待他们的将是无情的审判。毫无疑问，南安普顿市政这种雷厉风行的态度和伦敦当局置骚乱于不顾的拖拉态度形成鲜明对比。①

　　南安普顿市政通过多种方式向在港口的外国人表达想与他们合作的意向，乐意为他们提供安全的贸易环境和众多的贸易设施。他们被允许使用城市的很多设施，包括住宅、阁楼以及储藏货物的地窖、仓库。巴格丽大街街尾的西楼，被意大利人租用了很长时间，成为意大利人在南安普顿聚居区的非官方中心。他们为到来的意大利商人和投资者提供岸上的临时住宿。矗立在巴格丽大街的羊毛大厅也长期被意大利和葡萄牙商人租用。当威尼斯的佛兰德尔大舰队到达这里之后，威尼斯商人与市长达成协议租用了所有在港口装卸货物所需的设施，包括滑轮、吊杆、起锚机等，以及在港口修整船只所必需的木料。

　　南安普顿市民对意大利人也十分友好。比较有名的佛罗伦萨桨帆船的船长巴勒莫，就经常住在南安普顿市民威廉的家中。在城中拥有很多财产的富商巴洛特，多次接待威尼斯桨帆船上的客人。那些桨手以及其他海员大多寄居在普通市民家中。当他们的船只停靠在港口之后，城市的总管总是雇佣船员做各种各样的公共工作，像修理吊车、水道、加固水门、清洁磨坊和羊毛大厅等。他们经常和当地人一起劳动，而且相处融洽。②

　　南安普顿对居住于他们当中的意大利人尊重和友好的最好证据是给予这些人公民权，他们当中有些人甚至还被选举为市政高级官员。例如，威尼斯商人帝曼诺在南安普顿居住超过15年，他被赋予市民身份，还支付教区税，分担当地的财政负担。威尼斯人加百列，曾两次担任王室在港口的总督，1431年获得南安普顿市民身份以后还成为当地的治安官。最成功的例子是佛罗伦萨人克瑞斯多夫，他初来南安普顿时，是佛罗伦萨阿拉多布朗商号在这里的办事员，1472年成为当地的市民，在担任了很多次市政要职之后还两度当选为市长。③

　　南安普顿这一时期能够成功吸引意大利等外国商人，在于其优良

---

① Ruddock Alwyn A., "*Alien Merchants in Southampton in the Later Middle Ages*", The English Historical Review, Vol. 61, No. 239, 1946, pp. 1—17.

② Ibid.

③ Ibid.

的港湾和腹地养羊业、毛纺织业发达等客观条件，以及对待意大利等外国商人的友好态度等主观条件的共同作用。这些因素当中更加值得我们关注的也更为重要的是后者。如果不是这一时期南安普顿市政府和市民众志成城，利用自身港口和腹地的优势，抓住英国普遍排斥外国商人这个契机，为外国商人提供各种贸易便利和保护，吸引意大利商人前来进行贸易，瓜分了大量原本属于伦敦的对外贸易份额，它最多只是一个普通的港口城市，绝不可能在14、15世纪这么漫长的时间里成为与伦敦和布里斯托尔齐名的三大港口城市之一。这是当时很多港口城市很难做到的一点。

南安普顿之所以友好地接纳意大利等外国商人，一方面，是其市民和政府意识到意大利商人给他们带来的巨大经济利益，很多市民还要依赖于意大利商人做转运贸易；另一方面，南安普顿商人并没有伦敦商人那么雄厚的财力来发展远洋贸易，因而也不存在与意大利商人竞争的必要性。总之，南安普顿市政府对待意大利商人的态度和政策成为后来很多港口城市处理对外贸易的典范。它的成功也是外来因素对英国发展起重大影响的最好例证。

第三节　西南部港口埃克塞特的扩张

现在让我们把目光转向英国西南部沿海的港口，中世纪晚期西南部港口贸易十分活跃，其中最为重要的港口就是埃克塞特。在14世纪晚期，埃克塞特只是一个中等的都会城市，影响力也仅限于德文郡。在1377年的英国人头税的统计中，埃克塞特只有3000人，相当于布里斯托尔或者约克人口的1/4。全英国有20多个都会城市的人口要比埃克塞特的人口多。[①] 埃克塞特的人口还不到索尔兹伯里的一半，从人口上讲只能与西部各郡的那些比较小的主教城镇算做一个层次，但它却是德文郡的行政中心。埃克塞特最主要的贸易限制是其主要河流埃克斯河（Exe）河道较窄，很多贸易船只不能沿河而上到达城市

---

① Eleanora Mary Carus-Wilson, *The Expansion of Exeter at the Close of the Middle Ages*, University of Exeter, 1963, p. 5.

码头，埃克塞特贸易大多数由埃克塞特下游 6.44 千米（4 英里）的德文郡伯爵的港口托普瑟姆（Topsham）来完成。

14 世纪，埃克塞特的对外贸易量不大。当时的埃克塞特没有什么能出口的货物。德文郡的羊毛在国外需求量不大，因为它的质量较差，通常被列在粗糙羊毛一类，就像诺森伯兰郡的羊毛一样。在理查二世后期英国出口羊毛的数量通常每年 3 万—4 万包，而德文郡出口的羊毛却只有 3 百—4 百包。埃克塞特还出口皮革、锡和鱼类，但量都很小，不能使埃克塞特成为一个大港口，曾经给德文郡的商人带来利益的葡萄酒贸易，在百年战争的打击下已经衰落了，波尔多出口到英国总的葡萄酒数量已经下降到战前的 1/5。虽然根据王室法令，这些葡萄酒大多数都由英国船只运输，并直接运回英国。14 世纪晚期，英国葡萄酒贸易有所恢复，每年进口约 12000 吨，而运输到德文郡港口的葡萄酒却只有几百吨。与其他的贸易大港比较而言，这一贸易量少之又少。例如，西部大港布里斯托尔这一时期年均进口葡萄酒超过 5000 吨，出口呢绒超过 5000 匹。[①]

一 埃克塞特的贸易扩张与对外贸易联系

15 世纪 30 年代之后，埃克塞特的对外贸易开始飞速发展。15 世纪，英国呢绒的出口贸易稳步增加，在 15 世纪 30 年代和 40 年代尤其明显，特别是与法国的战争暂停之后，英国年均呢绒出口量达到 5 万—6 万匹[②]，埃克塞特从全国呢绒出口的普遍繁荣当中分得了一杯羹。德文郡的呢绒出口达到每年 2000 匹，虽然相对于伦敦、布里斯托尔等大型港口还不是很多，但是相对于 14 世纪晚期到 15 世纪早期仅仅几百匹出口量而言增长速度也就相当的惊人了。

德文郡的工业生产不太发达，几百年来一直生产的粗糙呢绒在欧

[①] Margery K. James, "The Fluctuations of the Anglogascon Wine Trade during the Fouteenth Century", *The Economic History Review*, New Series, Vol. 4, No. 2, 1951, pp. 170—196. Margery Kirkbride James, *The Non-sweet Wine Trade of England During the Fourteenth and Fifteenth Centuries*, University of Oxford, 1952, pp. 325, 347.

[②] E. M. Carus-Wilson, *Medieval Merchant Venturers: Collected Studies*, Methuen, 1954, p. 19.

洲市场上无法与佛兰德尔、林肯和斯坦福德的优质呢绒相竞争。这一时期,毛纺织工业在以威尔特郡和科茨沃尔德为代表的西南部地区发展十分迅速。因为西南部多山地和丘陵,水域丰富,能够给新近流行的漂洗磨坊提供充足的水力资源。虽然德文郡也拥有丰富的水力资源,但是其呢绒所用羊毛质量较差一直是其短板。

但是,毛纺织业的流行趋势正发生着变革,价格昂贵、比较厚重的宽幅呢绒,拥有丝绸般光滑细毛的精加工呢绒在国外的需求量开始有所减少。廉价、纺织粗糙、质量较轻的呢绒正悄然成为社会时尚,特别受到中产阶层和手工工匠们的青睐。因为这一时期社会劳动力工资水平普遍上涨,普通人的财富在不断增加,这些人人数众多,因而他们的消费需求逐渐演变成为毛纺织品的流行趋势。

可以说,这一时期整个欧洲对廉价呢绒的需求都在增长。15世纪中期,在法国西南部地区市场上到处都能看到英国的廉价呢绒[1],类似的呢绒在德国中部、波罗的海地区、西班牙、葡萄牙和地中海都有一定的市场,纺织工业这一流行趋势的变革给德文郡带来了良机。德文郡的克尔赛呢绒的生产发展起来了,这种呢绒由德文郡本地羊毛制成,质量较轻,是一种色彩较淡的成品呢绒,不仅在国内市场行销,国外市场也十分畅销。

但是,在15世纪50年代,这一日渐增长的贸易,就像英国整体的贸易形势一样遭到严重打击。随着波尔多陷落,英国在法国的势力完全消失。这对英法贸易极为不利,英国商人只有从法国国王那里获取安全特许状才能前往法国进行贸易,与此同时,他们在法国将会受到很多令人厌烦的限制。例如,在波尔多,英国商人不能待在城里,除非获得特许状,特许状的有效期仅为一个月。同时,法国还特别规定了他们的住宿制度,那就是早晨7点之前不能出门,下午5点之前必须返回住处。在英国的法国商人也受到类似的控制。例如,在布里斯托尔,法国商人必须随身携带特许状,并且佩戴白色十字架表明他

---

[1] Philippe Wolff, "English Cloth in Toulouse (1380—1450)", *The Economic History Review*, New Series, Vol. 2, No. 3, 1950, pp. 290—294.

们是法国人。① 对法国人来说英国人是敌人，反之亦然，他们可以在公海互相攻击，并且如果王室颁发的安全特许状超期，哪怕是一天，被攻击的一方就不可能获得任何补偿。所以很多在英吉利海峡进行贸易的德文郡商人都被法国人捕获，投入监狱，受尽折磨，经过漫长而痛苦的等待之后才能被亲人或者朋友赎回。

直到两国之间出现持续而稳定的和平之后，德文郡的对外贸易才能恢复。这样的和平终于出现了，1475 年爱德华四世和路易十一签订了《皮基尼协定》，波尔多人形象地称其为"商人和平"协定，因为从此之后所有破坏和限制两国商人进行贸易往来的障碍都被扫除了。这一协定对 15 世纪晚期英国对外贸易的影响是显而易见的。例如，在和平协议签订之后的两个十年里，布里斯托尔呢绒出口量先是增加了一倍，而后增加了三倍，这些呢绒大部分都流向了法国。德文郡出口贸易增长速度更加惊人。在 15 世纪 50 年代和 60 年代，德文郡呢绒年均出口量仅为 1000 匹左右，到 1481—1483 年，这一数据就猛然跃升至 6000 匹，和平协议签订之后 20 年，年均出口呢绒量也达到 3000 匹以上②，接近于 14 世纪晚期出口呢绒量的 10 倍。

1497 年，英国和法国国王达成了《布洛涅协定》（Treaty of Boulogne）。这一协定对英法贸易十分有利。它规定两国将采取严厉措施制止海盗行为，消灭英法两国战争期间这一可憎的副产品，这一协定的实施一定程度上助推了德文郡对外贸易的再一次腾飞。

德文郡这次对外贸易的腾飞，首先体现在葡萄酒进口上。英国的葡萄酒年均进口量在 1497 年之后超过了 1 万吨，德文郡的葡萄酒进口量这时达到了 1600 吨，而在 14 世纪晚期，进口量仅有 200—300 吨，这些进口的葡萄酒绝大多数都进入埃克塞特的外港托普瑟姆或者沿着埃克斯河而上，来到埃克塞特。需要指出的是，这一时期英国葡萄酒进口量只有百年战争之前一半左右，而埃克塞特加上它的外港托普瑟姆，无疑在全国葡萄酒进口贸易中占有了更大比例。

---

① E. M. Carus-Wilson, *Medieval Merchant Venturers: Collected Studies*, Methuen, 1954, pp. 47—48, 274—277.

② Eleanora Mary Carus-Wilson, *The Expansion of Exeter at the Close of the Middle Ages*, University of Exeter, 1963, p. 9.

埃克塞特的出口贸易在1497年之后同样达到新高度，它的出口货物几乎全部是工业制成品呢绒。在1500—1510年这十年间，德文郡（大多数经过埃克塞特）出口的呢绒达到年均8600匹，而英国总出口量为年均8.1万匹。在1501—1502年，德文郡呢绒出口量甚至达到了1.1万匹。[1]

随着英国与法国关系正常化，法国迅速从战争的阴影中走出来，其整体经济也开始飞速发展，对英国的工业制成品需求也大大增长。埃克塞特在这一时期贸易的繁荣很大程度上受益于法国经济的复兴。法国与英国旷日持久的战争终于结束，法国领土再也不用担心遭到英国入侵军队的破坏和蹂躏。法国国王已经牢牢统治了包括布列塔尼在内的整个法国。英国和法国之间这场残酷的战争，主要发生在法国的领土上，这对法国的经济影响特别大。但是现在，法国经济恢复了，和平和富有洋溢着整个国家。莫拉特（Mollat）在《诺曼底贸易史》当中强调，诺曼底贸易在1475年之后飞速上升，1497年之后，发展速度更加惊人，这都与埃克塞特对外贸易的两次腾飞相吻合。类似的贸易趋势也发生在加斯科尼，这一时期布列塔尼的对外贸易船只和商人成倍增加。事实上，这一时期，法国每一寸土地都充满了商业、贸易以及向未知世界探险的氛围，一个法国编年史学家夸张地说："倘若在15世纪初法国只有一个商人，而到了16世纪初，法国商人的数量则达到了50个，翻了50倍。"[2]

葡萄酒进口和呢绒出口的飞速增长，十分直观地表明埃克塞特的飞速扩张，成为英国西南部贸易中心的过程。但埃克塞特与法国的对外贸易事实上比仅仅进口葡萄酒和出口呢绒要复杂。埃克塞特的商人主要与法国的三个地区进行贸易：加斯科尼、布列塔尼和诺曼底。这三个地区的商业和政治条件都不同；加斯科尼，曾经是英国国王的领地；布列塔尼长期以来既独立于英国也独立于法国；诺曼底，有时归英国管辖，有时归法国管辖。

---

[1] Eleanora Mary Carus-Wilson, *The Expansion of Exeter at the Close of the Middle Ages*, University of Exeter, 1963, p. 11.

[2] Ibid., p. 12.

埃克塞特进口的几乎所有葡萄酒和用于染色的菘蓝都从加斯科尼获取。加斯科尼菘蓝的种植、生长、收获以及打包出口都在图卢兹（Toulouse）、阿尔比（Albi）和蒙托邦（Montauban）等地完成。埃克塞特从布列塔尼运输而来的货物几乎全是亚麻。亚麻制成的发亮头饰深受15世纪女人们所爱，亚麻还可以制成男人的短袖、床单、桌布、方围巾、毛巾、餐巾，等等。英国人生活水平的上升使得英国对亚麻的需求量越来越大。除了亚麻，埃克塞特还从布列塔尼进口少量的帆布、绳索、麻絮和海盐。

埃克塞特与布列塔尼的贸易形式比较简单，与诺曼底的贸易则不然，诺曼底的出口贸易产品极其多样化，无论是农业还是工业产品。埃克塞特从诺曼底的农田里可以获得小麦、坚果、苹果和豌豆、黄豆等产品。从诺曼底的城镇中可以获得的货物种类令人眼花缭乱，从亚麻、帆布、绸缎、塔夫绸等做的纺织产品，到杂货商店和布店的各种杂货。这些货物大多数是在诺曼底生产的，但是有一部分是再出口的商品。有一些是从巴黎运来的货物，巴黎货物最为有名的是帽子，每一个埃克塞特妇女都渴望得到一顶在巴黎做的帽子。比较实用的产品是木制品和铁制品。例如木橡、横梁、木板、木盘、船梁、刀具、铁钉、马镫、马辔、羊的铃铛以及纺织工人所用的呢绒修剪机、粗梳毛纺梳毛机和羊毛搔，等等。埃克塞特同样从这里进口纸制产品和印刷工业产品，例如书写纸、包装纸、扑克牌和书籍，等等。还有毛纺织业所需要的呢绒线、菘蓝，偶尔还有巴黎的石膏。需要强调的是，虽然诺曼底有如此多的商品出口到埃克塞特，但是埃克塞特与法国贸易的主要部分还是在布列塔尼和加斯科尼地区。

除了法国之外，埃克塞特的贸易地区还扩展到了西班牙和葡萄牙。这两个国家对英国生产的淡彩色克尔赛呢绒的需求在不断增长，反过来埃克塞特从西班牙北部进口大量的铁，英国也有自己的钢铁工业，但是国内铁的需求数量缺口很大。西班牙南部出口葡萄酒、橄榄油、肥皂、蜡烛、蜂蜜、橘子等等到埃克塞特。牛津郡的威廉·斯托纳爵士就曾经从埃克塞特购买来自西班牙的橘子和橘子酱。葡萄牙的产品与西班牙十分相似，包括波尔图（Oporto）葡萄酒、无花果、大枣以及葡萄牙从美洲殖民地运来的蔗糖、糖果和果酱，以及只有在最昂贵的纺织产品上才用的珍贵的绯红色染色原料——胭脂红。

以上这些地区就是 15、16 世纪之交埃克塞特对外贸易的主要对象，除此之外，它还与低地国家有贸易往来。低地国家的商人和船只时不时会出口德文郡飞速发展的纺织工业所必需的原料到埃克塞特。例如，他们会带来茜草，茜草是一种红色染料提取剂，比胭脂红（grain）要廉价，而且在低地国家种植很广泛，此外他们还带来染色固定剂明矾，明矾多由意大利人从地中海地区运输到低地国家，他们还会运来英国啤酒酿造商所需要的啤酒花。

对于所有这些地区而言，从埃克塞特运回的货物主要是廉价的白色或者经过染色的英国呢绒。当然还有一些其他货物，但是相对呢绒来说价值量不大，包括已鞣制的皮革、马匹、铅、锡矿、建筑用的铺砖、屋面瓦和锡制品，主要是杯子、盘子、盐碟，等等。英国锡矿在法国销路很好，法国人经常用锡制作铃铛以及修理教堂管风琴，鲁昂的教堂就有很多这样的例子。这一时期埃克塞特变成德文郡以及康沃尔郡锡制品的主要出口中心之一，它的锡出口量在 15、16 世纪之交逐步上升，1490—1510 年这 20 年间，锡的出口量翻了四倍。[①]

埃克塞特如此繁忙的对外贸易的大部分运输都由英国船只来完成。当然也有一些运输船只是外国的。大部分外国船只来自布列塔尼沿海的众多港口，例如，孔卡尔诺（Concarneau）、勒孔屈埃（Le Conquet）、莫尔莱（Morlaix），绝大多数吨位都很小。除此之外，还时常有西班牙、葡萄牙和诺曼底的船只造访，但是所有这些外国船只运输量在托普瑟姆和埃克塞特总的贸易当中占比很小。

二 埃克塞特与西南部腹地的联系

埃克塞特对外贸易如此明显的增长大大地促进了埃克斯河口，以及托普瑟姆的造船业发展。在 15 世纪 80 年代，对外贸易当中还几乎

---

① Eleanora Mary Carus-Wilson, *The Expansion of Exeter at the Close of the Middle Ages*, University of Exeter, 1963, p. 15.

看不到托普瑟姆船只的身影。到了15世纪末，托普瑟姆至少有十艘船用于对外贸易。例如，托普瑟姆大商人马修·马基（Matthew Mongey）的玛丽·马基（Mary Mongey）号；托普瑟姆商人约翰·罗利（John Raleigh）的玛丽·罗利（Mary Raleigh）号。甚至埃克斯河附近的一些小地方都有了远洋航行的船只。例如，库克伍德的加百利号（Gabriel of Cockwood）。埃克斯河口的这些船只特别是托普瑟姆的船只负责把大部分在托普瑟姆的货物装到英国船只上运往国外。虽然德文郡其他港口的船只也来这里进出，但是所运货物贸易量较小。还有一些来自更远地方的船只，例如，诺福克郡和萨福克郡的船只会运来鲱鱼、麦芽和大麦，偶尔爱尔兰的船只还会运来鲑鱼。[①] 最后，参与埃克塞特贸易运输的船只还有很多属于内陆城市。托特尼斯（Totnes）、奥特里·圣玛丽（Ottery St. mary）、蒂弗顿（Tiverton）、卡伦普顿（Cullompton）和汤顿（Taunton）等内地城市的很多商人是埃克塞特贸易的代理商和港口商业的基础。

英国很多港口的贸易发展都与其腹地有着密切的联系。例如，达特茅斯贸易发展很大程度上归因于在15世纪晚期和16世纪早期其腹地城市托特尼斯工业的迅速发展以及托特尼斯人的商业进取心。埃克塞特的对外贸易模式与达特茅斯类似。达特茅斯出口的大部分呢绒都是托特尼斯生产的，埃克塞特出口的大部分呢绒都是德文郡东部峡谷地区的毛纺织工业城市生产的，这些城镇生产的呢绒都汇集到埃克斯河口进行出口。这些城市的商人和船只，再加上埃克塞特和托普瑟姆的商人掌控着这里的贸易。东德文郡的毛纺织工业城镇当中表现最突出的是蒂弗顿和卡伦普顿。

蒂弗顿是12世纪晚期由德文郡伯爵种植的自治市（中世纪英国有一类新城市是由英国国王或者封建领主规划、授权而产生的，因而学术界形象地称这一类城市为种植城市。）。伯爵赐予蒂弗顿城市自治法令，城市里拥有充足的水源供应，这为毛纺织业漂洗磨坊的建立提供了便利。15世纪后期它成为繁荣的毛纺织工业城市，主要制造德文

[①] Eleanora Mary Carus-Wilson, *The Expansion of Exeter at the Close of the Middle Ages*, University of Exeter, 1963, pp. 16—17.

郡克尔赛呢绒。它的毛纺织业，不仅产能大而且色彩多样。纺织工业的发展使得很多市民走上了对外贸易的道路。约翰·格瑞威（John Greenways）父子在蒂弗顿市市民当中是从事对外贸易成功的典型。老格瑞威在1517年修建的著名教堂走廊使得蒂弗顿教堂到现在仍然是英国人朝圣漫游之地。格瑞威的出口货物主要是经过染色的克尔赛呢绒。此外，他还出口锡制品和皮革。他进口的货物种类繁多，包括葡萄酒、菘蓝、盐、蜂蜜、干果、铁制品、亚麻和帆布，等等。他不仅是商人，也是经营运输业务的船主。他和他的儿子至少拥有三艘船，分别是乔治·格瑞威号、三位一体·格瑞威号和仁爱·格瑞威号，这三艘船在1529年他故去之时都伴随着他。因而，在他修建的教堂侧廊之外的雕刻中展现的不仅有他的宗教生活，而且有满载葡萄酒、菘蓝、盐、鱼和呢绒的船只，以及他的商人标志和商业活动。[1]

卡伦普顿在15世纪晚期逐渐成为与蒂弗顿相匹敌的毛纺织业中心。卡伦普顿的大商人约翰·莱恩（John Lane）不仅是呢绒出口商人，而且还是呢绒生产商。他在遗嘱当中，把他的呢绒不仅赠予他的家佣，还赠予那些在生意上帮过他的人，同时他也效仿蒂弗顿市的约翰·格瑞威，在卡伦普顿建造了属于他的教堂走廊。他在走廊周围不仅雕刻了船只的插图，而且还有他进行贸易的各种工具。在教堂走廊的内部扇形拱顶上，雕刻着天使进行纺织工作的场景，其中一些天使优雅地操作着起绒机除去呢绒上面的细毛，一些天使操作方头呢绒剪刀辛勤劳作的场景，还有约翰的商人印章。像其他卡伦普顿商人一样，约翰·莱恩通过埃克塞特来进行对外贸易，他的贸易货物种类比约翰·格瑞威要简单，出口货物几乎全是呢绒，进口货物主要是布列塔尼的亚麻，偶尔还有葡萄酒、铁制品、水果、油和香皂，等等。[2]

萨默塞特的汤顿在埃克塞特的对外贸易当中所起的作用与前两者有所不同。长期以来汤顿都存在生产中等质量且经过染色的呢绒的纺织工业，它通常从布里奇沃特（Bridgwater）进口菘蓝等染色原料。

---

[1] Eleanora Mary Carus-Wilson, *The Expansion of Exeter at the Close of the Middle Ages*, University of Exeter, 1963, pp. 18—19.

[2] Eleanora Mary Carus-Wilson, "The significance of the secular sculptures in the Lane Chapel, Cullompton", *Medieval Archaeology*, Vol. 1, 1957, pp. 104—117.

布里奇沃特离汤顿比埃克塞特要近得多，出口货物也主要通过布里奇沃特和布里斯托尔，汤顿的进出口贸易大多数都由本地商人来完成。例如，1489—1490 年，汤顿商人从布里奇沃特运出 300 匹呢绒，这些呢绒大多是经过染色处理的，大多数的出口目的地是西班牙。10 年之后情况发生了变化，这些汤顿商人很少再从布里奇沃特出口呢绒，转而开始每年从托普瑟姆出口 300—400 匹染色呢绒。1502 年，他们从托普瑟姆出口的呢绒超过 900 匹。[1] 这些呢绒的出口目的地同样是西班牙。在波尔多做生意的汤顿商人，负责把另一个商人的英国呢绒运输到他在西班牙的代理商手中，汤顿商人还把呢绒出口到加斯科尼。这样，汤顿的贸易出口港逐渐从布里斯托尔和布里奇沃特转移到埃克塞特。例如，1498 年有两艘汤顿市的船只装载属于汤顿和埃克塞特商人的呢绒出现在埃克塞特。这些船只返回时，运到汤顿的货物有菘蓝、铁制品、葡萄酒和大量的布列塔尼亚麻制品。

这一时期，我们不仅看到毛纺织工业城市蒂弗顿和卡伦普顿的商人建造的华丽建筑，而且看到汤顿市民联合起来扩大并重建他们的地标建筑圣玛利亚大教堂。它是中世纪晚期英国哥特式建筑最大成就之一，这座大教堂至今仍傲然挺立，成为西南地区著名的地标建筑。这一教堂重建工程中汤顿的呢绒出口商出钱出物做出了巨大贡献。1488 年，约翰·贝斯特（John Best）在遗嘱当中为工程捐出了一批菘蓝；1508 年，约翰·托格维尔（John Togwell）赠送了一批葡萄酒。有时，他们赠送物资时，还会表明是为了这一工程的某一部分。例如，约翰·图斯（John Tose）在 1501 年捐赠 40 马克是为了建筑教堂的回廊。1493 年，亨利主教留下三匹呢绒；1499 年，他的兄弟约翰赠送了一批呢绒；1490 年，亚历山大·图斯赠送了一批菘蓝；1505 年，西蒙·费舍尔赠送了一大桶铁矿石；1502 年，理查德·亚当斯捐赠 26 先令 8 便士，都是为了建设新的教堂塔。[2] 还有许许多多其他人的遗产赠予，以及财产捐赠。

---

[1] Eleanora Mary Carus-Wilson, *The Expansion of Exeter at the Close of the Middle Ages*, University of Exeter, 1963, p. 20.
[2] Ibid., p. 22.

现在把焦点转回埃克塞特，它是所有这些地区生产的呢绒的汇集中心，以及毛纺织业必不可少的生产原料菘蓝、茜草、明矾、粗疏毛纺梳毛机、羊毛梳和呢绒剪毛机等，以及从香皂、亚麻被到书写纸和竖琴弦等众多的消费产品的分配中心。埃克塞特也有自己的工业，除了那些一般都会城市都有的磨坊、烤面包、酿啤酒业等等，它还有高度发展的皮革业、毛纺织业，以及更重要的呢绒精加工工业。这些工业活动很多都发生在城市城墙之外。城墙西部的埃克斯岛屿上，有一个从埃克斯河取水的人工水渠，它不仅推动谷物磨坊、制革磨坊，更重要的是还推动呢绒漂洗磨坊。这些磨坊有一些属于市政府，市政府把它们租给埃克塞特的漂洗工人，还有一些属于德文郡伯爵。在平缓的圣戴维山上，有大片的空间提供给木制的呢绒拉幅机，呢绒可以在上面拉伸或晾干。

埃克塞特商人通常和城市的工业发展有着密切关系。这在商人威廉·克鲁格（William Crugge）身上表现得十分明显。他四次当选为埃克塞特市市长。克鲁格曾经在埃克斯岛上从事制革工业，比较有趣的是，他的人生第一桶金是在一次打架事件当中被打致残，法庭判给他的赔偿金。他用这笔资金经商，最终成为一个十分富有的人。[①] 他最为重要的贸易项目是锡制品。他从事锡的冶炼和加工，然后再用船把锡运到埃克塞特进行出口。克鲁格的贸易并没有止步于此，像其他的商人一样，他经营一切能给他带来利润的产品。他出口呢绒和兽皮，进口铁制品、葡萄酒、菘蓝和其他货物。步入晚年之后，他像很多商人那样，投资比较稳定的房地产，在城市购置房产进行租赁等，每年能有20英镑租金收入[②]，这相当于一个熟练的技术工人3—4倍的年收入，再加上在乡村的大量财产使他的儿子能够做一个拥有自己纹章的乡绅。他的后代都能够过上乡绅的生活。克鲁格在他的遗嘱中写道，不要把他埋在埃克塞特那些微不足道的教区教堂当中，而要埋在大教堂之中，这样他的坟墓才能保存长久。他的妻子安（Ann）继

---

① W. G. Hoskins, *Two Thousand Years in Exeter*, James Townsend, 1960, p. 53.
② W. G. Hoskins, "English Provincial Towns in the Early Sixteenth Century", *Transactions of the Royal Historical Society*, Fifth Series, Vol. 6, 1956, pp. 1—19.

承了大笔遗产之后，成为全城最富有的女人。克鲁格把在埃克塞特城墙之外所有乡下财产的一半，圣克雷恩教区内他们共同生活的房产，房子里所有财产都留给了她。

三 埃克塞特与伦敦的贸易联系

讨论完埃克塞特与西南部腹地城市以及与法国、西班牙、葡萄牙的贸易联系，现在来谈谈埃克塞特与伦敦的关系。英国每一个都会城市都与伦敦有着这样那样的联系。在那里可以购买到全国各地上层人士都想要得到的奢侈品，大多数奢侈品也只有在那里可以买到。埃克塞特与其他都会城市的商人从伦敦皮革商人手中可以购买到从北极圈来的珍贵的毛皮。例如，黑貂皮、狐狸皮、貂皮等。从伦敦杂货商手中可以购买到由意大利商人从地中海地区进口的香料和其他美味佳肴，还有那些由意大利人运输到南安普顿，再通过陆路运到伦敦的货物。伦敦的杂货商也是毛纺织业染色所需的两种重要原料的主要供应者，分别是地中海地区的明矾和佛兰德尔地区的茜草。另一方面，伦敦的布匹商人，对西南部地区生产的优质亚麻制品需求量巨大。

这一时期，埃克塞特和伦敦之间的贸易往来十分密切，无论是陆路还是海路。通过海路，埃克塞特运输大量的葡萄酒、水果、油和甘蔗到伦敦，返回时运输大量的茜草、明矾和其他商品。伦敦的商人也参与到这一贸易当中。例如，亨利·丹尼斯（Dennis）曾经在托普瑟姆租用一条船为其在伦敦和埃克塞特两地之间运货。[①] 他通过海路运输菘蓝和明矾到埃克塞特。在埃克塞特，他从埃克塞特商人手中购买了油和水果，用船运回了伦敦。两地之间的陆路贸易更加繁忙，亚麻制品源源不断地通过陆路从埃克塞特运到伦敦，专门的陆路运输商通过布里德波特（Bridport）和索尔兹伯里来往于两地之间，正如他们通过汤顿，经常在埃克塞特和布里斯托尔之间运输货物一样。现在我

---

① Eleanora Mary Carus-Wilson, *The Expansion of Exeter at the Close of the Middle Ages*, University of Exeter, 1963, p. 26.

们可以从星室法庭（Star Chamber）①保存的埃克塞特人的证词里窥探到他们进行贸易的生动画面，例如威廉·纳诺（William Naynowe）和马歇尔·斯威特里德（Michael SweetLady）的证词。②

斯威特里德年龄60岁，拥有很长时间的运输货物经验。他从埃克塞特运输亚麻制品和其他货物到伦敦将近30年。纳诺年龄56岁，从埃克塞特运输亚麻制品和其他货物到伦敦。在伦敦他经常住宿到面包街的群星旅店。他和布里斯托尔的贸易运输者有着密切联系。埃克塞特的贸易运输者也会运输比亚麻制品珍贵的货物，有一次纳诺就从德文郡运输威廉·斯托纳（Stonor）爵士的盘子到伦敦；还有一次他运输一些包裹到索尔兹伯里，其中包括金块、银块和盘子，价值30英镑，只是当到达目的地卸货时才发现包裹已经被偷了。为了防止盗贼，纳诺通常把贵重的货物藏到其他货物当中，当伦敦路德大门（Ludgate）的城门官要求他交纳通行税时，他愤怒了，因为埃克塞特人通行时一直都是免费的。他本想做一番抗争，但看到城门管理人员粗暴地撕扯他的货物包，为了安全起见，还是支付了通行费。最后，愤愤不平的埃克塞特商人把这些伦敦人告上了星室法庭。③

到16世纪早期，伦敦在英国呢绒市场中的地位越来越重要，呢绒从约克郡、萨福克郡、威尔特郡、科茨沃尔德地区、布里斯托尔和英国其他地区大量涌入伦敦，然后通过伦敦再出口到低地国家著名的国际市场安特卫普。安特卫普这时是欧洲中部、东部和北部最主要的货物分配中心，通过这种方式，英国呢绒最终到达了波兰、德国和波西米亚，取代了意大利人的地位。原来这些地区的呢绒都由意大利供应，这一时期频繁的意大利战争摧毁了意大利原本繁荣的纺织工业。

---

① 星室法庭（Star Chamber）：星室法庭是15—17世纪，直接向国王负责的英国最高司法机构。1487年由英王亨利七世创设，因该法庭设立在威斯敏斯特王宫中一座屋顶饰有星形图案的大厅中，故而得名。

② I. S. Leadam ed., *Select Cases Before the King's Council in the Star Chamber Commonly Called the Court of Star Chamber A. D. 1477—1509*, Bernard Quaritch, 1903, p. 85. Dorian Gerhold, *Road Transport Before the Railways*: *Russell's London Flying Waggons*, Cambridge University Press, 1993, p. 5.

③ Eleanora Mary Carus-Wilson, *The Expansion of Exeter at the Close of the Middle Ages*, University of Exeter, 1963, p. 27.

精明而有雄心壮志的德文郡商人们也开始在伦敦交易德文郡的呢绒，甚至有商人自己从伦敦运输呢绒到低地国家，就像埃克塞特的老约翰·格瑞威。他在15、16世纪之交取得了伦敦市民的身份，并且成为伦敦布匹商人公会的一员。他从伦敦港出口呢绒，并且像这一时期大多数参与这一贸易的商人那样，成为新近成立而且拥有与低地国家进行贸易垄断权的商人冒险家公司的一员。所以，我们在蒂弗顿市的格瑞威教堂走廊和他的黄铜纪念碑上能够看到商人冒险家公司的徽章，还有布匹商人公会的纹章。我们在圣玛丽拱桥中的托马斯·安德鲁的坟墓上也能看到那些公会的纹章。1518年，商人冒险公司在伦敦召开大会，选举12个管理人员负责管理在低地国家的贸易，其中有4个人代表伦敦以外其他城市的利益，埃克塞特的约翰·库瑟尔就是其中一个。[1]

通过这种方式埃克塞特商人的很多生意转移到了伦敦。1512年，亨利八世发动了与法国的战争，英国与法国和平的贸易关系再次被打破之后，埃克塞特商人的生意愈发地向低地国家市场汇集，所以埃克塞特出口呢绒在16世纪初期达到高峰之后，当英国总呢绒出口量继续增长，德文郡港口的呢绒出口量却每年下降了4000—5000匹。但是，即使这样，贸易量也比15世纪中期要多。

在1480年到1510年间，埃克塞特包括整个德文郡的对外贸易享受了一段前所未有的繁荣，这与法国市场的扩张、德文郡和萨默塞特郡的毛纺织工业飞速发展密切相关。在16世纪头十年，德文郡港口出口呢绒量（大部分都通过埃克塞特）是15世纪40年代的4倍，是14世纪晚期的20多倍。此外，埃克塞特呢绒出口量的增长不仅体现在绝对值上，也体现在相对份额上。德文郡在英国呢绒出口贸易的份额是一个世纪之前的10倍。在14世纪晚期，它对全国出口贸易的贡献可以忽略不计，出口量占全国出口贸易总量不到1%，16世纪头十年，它占全国出口贸易总量的比例则接近10%。[2] 考虑到这一时期全

---

[1] Anne F. Sutton, *The Mercery of London: Trade, Goods and People, 1130—1578*, Ashgate Publishing, Ltd., 2005, p. 298.

[2] E. M. Carus-Wilson, *Medieval Merchant Venturers: Collected Studies*, Methuen, 1954, p. 261.

国总的出口贸易大幅度增长，而且这一时期出口贸易的主要产品已经从羊毛原料转向了成品呢绒，我们就能意识到埃克塞特出口贸易的增长有多明显。

我们也就可以理解在这一时期为什么有越来越多外来人口被吸引到埃克塞特。这些外来人口来源于从西部地区的城镇和乡村远到萨福克郡和威尔士的广大地区。他们被这里的繁荣所吸引，期盼在这里创造美好未来，进而参与到埃克塞特的扩张当中，使埃克塞特成为英国最富有、人口最稠密的城市之一。根据1523—1525年的津贴税记录，埃克塞特的城市排名已经由原来的23位，攀升至英国都会城市中的第三位，它的人口相比14世纪晚期增加了两倍，埃克塞特现在的人口与索尔兹伯里相并列达到了8000多人，甚至超过了曾经显赫无比，现在处于衰落之中的约克市，仅次于伦敦、诺里奇，还有布里斯托尔。[1]

中世纪晚期是埃克塞特历史长河当中最为辉煌的时期之一。然而埃克塞特的贸易繁荣不是一个点的现象，它离不开西南部地区毛纺织业的支持。蒂弗顿、卡伦普顿和汤顿等腹地城市的发展与埃克塞特的发展是相辅相成的。蒂弗顿、卡伦普顿等西南部纺织城市纺织业的发展是埃克塞特贸易和经济发展的基础；埃克塞特不仅出口了纺织产品，从外国带回了纺织工业所需的染料、明矾等原料；还给腹地城市提供了更为广阔的贸易平台，吸引了大量的商人参与到港口的贸易当中。总之，我们可以明显感觉到中世纪晚期，以埃克塞特为中心的英国西南部地区城市经济的活力四射。

中世纪晚期，可以说是英国对外贸易的初步兴盛时期。13世纪到14世纪英国的出口贸易是以羊毛为主，但是到了14世纪下半叶随着国内毛纺织业的发展，向外出口呢绒的数量越来越多。到15世纪30年代，呢绒出口的价值超过了羊毛出口价值，实现了从原料羊毛出口到工业制成品呢绒出口的转变，这是英国经济发展上质的飞跃。当然，值得我们注意的是，这一时期出口的呢绒大多是未经染色和精

---

[1] W. G. Hoskins, "English Provincial Towns in the Early Sixteenth Century", *Transactions of the Royal Historical Society*, Fifth Series, Vol. 6, 1956, pp. 1—19.

加工处理的半成品呢绒，出口到外国之后再进行染色和最后的精加工。从此之后，呢绒在出口贸易当中所占的比例越来越大，而羊毛出口贸易也逐渐走向衰落。

当然，我们不能忽略羊毛出口在英国经济发展当中所起的作用。正是因为英国盛产这种大陆纺织业所需的基本原料，才能吸引大批的外国商人前来英国，使得原本经济十分落后的英国与欧洲大陆工商业比较发达的地区建立起了贸易联系。羊毛的大量出口给英国经济发展注入了大量资金，奠定了英国由工业原材料羊毛出口转向工业制成品呢绒出口的发展基础。因为贸易初期英国商人的经济实力薄弱，羊毛贸易的出口很大程度上掌握在外国商人的手中，从最开始的佛兰德尔人到后来的意大利人和汉萨商人。他们依靠向英国国王提供大量贷款，进而获得了羊毛出口贸易的诸多特权，从英国出口了大量的羊毛。

然而随着英国经济的发展，英国商人的经济实力普遍增强，他们试图把羊毛出口贸易掌握到自己手中。这当中最有实力的是由各地商人组成的羊毛出口商公司。该公司经过一番努力，建立起了羊毛集中地制度，把羊毛集中地确立在大陆的加莱，最终把大部分羊毛出口贸易掌握到了自己手中。

导致羊毛出口贸易衰落的原因很多。首先，根本原因还是本国毛纺织业在这一时期发展起来了。毛纺织业的发展必然要吸收原本用于出口的羊毛产量，羊毛出口量会随之减少。其次，英国为了保护毛纺织业的发展，开始限制羊毛出口，鼓励呢绒出口，对羊毛出口征收较高的税额，而对呢绒出口征收相对较低的税额。还实行重金法令，禁止羊毛海外交易当中的信用交易，严重阻碍羊毛交易和资本流通。最后，羊毛出口商公司虽然通过羊毛集中地制度把羊毛出口贸易掌握到本国商人手中，但是把所有羊毛运输到加莱再进行统一的分类销售，无疑提高了经营成本，很多中小羊毛出口商人被排挤出了市场，大商人垄断了羊毛贸易，他们再把高额的羊毛税转嫁到外国的消费者身上，这对羊毛的销售都是不利的。

虽然在羊毛出口贸易当中外国商人不再占据主导，但是在呢绒出口贸易当中外国商人仍然占据相当大的比例。特别是汉萨商人，他们也通过向王室借款获得了很多的贸易特权，在进行贸易时甚至比英国本土商人还具有优势。汉萨商人活跃在以伦敦为主的英国东部港口，控制了很多港口的出口贸易，这引起了英国商人的强烈不满，他们试图进入波罗的海进行贸易，要求获得与汉萨商人在英国相对等的贸易特权。这引发了英国与汉萨同盟的激烈冲突。最终以英国商人的失败告终，英国商人失去了进入波罗的海贸易区的机会。同时，英国商人试图进入地中海贸易区的努力也失败了。最终，英国商人把贸易区域都集中到了低地国家。

　　这一时期的贸易形势还对英国港口发展有着重大影响。在13、14世纪羊毛输出为主的时期，波士顿、林恩等东部港口因为靠近英国的优质羊毛产地林肯丘陵以及羊毛的主要出口市场低地地区和法国，所以在羊毛出口贸易上占据主导地位。随着出口贸易由羊毛转向呢绒，很多东部港口走向了衰落，以南安普顿、布里斯托尔和埃克塞特为主的西南部和南部港口开始兴盛。东部港口衰落的原因很多，一方面是因为西南部地区的乡村毛纺织业发展起来成为英国呢绒的主要产区，很自然东部港口在呢绒出口上要趋于落后。另一方面，东部港口对外贸易大多掌握在汉萨商人手中，因而它们与汉萨商人的冲突对港口贸易影响十分明显，在冲突结束之后，汉萨商人大多把贸易转移到伦敦。还有一个最为重要的因素是伦敦对全国对外贸易的吸引力开始增强，很多通过地方港口出口的呢绒开始转移到伦敦再进行出口，东部港口首先受到影响。南部和西部港口的发展首先得益于西南部地区乡村毛纺织业的繁荣。它们的发展特点又有所不同，南部港口南安普顿的繁荣很大程度上是意大利商人把它作为贸易基地。西南部港口因为地处边陲受到外国势力的影响很少，它们的贸易区域主要面向法国，这与东部和南部港口不同。当然，当下个世纪伦敦开始剧烈膨胀时，这些南部和西南部港口也摆脱不了衰落的命运。

第三章　16世纪到17世纪初期伦敦贸易的大扩张

　　如果要给16世纪的英国经济贴上一个标签的话，那就是伦敦的垄断性扩张。从15世纪晚期开始，英国对外贸易的市场越来越多地集中到了低地地区，与地中海地区以及波罗的海地区的贸易基本上都停止了，并最终在16世纪形成了英国贸易史上独特的伦敦—安特卫普贸易模式。这一贸易模式的最大受益者无疑是伦敦。伦敦在16世纪几乎垄断了全国所有呢绒出口贸易，这给伦敦带来了巨大的经济活力。伦敦经济的发展吸引了全国、甚至欧洲其他国家的人涌入到这里，进而到17世纪从欧洲的一个二流城市发展成为西欧第一大城市。但是，伦敦在贸易上的垄断性发展，无疑是以损害地方港口城市贸易为代价的，它吸收了大量原本应该通过地方港口出口的贸易，很多港口不可避免地走向衰落，包括曾经十分繁荣的布里斯托尔、南安普顿、赫尔、波士顿等等。本章以南安普顿的衰落为例来分析伦敦是如何对地方港口造成影响的。

　　伦敦与安特卫普的贸易虽然给英国的发展带来巨大的利益，但是过度依赖于单个贸易市场使得对外贸易具有很大的不稳定性。当16世纪50年代，安特卫普市场陷入混乱之后，英国商人不得不寻找新的市场来销售他们的产品。英国商人组成了很多贸易公司进入到了波罗的海、俄罗斯、地中海等地，结束了中世纪晚期逐渐形成的单一市场模式。这一改变给地方港口的发展带来了一些机遇，尽管地方港口的明显发展要到17世纪才能显现出来。

第一节　16 世纪至 17 世纪初期英国的对外贸易

整个 16 世纪，国际贸易当中最重要的商品仍然是纺织产品。除了穿着服饰是人类的基本需求之外，还有两个很重要的原因，第一，虽然纺织产品的生产在欧洲十分普遍，但是各个纺织工业地区之间有着明显程度的专业化分工。例如，低地地区、意大利北部、英国大部分地区和西班牙，他们的工业生产多以羊毛为原料，其他地区包括法国西部、欧洲中部的很多地区以亚麻为工业生产原料。这些专业化生产区域之间不可避免地要发生产品交换。此外，即使在生产呢绒、亚麻产品和丝绸更加普遍的地区内部，从中世纪晚期开始也有着进一步的专业化生产，有一些地区生产出的优质纺织产品数量远远超出当地市场的消费能力，另外一些地区生产的粗糙纺织产品能够满足普通人的需求，但是对地主（Landowners）、政府官员、宗教上层人士以及比较富有的市民来说远远不够，因此无论在哪，这些人群都会形成一个进口商品消费市场，除非他们附近有能够生产优质纺织产品的纺织工业。随着 15 世纪晚期到 16 世纪早期欧洲经济的蓬勃发展，这些需要消费进口商品的人群数量以及购买力都大幅度增长，而且对优质呢绒需求的增加，并不仅限于人们的穿衣，家庭的窗帘以及床上用品对优质呢绒的需求也在强劲地增长。

一　16 世纪上半叶对外贸易的增长与贸易区域的集中

1500 年时，英国在国外最重要的纺织产品市场位于欧洲西北部和中部地区，特别是人口稠密而且繁荣的低地地区和莱茵河流域。德国、波罗的海沿岸、波兰和匈牙利等国都是英国纺织产品的消费市场，还有一些地区重要性较低，比如法国、西班牙和意大利的一些地区。英国出口的纺织产品绝大多数都是中等质量的宽幅呢绒和克尔赛呢绒。前者出口的时候绝大多数都是"白色"（未经染色和精加工处理），反而较为廉价的克尔赛呢绒总是在国内进行染色和最后的精加工。

英国的纺织工业在欧洲大陆市场面临着强劲的竞争，特别是低地国家南部和一些意大利北部城市的纺织业。这些大陆竞争者不仅纺织工业历史悠久，而且生产技术先进，远超过英国。即使如此，英国呢绒出口仍从15世纪晚期开始了飞速增长。如图3所示，从15世纪第三个25年开始到16世纪早期，英国纺织产品的出口增长超过了3倍。从15世纪60年代晚期每年出口大约38000匹呢绒到16世纪40年代每年的出口量超过了126000匹。

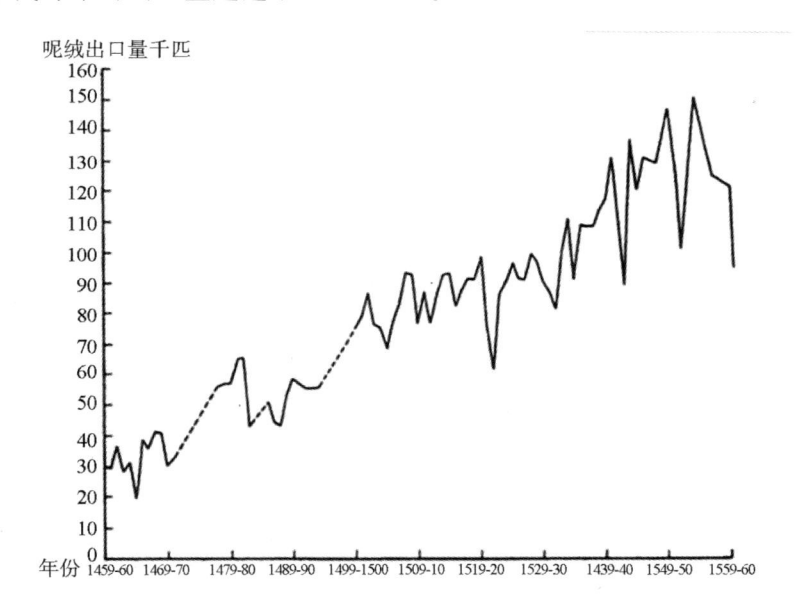

图3　1459—1560年英国呢绒出口趋势图[①]

出口贸易扩张是以下几个因素共同作用的结果。第一，英国相对较低的羊毛价格，这在一定程度上是受到15世纪末大量圈地进行放牧养羊的影响。第二，英国在价格革命引发的物价飞涨和通货膨胀方面受的影响要慢于欧洲其他地区，因而英国的出口呢绒具有了一定的成本和价格优势，这一点对英国呢绒在海外的销售帮助很大。第三，

---

① 转自 C. G. A. Clay, *Economic Expansion and Social Change：England 1500—1700：Vol. 2*，Cambridge University Press，1984，p. 109.

英国王室与低地地区的统治者关系和睦，为对外贸易的发展创造了良好的环境。双方在1496年签订了著名的《马格努斯·因特科斯协定》，使得英国商人在低地地区，特别是在安特卫普这座大城市进行贸易时基本不会遭到当地政府的干涉。商人冒险家公司选择安特卫普作为贸易集中地（Staple），所有出口呢绒都必须运输到这里，再进一步运输到其他地区。第四，安特卫普发展迅速，成为这一时期欧洲北部最大的商业中心。安特卫普的繁荣使得欧洲所有国家和地区的贸易商都在这里频繁出现，他们绝大多数都是英国呢绒的消费者。安特卫普的发展起源于15世纪，一直到16世纪中期达到它的顶峰时代。首先，安特卫普是低地地区、法国北部、莱茵河流域和波罗的海地区之间货物和商品进行交换的商业中心。从1460年开始它的辐射范围逐渐覆盖德国南部、波希米亚和西西里亚等地，这些区域的贸易商品主要包括麻纺粗布、金属器皿，特别是加工后的银和铜等金属。之后，它也成为意大利、伊比利亚半岛等欧洲南部地区商人跨大陆贸易最重要的市场。意大利商人带着地中海最东部黎凡特港口的奢侈纺织产品、干果和香料到达阿尔卑斯山北部地区。安特卫普市场丰富易得的金属，对葡萄牙人有着莫大的吸引力，他们进行西非贸易需要铜条（Bars），进行远东航行需要银。这里也逐渐形成这些欧洲扩张急先锋们带回国内的外国商品进行买卖交易的市场。在1499年，葡萄牙国王选择安特卫普作为他在欧洲北部地区进行商业交易的基地，这座城市成为来自大西洋诸岛和巴西的香料、蔗糖的主要来源地。此外，教皇的代理商和包税人在他们的意大利领地上拥有欧洲最大的明矾矿，他们通过安特卫普向欧洲北部地区提供这种最关键的毛纺织工业原料，并且从1555年开始只通过安特卫普进行销售。每一个新的国际贸易线路和商品在安特卫普集中，就会给安特卫普带来吸引商人的资本。这一时期，安特卫普的贸易中心地位一直在成长，直至成为在欧洲经济生活当中最具统治地位的城市。[1]

---

[1] G. D. Ramsay, *The City of London*, in International Politics at the Accession of Elizabeth Tudor, Manchester University Press, 1975. 刘景华：《西欧中世纪城市新论》，湖南人民出版社2000年版。

在整个 16 世纪上半叶，它都是商人冒险家公司向整个欧洲倾泻呢绒最为理想的渠道，安特卫普也给英国提供了一个近在眼前的商业中心，英国商人可以在那里购买到任何出现在国际贸易市场上，他们想要获取的商品。例如，1568 年 5 月，约翰·威尔逊（John Wilson）船长的黄金玛丽号（Marygold）商船从安特卫普满载而回，在伦敦港口码头卸下的货物将近 70 种，从刀剑、煎锅、竖琴到绸缎、肉豆蔻和糖浆，等等。[1] 因此无论是进口还是出口贸易，他们都可以与近在眼前的安特卫普在一到两天之内完成。这样的贸易方式，使得伦敦商人没有丝毫动力去开拓代价高昂、危险性日益增加的地中海市场，更别说其他冒险性更高的新贸易线路了。

伦敦相对于全国所有的地方港口来说到安特卫普最为方便快捷，安特卫普所傍依的斯凯尔德特河（Scheldt）正好与泰晤士河入海口直接相对，这使得它与全国其他对手竞争时拥有相当巨大的优势，尤其是西南部港口。那些都会城市的贸易商与安特卫普进行贸易的时候越来越发现伦敦所具有的巨大优势，以至于最终他们把贸易基地都转移到了伦敦。例如，布里斯托尔从 15 世纪 90 年代起，埃克塞特从 16 世纪 20 年代起，最终绝大多数地方港口的对外贸易都衰落了，尽管这并不是唯一的原因。南部港口南安普顿到 16 世纪 20 年代也走向了衰落。在中世纪晚期，南安普顿的实际功能就是伦敦至欧洲南部进行贸易的外港，到 16 世纪早期，伦敦与欧洲南部的贸易逐渐衰落了，剩下一些贸易无论是掌握在英国人手中还是掌握在意大利人手中，都越来越多地直接与伦敦进行贸易。[2] 伦敦和地方港口从 16 世纪早期的对外贸易繁荣当中的获益反差极大。全国对外贸易的大多数份额都集中到了伦敦。1510—1511 年，伦敦的呢绒和羊毛出口贸易量加起来占全国对外贸易总额的比例超过 70%，到 1532—1533 年，这一比例超过了 80%，到 16 世纪 40 年代

---

[1] Brian Dietz, *The Port and trade of early Elizabethan London*, *documents*, London Record Society, 1972, p. 87.

[2] Ruddock Alwyn A., "London Capitalists and the Decline of Southampton in the Early Tudor Period", *The Economic History Review*, New Series, Vol. 2, No. 2, 1949, pp. 137—151.

中期之后的有些年份甚至超过了90%①，伦敦在对外贸易上如此不成比例的增长，使得所有地方港口都受到很大影响。

二 固有贸易模式的崩溃与对外贸易区域的扩展

在16世纪和17世纪，英国对外贸易像其他时期一样经常出现波动。粮食收成的好坏像周期规律一样影响消费者的购买能力，时不时发生的瘟疫总能对市场和国际贸易线路造成一定影响。政府为了满足他们的财政目的经常操纵本国货币政策导致国际汇率经常发生变动。政治危机会导致商船和等待运输的货物被扣押，往往还能引发贸易禁令，中断某些地区之间的贸易往来。虽然有些商人总能成功绕开这些人为的贸易障碍，但是两国之间的关系不恢复正常，贸易活动反弹高潮不会发生。与以上种种因素相比，或许战争给国际贸易带来的威胁最大，这个时期的欧洲每时每刻都有某个地区在发生着战争，战争对陆军和海军的动用，会大大增加对某些特定商品的需求，英国呢绒就是其中一类。另一方面，战时对货物征收的特别税会成为私人购买者的负担，进而减小他们的购买力。同时，一旦战争引发的仇恨在国家和地区之间滋生蔓延，某些重要的贸易线路无论是陆路还是海路，无论进行贸易的商人是交战国的或者不是，都会变得十分危险。与意大利进行贸易的欧洲大陆的陆路线路，从波罗的海通向波兰国内的几条重要河流很多时候都处于危险之中。

16世纪中期，英国的呢绒出口贸易呈现下滑趋势。从中世纪晚期就开始的出口增长在16世纪50年代走向了终结。在1549—1551年间，爱德华六世的货币贬值政策使得斯特林（sterliing）的汇兑价值明显下降。1551年，他又实施相反的政策，导致贬值货币的面值突然间上升。货币价值的波动无疑会对贸易活动产生重大影响。② 这些政策先使得英国货物对外国的购买者来说变得十分便宜，突然又变

---

① John Dennis Gould, *The great debasement: currency and the economy in mid-Tudor England*, Clarendon, 1970. pp. 120, 136. D. M. Palliser, *The Cambridge Urban History of Britain*, Vol. 1, 600—1540, Cambridge University Press, 2000, pp. 412, 478.

② John Dennis Gould, *The great debasement: currency and the economy in mid-Tudor England*, Clarendon, 1970, pp. 120, 136.

第三章 16世纪到17世纪初期伦敦贸易的大扩张　99

得十分昂贵。这必然影响到英国呢绒在外国的销量。呢绒贸易的波动或许还因为，英国从15世纪晚期开始的呢绒出口繁荣，使得欧洲市场趋于饱和。人们对于英国呢绒这种耐穿的纺织品的替换需求相当有限。英国宽幅呢绒制成的一套衣服通常会伴随着一个成人几十年甚至某些消费者的一生，这种情况十分常见。那时的大多数消费者并不会像今天的人们特别是女性消费者一样在衣柜里挂满并不会穿上几次的衣物。1540—1541年、1549—1550年、1553—1554年的出口增加，或许是出口贸易商人利用有利时机建立的库存，逐渐投放到市场的结果，然而出口呢绒在市场上销量却不高。随之而来的是英国出口水平大幅度下降，纺织工业生产力过剩，毛纺织品在16世纪50年代大量积压，进而从事纺织工业商人的破产等一波连锁反应。英国政府开始颁布法令限制人们再投资纺织行业。同时，商人冒险家公司开始加强对成员准入的控制，人们想要成为公司的一员变得越来越困难，很多在出口贸易繁荣时期投入其中的商人都退出了贸易活动。[①]

从1560年开始通过伦敦港的出口贸易量与之前20年相比开始在相当低的水平徘徊。虽然从16世纪70年代中期到80年代中期出口贸易量又有所回升，但是纺织产品出口的持续上升趋势一直到17世纪早期才又开始出现。[②] 或许有些地方港口的出口贸易量是增长的，例如，赫尔、纽卡斯尔、桑威奇和普尔等港口。特别是赫尔，在15世纪40年代早期每年出口呢绒只有750匹，但是到了16世纪90年代后期年均出口呢绒增长到5900匹，所有地方港口的出口贸易总和占全国的份额在16世纪早期之前已经下降到了可怜的7.5%，到了17世纪早期，这一比例又爬升到大约1/4。[③] 但是即使是对这一时期贸易状况最为乐观的估计，16世纪末的出口呢绒量也要比16世纪中期少很多。

英国呢绒出口贸易的衰退与16世纪中期英国的价格指数开始上

[①] F. J. Fisher, "Commercial Trends and Policy in Sixteenth-Century England", *The Economic History Review*, Vol. 10, No. 2, 1940, pp. 95—117.

[②] Ibid.

[③] Stephens W. B., "The Cloth Exports of the Provincial Ports, 1600—1640", *The Economic History Review*, New Series, Vol. 22, No. 2, 1969, pp. 228—248.

升,也就是从 20 年代开始发生在西欧的价格革命有着密切关系。美洲大陆的金银大量流入欧洲是引起货币贬值,价格指数迅速上升的主要原因。这场价格革命在欧洲其他地区很早就开始了,而对英国的影响相对滞后,这就导致在一些国际市场上,它的商品与其他竞争者的产品相比存在着价格优势。这在很大程度上刺激了英国商人投入到出口贸易当中。进而导致纺织工业的产能超过安特卫普市场的吸收能力。当英国的价格指数上升到和大陆同一水平时,英国呢绒的价格优势消失了,在欧洲市场的销售量也会随之下降。

与此同时,英国羊毛质量的缓慢下降也降低了英国呢绒在国外的竞争力。英国羊毛曾经以细腻和短小闻名于世,是优质羊毛的代名词,但是英国并非所有地区都能生产出优质羊毛,即使在这些地区羊毛产量也已经远远跟不上英国毛纺织业发展的速度。为了提高产能,英国人一方面疯狂地开展圈地运动,扩大养羊面积,增加养羊数量。另一方面,通过不断改进牧草和饲料,加快羊毛产出速度。然而羊毛产量的加大是以羊毛质量的降低为代价的,这时相当一部分英国羊毛不仅长度变长,而且越来越粗糙。英国的毛纺织业者根本无法用这样的羊毛生产出优质的呢绒。随着英国呢绒出口质量的下降,越来越多的贸易商和消费者开始转向购买使用西班牙美利奴羊毛(merino wool)纺织成的呢绒。

欧洲消费市场的变化对英国出口贸易也有一定影响。从 16 世纪下半叶开始,欧洲很多地区的人们对服装时尚的追求发生了改变,人们对质量轻薄衣服的需求开始增加,相反,对又厚又重的衣服,特别是用相对价格昂贵的英国呢绒制成的衣物的需求有所下降。欧洲大陆的一些纺织工业中心,特别是佛兰德尔的翁斯科特(Hondschoote),因为迎合了这一需求上的改变而迅速走向繁荣,英国纺织工业也必须要承受这一改变带来的打击,进而做出变革。

所有导致英国出口贸易衰落的因素当中最为重要的是,英国呢绒出口最主要的海外港口,曾经的欧洲商业中心安特卫普,因为英国与低地国家乃至西班牙的政治冲突,开始衰落,与此同时,作为英国对外贸易基地的作用停止了。英国政府与低地国家政府在 1563—1564 年政治关系的破裂导致两国之间出现长达 13 个月的贸易中断。紧接着，英国和西班牙之间更严重的政治矛盾，引发了1569—1573年第二次时间更长的贸易中断（因为西班牙王室是低地国家的最高统治者，两国的政治关系会直接影响英国与安特卫普的贸易）。这一时期，英国不仅仅与欧洲西北部和中部地区的出口贸易发生衰退，而且到地中海地区的出口也出现危机。因为意大利很多商人都通过欧洲大陆的陆路贸易线路到达他们的北部终点——低地国家来进口英国呢绒。政治危机迫使商人冒险家公司把他们在欧洲大陆的贸易中心转移到了德国北部地区的小港口埃姆登（Emden），但是埃姆登完全不能满足他们的呢绒出口需求，他们又把公司的贸易集中地转移到了汉堡，汉堡虽然无法与安特卫普相比，但是比埃姆登消费能力强很多。当两国政府解决了争端，他们再返回安特卫普时，这里的贸易环境已经大不如前。

16世纪70年代，英国和西班牙的关系破裂仅仅是这一时段欧洲政治和宗教冲突的一部分。这时的政治和宗教冲突席卷了大部分西欧地区。荷兰和比利时构成的西班牙统治下的低地国家，处于整个政治和宗教冲突风暴的中心地带。大多数新教地区不断发生骚乱，以抗议代表遥远的天主教教廷利益的当地政权对他们在宗教和财政政策上的压迫，这激起政府更为严重的压制，导致社会和经济秩序的混乱，最终演化为公开的战争。混乱和无序严重威胁着这里的经济生活，外国商人大量逃离，1576年暴动的西班牙军队掠夺安特卫普，更是给予这座城市致命一击。安特卫普的衰落给英国对外贸易带来极大困扰，因为在这时候没有任何一个城市能够取代安特卫普成为欧洲北部地区的贸易中心，所以商人冒险家公司选择的任何其他城市作为贸易集中地都不能满足他们的需求。此外，西班牙的菲利普二世迫使低地地区叛乱省份服从的努力，演化成为这一地区无休止的战争，而这一地区生活着许多英国呢绒的消费者，并且通往欧洲很多其他地区的贸易线路都要经过这里。宗教冲突也不仅限于低地地区，在另一个英国呢绒出口较多的地区——法国也很快流行起来。法国国内战争的爆发一次接着一次，农民起义更是把战争推向了高潮，这使得法国经济陷入严重的混乱状态。这场宗教冲突如此猛烈而且旷日持久，英国不可能置身事外。伊丽莎白一世虽然不想让她的国家卷入战争之中，但是她更不想见到新教徒在宗教冲突当中失败，进而影响到英国国教。1586年，英国打响了与西班牙的战争，从此之后，英国与西班牙控制的低地国家地区、西班牙，再加上葡萄牙（因为葡萄牙在1580年被西班牙给吞并了）的直接贸易停止了，并且持续长达30年。尽管英国人在海面上掠夺西班牙船只的海盗贸易能对损失的贸易进行一定的补偿，特别是在英国国王的鼓励、参与之下，海盗贸易的规模变得十分庞大，但是没有任何一艘海盗船能够给出口到低地地区的呢绒提供一个可供选择的替代市场。

以安特卫普为中心的低地地区市场的危机迫使英国商人不得不开发新的市场以维持贸易水平，尽管这些市场比安特卫普要远得多。这些新市场当中的一些国家和地区以前同英国从来没有贸易往来，特别是俄罗斯和摩洛哥，但是他们吸收的贸易量并不大。在1597—1598年，他们吸收的货物量仅占伦敦呢绒出口量的1.75%和2.25%。[1] 相对来说更加重要的是伦敦和英国东北部港口的商人在16世纪50年代，重新前往波罗的海进行的贸易，以及伦敦和英国西南部港口的商人从16世纪70年代开始涉足地中海地区进行贸易。

特别是与波罗的海地区的贸易，在16世纪晚期成为英国对外贸易的重要部分。从1579年开始，英国政府把这一地区的贸易都交给新成立的东地公司（Eastland Company），由它负责垄断经营。波罗的海周边国家并不像俄罗斯那样是全新的出口市场。事实上，英国呢绒在两百年前，甚至更早就到达这里，但是从15世纪开始，英国呢绒或者由安特卫普转运到那里，或者由汉萨商人充当媒介运到那里与吕贝克和但泽进行贸易。英国呢绒再从那里沿着河道进入德国东部和波兰中部。从16世纪下半叶开始，英国呢绒开始越来越多的由英国船只直接运输到波罗的海等地。这次英国对外贸易方式的改变，英国本国商人参与的增多是以外国人的势力减弱为代价，而不是对外贸易上的扩张。另一方面，所有东地公司出口的呢绒都是经过染色和精加工处理的，这种呢绒比商人冒险家公司运到安特卫普的"白色"呢绒

---

[1] Lawrence Stone, "Elizabethan Overseas Trade", *The Economic History Review*, New Series, Vol. 2, No. 1, 1949, pp. 30—58.

的价值要高很多。

此外，波罗的海地区和西欧之间的贸易量扩张了。欧洲大陆人口的增加产生了大量谷物需求，而这一时期剩余谷物出产地区位于波罗的海以南的大片土地，主要是普鲁士，波兰国王统治的大片领地向东南方向一直延伸至乌克兰地区。波罗的海国家同样盛产很多重要商品，这些商品在欧洲其他地区的需求也在增加。例如，可以造船的优质木料、草碱、亚麻和大麻，等等。随着波罗的海地区这些沿海贸易城市的居民出售产品数量不断增加，他们就会有越来越多的钱来购买欧洲工业先进地区的产品。尽管波罗的海地区对外贸易的主要部分都落入荷兰人手中，荷兰人还不断侵蚀到英国人的呢绒出口贸易当中，然而英国也成功夺取了出口到这一地区呢绒贸易的一大部分。在16世纪晚期东地公司呢绒出口增长得十分迅速，到16世纪末，年均出口呢绒达到14000匹，占到全国出口总量的1/7。[①] 这一时期波罗的海贸易扩张的主要因素是东北部港口赫尔对外贸易的强劲增长，以及纽卡斯尔一定程度的对外贸易增长。因为东地公司从来都不像商人冒险家公司那样是一个伦敦商人的公司，它的成员中有很多来自赫尔等东北部港口。另外，东北部港口距离波罗的海地区很近，他们的船只能够很方便快捷地通过松德海峡（Sound）。

与此同时，英国与地中海地区的直接贸易也有所恢复。但是，这一变化的首要原因是对这一地区进口香料和胡椒等东方奢侈品的需求，而不是对这一地区出口商品。欧洲南部地区对英国纺织产品的需求量不是很大。因为威尼斯和其他意大利北部城镇生产的优质纺织产品仍然占据着当地市场，即使有部分需求，也由意大利商人在伦敦购买货物之后经由欧洲大陆的陆路运输至地中海地区。至于地中海西部地区，随着与西班牙战争的持续，贸易条件仍然十分糟糕。

在这一时期，英国超过70%的出口货物都流向了低地国家和德国，如果加上波罗的海和俄罗斯，那么欧洲西北部和中部所占英国出口贸易的比例将超过80%，而法国地区的对外贸易额仅占6%，地中

---

① Henryk Zins, *England and the Baltic in the Elizabethan Era*, Manchester University Press, 1972, pp. 164—171.

海地区也只占大约 10%。①

英国出口呢绒贸易明显的增长，到 16 和 17 世纪之交战争的阴影从欧洲舞台上散去之时才再次出现。首先，在 16 世纪末，法国国内终于恢复了和平，英国和法国之间的贸易关系恢复正常。其次，1604 年，英国和西班牙两国之间也恢复了久违的和平，这使得伊利比亚半岛和佛兰德尔市场重新对英国开放了，与地中海地区进行贸易的危险性和成本也大幅度降低了。最后，西班牙和荷兰两国关系在 1609 年有所缓和，这大大改善了整个欧洲北部的贸易环境。

17 世纪早期，毛纺织品出口的重新繁荣不仅仅体现在量的增长上，而且体现在纺织产品的变革上。这一时期，英国纺织工业出现了一种新型纺织产品被称为新式呢绒（New Draperies）。新式呢绒不同于旧式呢绒的主要特点是其采用两种羊毛材料或者羊毛与其他材料混纺而成，质量轻便而且价格低廉，在欧洲南部气候较为炎热的国家拥有广阔市场，特别是在与西班牙的战争结束之后出口量开始呈现膨胀式的增长，但是在这一时期新式呢绒的出口占总出口贸易量的份额不大，最多也不超过 20%。② 伴随着新式呢绒的出现，人们把英国出口的通常由纯羊毛纺织而成的传统呢绒，包括宽幅呢绒、克尔赛呢绒和达仁斯呢绒（Dozens 旧式呢绒的一种，出现于 16 世纪初的德文郡）等统称为旧式呢绒。旧式呢绒虽然不再是唯一，但却仍然是最重要的出口种类，17 世纪初的出口量增长到年均 106000 匹。这一贸易量可以与 15 世纪 40 年代相匹敌。在 1606 年到 1614 年，这期间有些年份，出口呢绒数量甚至还超过了 13 万匹。

这一时期，旧式呢绒出口的增长几乎全依赖商人冒险家公司的贸易扩展。然而与英国向俄罗斯、摩洛哥、波罗的海地区和黎凡特地区这些新开辟的贸易地区出口的都是精加工的纺织产品不同的是，商人冒险家公司仍然集中出口半成品的"白色"呢绒。公司成员不再前

---

① Lawrence Stone, "Elizabethan Overseas Trade", *The Economic History Review*, New Series, Vol. 2, No. 1, 1949, pp. 30—58.

② F. J. Fisher, "London's Export Trade in the Early Seventeenth Century", *The Economic History Review*, New Series, Vol. 3, No. 2, 1950, pp. 151—161. J. D. Gould, "Cloth Exports, 1600—1640", *The Economic History Review*, New Series, Vol. 24, No. 2, 1971, pp. 249—252.

往安特卫普，而是在联合省（UP）（成功从西班牙统治之下独立出来的低地地区北部）的米德尔堡（Middleburg）和德国北部的施塔德建立了贸易集中地。低地地区和德国仍然吸收了出口贸易的大部分，商人冒险家公司出口的呢绒占所有旧式呢绒出口额的比例在 2/3—3/4 之间，伦敦所有呢绒出口的 2/3 仍然是没有精加工的半成品。[①]

这时社会上开始流行一种思潮，那就是如果把所有未经精加工的半成品呢绒在国内进行染色和消费而不是出口到国外将更有利于社会就业和国家贸易收支平衡。政府采纳了这一理论，开始对这一贸易进行干涉，使得旧式呢绒与欧洲北部地区的贸易的最后繁荣也走向了终结。一个以一些高级伦敦市政官员为首的商人辛迪加组织（syndicate）成功说服英国政府开始实行把所有半成品纺织产品强行留在英国国内进行精加工的政策。依照 1614 年底对半成品纺织产品出口的禁令，原来商人冒险家公司对低地地区和德国出口半成品呢绒的垄断特权被取消了。但是，这个新组织很快发现，在短短几个月之内建立一整套对半成品呢绒进行精加工的工业是不可能完成的任务，因为这不仅需要大量资金，而且技术复杂，这一时期英国国内的精加工纺织技术还远不能跟大陆的竞争对手相比。因此他们又从王室手中获得特许出口半成品呢绒的权力，但是他们又没有充足资金来购买涌入市场的数量如此巨大的半成品呢绒，结果导致那些纺织工业生产者手中滞留了大批货物不能出售，这些工业生产者只能进行减产，以至于英国纺织工业领域的失业现象变得十分严重。这时荷兰人试图破坏他们的计划，绕开英国精加工工业的决定使得问题变得更加糟糕。他们拒绝进口任何这一新组织提供的精加工纺织产品。最终，英国到荷兰和德国的出口贸易量下降得十分厉害，1616 年呢绒出口贸易量只相当于 1614 年的 1/3，所以到 1616 年底，伦敦辛迪加组织毫无选择只能退出，让商人冒险家公司重新恢复他们的垄断权。[②] 然而永久性的损害已经铸成，英国纺织产品向欧洲北部地区出口锐减，给英国对外贸易

---

① Barry Supple, *Commercial Crisis and Change in England 1600—1642: A Study in the Instability of a Mercantile Economy*, Cambridge U. P, 1959, pp. 23—24.

② Ibid., p. 44.

的竞争对手提供了良机，他们很快占领了那些市场。

英国纺织工业生产商的竞争者是欧洲大陆纺织工业生产者。其中，荷兰纺织工业以生产中高档纺织品为主，德国的很多地区，匈牙利、西西里亚、波兰甚至瑞典很多商人从事比较粗糙的纺织产品的制造。以至于在欧洲北部和中部地区的消费者需要的所有质量档次、价位的纺织产品，相对于英国呢绒来说都有可替代的产品。他们在国际市场上的竞争力因为1609年荷兰和西班牙的停战协定以及政府的鼓励和关税保护而大大加强。1614—1616年的伦敦辛迪加组织事件更是导致竞争力此消彼长。17世纪40年代，英国国内战争爆发导致国内经济混乱，对对外贸易的严重打击，又一次促进了欧洲其他生产竞争者的发展。尤其在较为廉价的产品上，大陆生产者的竞争对英国破坏性很大。主要原因是这些以生产廉价纺织品为主的地区的劳动力成本比英国要低，所以他们的产品往往具有价格优势。三十年战争（1618—1648年）也加强了他们的竞争力。因为这场规模巨大的战争带给欧洲大陆中部的贫困，不仅仅影响到人们的需求总量，而且改变了他们的消费结构，使得他们更加趋向于消费廉价产品。尽管有些英国纺织生产者试图降低产品质量以削减生产成本来应对竞争对手的冲击，[1] 但是效果并不理想。

所有英国旧式呢绒的出口量再也没有恢复到它们在1614年之前所取得的高度。伦敦的呢绒出口量从1618年到1622年下降了1/4，1622年呢绒出口量低至75600匹，出口到波兰、德国和波罗的海市场的贸易量下降的比例甚至更大。1621年，出口到波罗的海的贸易总量只有前年的44%。[2] 虽然在每一次危机之后，对外贸易总会有一定程度的恢复，但是到17世纪30年代，伦敦每年旧式呢绒出口量再也没有超过10万匹。虽然与此同时地方港口的出口开始增长，但这

---

[1] Barry Supple, *Commercial Crisis and Change in England 1600—1642: A Study in the Instability of a Mercantile Economy*, Cambridge U. P, 1959, p. 136.

[2] Barry Supple, *Commercial Crisis and Change in England 1600—1642: A Study in the Instability of a Mercantile Economy*, Cambridge U. P, 1959, p. 75. J. K. Fedorowicz, *England's Baltic Trade in the Early Seventeenth Century: A Study in Anglo-Polish Commercial Diplomacy*, Cambridge University Press, 1980, pp. 162—163.

不足以弥补伦敦出口下降的数量。到 1640 年，英国旧式呢绒的出口总量从 1614 年的 179000 匹，下降到只有 127000 匹，下降了 30%。[①]

然而与居于主导地位的旧式呢绒出口衰落不同的是，在南部市场具有优势的新式呢绒的出口却在稳步增长，从 17 世纪 20 年代开始英国对外贸易的主要部分纺织品的内部开始悄然发生重要的变革，尽管这一变革到 17 世纪中晚期才会凸显出来。我们将会在下一章详细介绍这一变革。

第二节　伦敦—安特卫普贸易

正如我们在上一章提到的，随着 15 世纪晚期，英国商人与汉萨商人发生贸易冲突被排挤出波罗的海贸易区，以及进入地中海进行贸易尝试无果之后，英国对外贸易越来越多地集中到了低地国家，甚至集中到了低地国家的一个城市——安特卫普。恰好安特卫普在 16 世纪取代布鲁日成为欧洲主要的贸易和金融中心，不仅能够为英国的出口产品提供巨大市场，还能够满足英国对大部分进口产品的需求。而在英国与安特卫普进行贸易时，伦敦依靠强大的地理、政治和资本优势，吸收了全国越来越多的对外贸易，进而形成了英国 16 世纪上半叶最为主要的对外贸易模式伦敦—安特卫普贸易。

一　垄断出口贸易的商人冒险家公司

全英国的对外贸易不断向伦敦集中，在 15、16 世纪是一个持续不断的过程。伦敦不仅仅是英国的政治和管理中心，而且从中世纪晚期开始都是英国最大的贸易港口，通过这里的贸易量一直占到全国 3/4 以上，在整个欧洲没有哪一个城市能像伦敦同时具有这两种特征。

不仅如此，伦敦对外贸易的大部分还都集中于商人冒险家公司这一组织的手中。都铎时期，特别是在伊丽莎白一世时期，英国的贸易

[①] J. D. Gould, "Cloth Exports, 1600—1640", *The Economic History Review*, New Series, Vol. 24, No. 2, 1971, pp. 249—252.

和政治联系得十分紧密。商人冒险家公司依靠接近于中央政府的地理优势，一直与议员、政府高层，甚至王室保持紧密联系，使得其商人在进行对外贸易时获得了巨大优势。

商人冒险家公司的成员绝大多数都是伦敦商人，在对外贸易时总是根据伦敦商人的需要协调安排贸易行动。公司成员集会时经常使用伦敦权势显赫的呢绒商人公会的公会大厅。亨利七世时期，呢绒出口贸易的空前扩张给商人冒险家公司注入了巨大的经济能量，使它演变成一个拥有呢绒出口贸易垄断权以及相当多法律特权和政治影响力的公司。

商人冒险家公司成为都铎王朝时期英国最富有的经济组织离不开王室的支持。而它能够获得王室的支持是因为英国王室意识到一个组织良好的贸易公司可以成为其便利的财政工具。他们可以对它征税、借款以及临时性的征收费用，伊丽莎白一世政府就特别倾向于榨取商人冒险家公司的利益。都铎王朝的王室一直清醒地意识到繁荣的对外贸易可以对他们的外交政策起到巨大的作用。

16世纪以来，商人冒险家公司对英国的作用一直饱受争议，人们通常只关注这一公司通过垄断呢绒出口贸易获得了巨大财富，其实商人冒险家公司对英国对外贸易的发展作用也十分明显，特别是在应对外国商人的竞争上。商人冒险家公司堪称英国在对外贸易竞争当中团体作战的表率和引领者。我们可以与其他国家的对外贸易状况做一个比较，更能体现出这一公司的价值。例如，法国很多港口的对外贸易也十分发达，但是因为进行贸易时缺乏像商人冒险家公司这样管理相对严密、目的性明确的贸易组织，所以在竞争中往往落于下风。

商人冒险家公司的成员从都铎时期繁荣的对外贸易当中获得了巨大财富，很多人都成了富有的大商人。虽然他们当中的很多人仍然像前几个世纪一样，很少能把庞大的生意维持超过三代，但是与之前不同的是，到16世纪商人的社会地位得到提升，人们对商人职业的认同感开始提高。这些显赫的商人家族为了壮大商业实力，延续财富，一方面进行门当户对的内部通婚，另一方面涉足政界。因而这一时期很多长久享誉商业领域的商人家族通常和政界有着密切联系。例如，约翰·钱普尼（John Champneys）爵士从1527年开始六次成为伦敦皮革商公会的领导者和高级市政官，他的后代子孙都成为肯特郡的贵族。① 都铎王朝时期大多数成功呢绒商人的后代广泛分布于17、18世纪英国政府部门。利兹和纽卡斯尔的公爵家族就是很好的例子，还有奥利弗·克伦威尔（Oliver Cromwell）和约翰·汉普登（John HamPden），他们都是拉尔夫·沃伦（Ralph Warren）爵士的重孙子。沃伦是商人冒险家公司的一员，并且在1537年和1544年荣任伦敦市长。上层人士拥有做过对外贸易商人的祖先，甚至在16世纪都不是什么新奇的事情。罗伯特·塞西尔（Robert Cecil）和弗朗西斯·培根（Francis Bacon）都是威廉·菲茨威廉（William Fitzwilliam）爵士的重孙子。菲茨威廉就是商人冒险家公司的一员，从1506年开始一直是伦敦的高级市政官。就连伊丽莎白一世女王本人也是在1457—1458年做过伦敦市长的贸易商人杰弗里·博林（Geoffrey Boleyn）爵士的重重孙女。②

二 繁盛一时的国际贸易中心——安特卫普

商人冒险家公司并非从一开始就把在大陆的贸易集中地固定在安特卫普，想要为对外贸易寻找一个令人满意的市场并非那么容易。商人冒险家公司最初选择了泽兰和布拉班特，之后他们还选择了乌特勒支③、米德尔堡。直到15世纪末，他们才开始青睐安特卫普，做出这一关键决定最初的原因是在那里他们便于与科隆商人进行贸易，科隆商人是这一时期在德国销售英国呢绒的主要商人。商人冒险家公司与安特卫普当局达成协议，确保该公司在安特卫普拥有商业和法律特权。在此之后，因为英国和勃艮第矛盾重重，商人冒险家公司与安特卫普的贸易关系并不稳定。直到亨利七世和马克西米连一世（马克西

---

① John Burke, *A Genealogical and Heraldic History of the Commoners of Great Britain and Ireland, Enjoying Territorial Possessions Or High Official Rank: But Uninvested with Heritable Honours*, Vol. 3, Henry Colburn, 1836, p. 556.

② John Wagner, *Historical Dictionary of the Elizabethan World: Britain, Ireland, Europe and America*, Routledge, 2013, p. 34.

③ Charles Knight, *William Caxton: The First English Printer: a Biography*, Knight, 1844.

米连一世作为勃艮第女继承人的丈夫是低地地区的统治者）在 1496 年签订了《马格努斯·因特科斯协定》之后，商人冒险家公司与安特卫普的贸易关系才日渐稳固。

安特卫普在此之前只是一个小城市，完全不能与布鲁日或者伦敦相比，但是当英国呢绒市场固定在它的城墙之内，经过几十年的时间，它就迅速成长为欧洲最为重要的商业贸易中心。德国商人在那里购买英国呢绒，出售斯瓦比亚（Swabia）的亚麻产品和棉麻粗布，以及纽伦堡（Nuremberg）的各种金属制品；意大利商人在那里销售绸缎、香料等奢侈品。这个迅速繁荣的市场很快吸引了其他的贸易商人。葡萄牙人开始沿着非洲海岸把南亚地区的产品带到这里来。1499 年，葡萄牙王室把贸易基地设立在安特卫普。1501 年，第一艘葡萄牙船满载着从印度运来的香料沿着斯凯尔德特河来到安特卫普。教皇早在 1491 年就已经把其价值连城的明矾矿产在欧洲的销售市场，设立在安特卫普。安特卫普已经成为波罗的海和地中海地区产品以及热带地区的香料和药材进行交易买卖的巨大市场。这里的金融活动也因为富格尔家族（Fuggers）、韦尔瑟家族（Werlsers）和其他阿布斯堡王朝的大银行家族代理商的存在变得十分活跃。

在此之前很长时间，布鲁日一直都是欧洲西北部的经济中心，现在安特卫普已经取而代之。不仅如此，安特卫普的很多金融机构、制度还都沿用了布鲁日长久以来使用的名称。例如，商人集会的地点名称博斯（Bourse）。博斯这一名称起源于 14—15 世纪早期博尔思（Beurse）家族在布鲁日所开的一个客栈。[①] 在安特卫普的资金市场上，甚至欧洲的君主们也可以举债以获得他们因政治和军事冲突所需的资金。这里还有武器市场，在那里他们可以买到火器、火药和其他的战争武器，所有这些都使得作为英国呢绒出口贸易地的安特卫普在较短的时间内成为欧洲的经济中心。

安特卫普之所以成长为欧洲的经济中心，主要是因为它无可比拟的商业交通优势，它处在各国进行贸易的交通网络交汇处。这一特征同样使得它的贸易活动具有很大的不稳定性。首先，它不是一个工业

---

① R. De Roover, *Money, banking and credit in medieval Bruges*, Cambridge, 1948, p. 17.

型城市，它最大的工业部门就是对由商人冒险家公司运来的英国半成品呢绒进行染色和制作成衣。除此之外，它基本没有其他的工业活动。其次，它甚至不是一个港口，除了驳船之外，稍微大一点的船都需要停靠在它附近的阿讷默伊登（Arenmuiden）港口而不是冒险沿着斯凯尔德特河进入安特卫普码头。通常情况下货物都会在阿讷默伊登转移到驳船上面，只有在少数必要的时候大型商船才会趁着涨潮时的高水位进入安特卫普。安特卫普的码头被一个巨大的吊车所占据，码头的交通通常是阻塞的，每一艘运货船通常要在这里等上一个月才能够卸货。上岸之后商人们很快就会发现他们投入到来自世界各地的商贩和他们的食客组成的滚滚人流当中。安特卫普当地人多数从事行李搬运工、经纪人、旅馆老板，还有最重要的为外国商人的交易充当公证人这样的职业。这些外国人当中最重要的无疑是从莱茵河流域和德国北部海岸来的汉萨商人。德国人的贸易商行在整个城市里是最显眼的，但是安特卫普作为一个国际性的贸易中心也拥有很多其他地区和国家商人的聚集区。比如地中海地区商人的聚集区，这一聚集区里不仅有来自意大利众多城市共和国的商人们，同时还有大量西班牙人和葡萄牙人，包括他们的黑奴，甚至还有一些希腊人。[1]

从伊比利亚半岛来的人，除了葡萄牙和西班牙商人之外，还有越来越多为了逃避罗马天主教信徒迫害逃离到这里的玛拉诺。[2] 在这一时期，他们越来越多的从伊比利亚半岛逃离到欧洲的边远地区，因为他们面临的宗教环境越来越差。比如，士麦那（Smyrna）和宗教宽容的黎凡特地区，低地国家甚至伦敦都有一部分玛拉诺的存在。他们相互之间的往来对于欧洲贸易的展开具有相当重要的意义。从德国北部来的路德教信徒和玛拉诺迅速充斥着安特卫普的街头。安特卫普变成了一个宽容的宗教中心。这时的查理五世因为需要安特卫普的金融支持而不能严厉地执行他的宗教迫害法令，与城市的宗教宽容同时发生的还有城市当局对信贷、借钱收取利息等行为的管理自由主义。佛罗

---

[1] Liên Luu, *Immigrants and the Industries of London, 1500—1700*, Ashgate Publishing, Ltd., 2005.

[2] 玛拉诺是被迫改信基督教的犹太教信徒。

伦萨人弗朗切斯科·圭恰迪尼（Francesco Guicciardini）评论道，"外国人在低地国家和安特卫普能够享受到无与伦比的自由"。①

在这个繁荣的国际性大都市当中，英国商人的聚集区拥有300—400名商人，组成了除德国人之外最大的外国人群体。英国商人给这个城市提供了它最基本的贸易种类。他们的活动主要集中在他们的官方聚集区英国商会办公地点。这一地点是由安特卫普市政当局专门出租给商人冒险家公司的。起初，商会办公场所是在正对着旧商人集会地点博斯的一所规模较小的房子内。但是，商人集会地点博斯变更之后，他们也随之转移到普锐斯崔特（Prinsestraat）街的一座富丽堂皇的大厦之内。英国商会的领导权属于商人冒险家公司，该公司制定了一系列法规对在安特卫普的英国商人进行管理。例如，规定英国商人可以寄宿的房间种类，禁止进入一般的客栈和民房，所有人都有资格在英国商会的门房餐厅用餐，他们在那里可以痛饮啤酒，食用黄油等食品。商人冒险家公司在进行贸易的同时还注重培养新鲜血液，因而其成员越来越倾向于年轻化。伦敦老一辈商人离开家乡去参加在安特卫普和卑尔根举行的季节性市场的次数越来越少。他们倾向于把生意委派给他们的代理人和学徒来做。这些人往往是乡绅和贵族的儿子。这些离开英国前往安特卫普的年轻代理商们代表了商人冒险家公司的未来，他们在为师傅们处理生意的同时也在学习进行贸易的知识、技巧和经验。②

在安特卫普需要这些年轻英国人学习的东西很多，比如支付和信用系统，还有其他复杂的交易方式。他们需要购买大量香料、棉麻粗布、丝绸和其他产品进口到英国，运输昂贵的皮革、锡制品以及大量的宽幅呢绒和克尔赛呢绒到安特卫普进行出售。商人冒险家公司的船队每年两次往返安特卫普运输货物。英国呢绒运到安特卫普之后，会由持有安特卫普市政当局颁发执照的呢绒检查员进行质量检查。他们主要检查经过海路运来的呢绒是否受到损害，或者重量尺寸上是否符合标准。之后商人会在四季集市上出售呢绒，四季集市有两个在安特

---

① George Daniel Ramsay, *English overseas trade during the centuries of emergence: studies in some modern origins of the English-speaking world*, Macmillan, 1957, p. 17.
② Ibid., p. 18.

第三章 16世纪到17世纪初期伦敦贸易的大扩张 113

卫普，另外两个在其旁边的卑尔根举行。市场上呢绒的价格会受到最新的政商界消息影响而发生波动。例如，意大利即将与土耳其达成的和平协议会刺激黎凡特市场的消费欲望，迫近的王室婚姻将会形成对优质纺织品的大量需求。安特卫普市场同样对军事行动特别敏感，不管是低地地区的或者是其他地区的。最后，这些呢绒大多由意大利商人出口到黎凡特地区，德国人出口到匈牙利等地区。

英国出口呢绒到安特卫普的贸易繁荣至少持续到16世纪中叶，尽管在此之前，贸易情况并非一帆风顺。例如，1528年都铎王朝和哈布斯堡王朝之间的战争引发的贸易危机。1543年，哈布斯堡皇室向进入低地国家的英国呢绒征收较高的税赋。英国还时不时与安特卫普市政府发生矛盾。但是，这些纷争导致的贸易纠纷持续时间往往很短暂。这一时期英国和低地地区的统治者西班牙哈布斯堡王朝之间的关系总体良好。商人冒险家公司与安特卫普的贸易在16世纪40年代末达到了顶峰，每年出口到安特卫普的呢绒数量攀升至16世纪初的两倍。

繁荣的同时一些不利于这一贸易模式的因素开始出现，并最终导致安特卫普市场走向衰退。首先是毛纺织业本身出现问题。呢绒贸易的繁荣，给人们带来的巨大财富吸引了大量经验和技术不足的纺织品制造者涌入到纺织行业，这不仅导致16世纪40年代英国呢绒生产过剩，超过欧洲市场上对英国呢绒产品的需求，更导致纺织行业生产混乱，产品质量下降。德国商人发现越来越多的英国呢绒在尺寸、重量和质量上，和之前比较都严重缩水，因而在进行交易的时候对产品检查越来越严格。例如，1546年，著名的威廉·斯顿普（Stumpe）带到安特卫普的呢绒就被检测出来有质量问题。英国毛纺织产品标准和质量下降的现象越来越普遍。商人冒险家公司数次向政府施压，试图建立更为有效的纺织工业生产规则和产品检查制度。以威廉·塞西尔爵士为代表的很多上层人士多次对纺织工业产品质量下降提出警示，他们警告道：如果任其发展必然会引发纺织产业危机，威胁到社会的稳定。[1]

其次是政治因素。英国政府虽然采取了一些措施，但是并未解决

---

[1] George Daniel Ramsay, *English overseas trade during the centuries of emergence: studies in some modern origins of the English-speaking world*, Macmillan, 1957, p. 21.

纺织业的根本问题。英国王室更加关注的是自己的财政问题，因而常常是为了自己的目的而干涉交易市场。这一时期，英国王室在安特卫普向奥格斯堡的富格尔家族（Fuggers）和其他银行家借了大笔的款项。托马斯·格雷沙姆（Thomas Gresham）爵士用操纵货币的方式来帮助王室偿还他们在国外借下的巨额债务[1]，结果导致商人冒险家公司在国外用外国货币出售呢绒时价格迅速攀升。这对呢绒的销售极度不利，进而影响到出口量。1551年呢绒出口量比前一年下降了15%，到1552年下降幅度更大，达到了20%。[2] 呢绒出口贸易灾难性的衰落导致的经济危机迅速笼罩了整个英国。尽管商人冒险家公司在之后25年仍断断续续地前往安特卫普进行贸易，但是出口贸易的鼎盛时期却一去不复返了。

16世纪50年代早期的经济大危机标志着长期以来处于上升趋势的英国工业和贸易趋势的结束，这一趋势开始于14世纪晚期，到16世纪40年代达到顶峰。英国的工业产量超过了外国市场的接受能力，这必然导致英国经济的痛苦变革。大量出口商人的破产，导致沮丧和绝望的情绪在城市里蔓延，有关经济的控告和诉讼案件大量增多。呢绒出口商人频繁前往枢密院控告受到呢绒生产者和羊毛商贩的欺诈。为了应对这一情况，英国政府在1551—1552年召开议会，颁布了一系列的经济法令，其中包括详细的呢绒生产标准的法令，之后又陆续颁布了一系列经济干涉法令，包括著名的1563年学徒法令。法令内容从严格交易规则到严禁纺织生产时滥用羊毛，规定十分详细。法令颁布之后，英国中央和地方政府部门开始严格执法，中部地区一些大的羊毛经纪人和纺织行业的从业者经常被起诉到星室法庭。1552年，英国政府为了给商人冒险家公司进一步的鼓励，取消了它的竞争者汉萨商人从中世纪开始在英国就拥有的一系列贸易特权。[3] 英国王室甚

---

[1] John William Burgon, *The Life and Times of Sir Thomas Gresham: Comp. Chiefly from His Correspondence Preserved in Her Majesty's Statepaper Office: Including Notices of Many of His Contemporaries, With Illustrations*, Vol. 1, R. Jennings, 1839, p. 88.

[2] George Daniel Ramsay, *English overseas trade during the centuries of emergence: studies in some modern origins of the English-speaking world*, Macmillan, 1957, p. 22.

[3] James A. Williamson, *Maritime Enterprise, 1485—1558*, Clarendon Press, 1913, p. 166.

至还把属于王室的战船租借给伦敦商人,让他们前往几内亚和黎凡特等潜在的贸易市场进行商业拓展。

三 英国对外贸易探险的起航

然而,16 世纪 50 年代的呢绒出口危机带来的影响并不都是负面的。最值得一提的是,出口危机迫使英国商人不得不寻找新的出口市场,这无疑改变了伦敦商人对对外贸易探险的态度。在 16 世纪上半叶,英国的海洋冒险次数相对于西班牙、葡萄牙甚至法国都很少,造成这一情况的原因首先是政治性的。都铎王朝这一阶段一直与哈布斯堡王朝拥有较为良好的关系,而哈布斯堡王朝不仅统治着西班牙和低地国家,而且宣称对新世界有着相当程度的垄断权,因而英国王室不愿意英国人闯入那些陌生的领域破坏与哈布斯堡王朝的关系。当然,这并不是说所有英国人都毫无探险精神。这一时期比较有意义的商业探险是一些地方大港口商人所为。比如,西南部港口布里斯托尔商人,因为对外贸易处于衰落状态,急需寻找新的市场而组织的对纽芬兰地区的探索。16 世纪 30 年代,普利茅斯市的市议员威廉·霍斯金斯在亨利八世的首席国务大臣托马斯·克伦威尔(Thomas Cromwell)的赞助之下组织商人前往巴西进行贸易,尽管在 16 世纪 40 年代他又转移到英吉利海峡海盗贸易当中。还有一些居住在塞维利亚的英国商人曾经在 16 世纪 30 年代直接前往美洲进行贸易,但是他们的贸易因为受到西班牙政府越来越多的限制而消失了。吝啬的亨利七世因为从安特卫普贸易模式当中就能获得其所需资金而不愿意给那些探险家们以资金和政策支持。亨利八世时期,人们向西部的探险计划同样遭到了王室的冷漠和反对。其次,英国人对新世界的探索比较少的主要原因还是这一时期安特卫普给伦敦商人提供了足够大的贸易空间,因而他们不愿意,也不需要投资到这样的事业当中。例如,在 1521 年,英国王室曾经鼓励贸易探险,而伦敦的资本家们却对此毫无兴趣。[1]

但是,16 世纪 50 年代早期的经济大危机转变了英国商人的观念,

---

[1] James A. Williamson, *Maritime Enterprise*, 1485—1558, Clarendon Press, 1913, p. 136.

很多富有的商人开始把资金投入到对外探险当中。在伦敦有充足的资金支持这些商业探险，地方港口也有很多商人参与到其中。他们的一系列探险行为开启了一个不仅对英国对外扩张，也对对外贸易相当重要的历史时期。这一时期最为著名的探险发生在1552年冬天，英国商人成立了一个公司，目的是从英国东北部越过北冰洋以到达富有而神秘的中国和东印度地区，从而避开葡萄牙人对远东地区的贸易垄断。这次行动由刚从西班牙归来的老卡伯特负责，探险的投资者不仅仅有包括格雷沙姆（Gresham）家族成员在内的很多伦敦商人，还有很多高层政治人物，例如温切斯特侯爵、阿伦德尔（Arundel）公爵和威廉·塞西尔爵士，可谓阵容庞大，但结果却不尽如人意。探险队总共拥有三艘船，航行过程中遇到了海难，其中两艘在拉普兰海岸被摧毁，船上的成员全部死亡，第三艘船则最终到达了莫斯科而不是梦想中的中国。

前往中国的探险虽然失败了，但是却打开了与俄罗斯地区的贸易。至少，英国可以在俄罗斯寒冷的冬季出口到那里一部分呢绒，英国的铁制品和医药产品在那里也很受欢迎，他们返回英国时可以带回鱼油、鲸鱼和绳索等产品。这些有价值而且必需的物资此前只能从波罗的海地区获得，英国对海军所用绳索的需求在16世纪末是如此的迫切，以至于英国政府派工匠们到俄罗斯去指导当地人进行生产，在众多前往俄罗斯进行贸易的伦敦商人当中最著名的是赫德尔斯顿（Huddleston）爵士。他在莫斯科居住了好多年，并在那里建立了贸易基地。他同时还对波罗的海的贸易世界十分熟悉，在晚年则把贸易活动转向了商人冒险家公司的短途贸易，进入商人冒险家公司的领导层，同时他还是伊丽莎白一世政府在国外处理金融事务的代表之一。他的政治活动无疑与他是弗朗西斯·沃尔辛厄姆[1]（Walsingham Francis）的亲戚有关，他的经历再次表明这一时期英国政治和商业的紧密联系。

---

[1] 弗朗西斯·沃尔辛厄姆：英国政治家，1573—1590年为伊丽莎白一世的首席秘书。长于外交，其语言知识和组织间谍活动的能力在推行伊丽莎白女王外交政策方面具有无可估量的作用。

英国人把他们在俄罗斯的贸易基地建立在莫斯科、沃洛格达（Vologda）等地。英国贸易探险家们还沿着伏尔加河而下，试图通过俄罗斯和土耳其与印度建立起联系，这样他们就可以避开葡萄牙人，但是实现这一设想的困难是极大的。首先，俄罗斯沙皇恐怖伊凡（Иван Ⅳ Васильевич）不是很容易进行合作的伙伴；其次，贸易线经过长时间的海路和陆路会有很多的危险；最后，运输等相关成本也会十分高。英国与俄罗斯的贸易在1649年走向了终结。那一年俄国沙皇愤怒地驱逐了来自于这个不虔诚的国家的代表，因为他们把他们神圣的国王查理一世（Charles I）推上了断头台。

除了开拓莫斯科贸易市场，英国商人还把贸易区域向南推进越过西班牙到达巴巴里和几内亚。虽然在15世纪晚期英国与西班牙进行贸易的商人们就尝试与巴巴里的摩尔人进行贸易，也有英国船只到几内亚进行贸易，[1] 但是总的来说，贸易量很少。因为在此之前，伊比利亚半岛及其以南区域，属于伊比利亚半岛商人的势力范围。直到16世纪50年代，这一情况才有所改变。英国与摩洛哥的商业贸易记录始于1551年，那一年托马斯·温德姆（Thomas Windham）驾驶着他的伦敦雄狮号船只前往摩洛哥进行贸易。1552年，有一个由三艘英国船只组成的更大的贸易团队与摩洛哥进行贸易。[2] 从那之后，英国与巴巴里的贸易变得频繁起来，操纵摩洛哥经济的犹太人乐于购买由英国商人带到那里的呢绒、木料、铁制品和其他产品，而巴巴里的蔗糖在英国十分受欢迎。特别是从16世纪70年代晚期开始摩洛哥成为一种重要战争产品——硝石的来源地，因而英国和摩洛哥进行了大量战争物资的交易。硝石是制造火药的重要原料，而英国人则提供从波罗的海运来的木料和其他造船业所需的原料。[3]

这些异教徒之间互相提供战争物资和原料的行为，使得西班牙和葡萄牙政府十分愤怒。事实上，在英国与巴巴里贸易关系最开始确立

---

[1] D. B. Quinn, "Edward IV and Exploration", *Mariner's Mirror*, xxi, 1935, pp. 275—284.

[2] Robert K. Batchelor, *London: The Selden Map and the Making of a Global City, 1549—1689*, University of Chicago Press, 2014, p. 56.

[3] E. W. Bovill, "Queen Elizabeth's Gunpowder", *Mariner's Mirror*, xxxiii, 1947, pp. 179—186.

的时候就遭到了葡萄牙人强烈的谴责，1553 年伦敦商人驾驶的船只向南侵入到他们在几内亚海湾的领地进一步激怒了他们。几内亚盛产黑奴、金沙、象牙和胡椒，对于葡萄牙十分重要。葡萄牙政府动用了一切外交力量警告伦敦人停止他们的举动，西班牙国王菲利普随之加入其中。迫于外交压力，英国枢密院在一段时间内也对这一贸易行为发出禁令，但是伦敦商人与那里的贸易仍然在偷偷摸摸地进行，到伊丽莎白一世继位时英国人已经对非洲西海岸的条件十分熟悉，并在摩洛哥建立了永久的贸易基地。

当安特卫普贸易衰落时，伦敦商人们几乎没有可以销售他们商品的代替市场。他们不敢挑战西班牙在美洲的垄断。波罗的海市场贸易量比较小，地中海市场在一定程度上也是关闭的。英国人对莫斯科、摩洛哥和几内亚等地区贸易的开展就是伦敦商人要打破他们与安特卫普进行贸易的瓶颈。在这几项贸易当中只有摩洛哥贸易是最稳定的，莫斯科和几内亚贸易虽然可以获得巨大的利益，但是危险系数极高，参与其中的人们往往会忽然遭到重大损失。

曾经这些开拓性的贸易行为只是为传统的大陆贸易提供一些补充。但是，到这一时期它不仅仅为伦敦商人打开了一个更为广阔的贸易市场，而且给英国商人的对外贸易提供了弹性空间。16 世纪 50 年代的经济危机对安特卫普市场是不利的，但是，政治行为对它的影响更加恶劣，在几十年内，它就彻底衰落了。新的政治危机的主要原因是在 1558 年伊丽莎白一世继位了，这意味着英国进入到了新教徒的阵营当中。同时，低地国家从查理五世落入到他信奉天主教的儿子菲利普二世手中。在 16 世纪 60 年代早期，菲利普二世指派其最信任的"红衣主教"格朗韦勒（Antoine Perrenot de Granvelle）前往布鲁塞尔负责管理低地地区。格朗韦勒十分讨厌那些在安特卫普的英国人，因为这些人在他眼中都是异教徒，他还准备停止英国人在安特卫普的贸易特权。英国政府和布鲁塞尔之间的冲突不可避免地爆发了。1562 年，布鲁塞尔政府宣称为了防止瘟疫传播，禁止英国呢绒进入到低地地区。这些政治危机预示着安特卫普市场将很快走向毁灭。

商人冒险家公司因此开始寻找新的欧洲港口销售其产品。欧洲中部地区市场对英国毛纺织品的需求仍然强劲，他们在 1564 年把贸易集中港口选到了埃姆登，接下来是易北河上的斯塔德，还有汉堡。但是，商人冒险家公司被迫断绝与安特卫普的联系让他们心有不甘，之后很长时间他们都想重返那里，因为那里曾经给他们带来了巨大的利益。然而，伦敦—安特卫普贸易模式的崩溃已经无法逆转，虽然菲利普二世在1563年召回了格朗韦勒，但是这时低地地区已经站到了宗教和政治冲突爆发的边缘，最终形成了独立的荷兰共和国。安特卫普本身经历了一系列的骚乱之后开始走向衰落。最终在1585年，新成立的荷兰共和国关闭了斯凯尔德特河，彻底放弃了安特卫普这个繁盛一时的欧洲金融和贸易中心。安特卫普的繁荣尽管短暂，但是它在英国对外贸易史上却占有相当重要的地位。在这一时段内英国的对外贸易越来越多的集中到从泰晤士河出发到斯凯尔德特河结束的这一短暂的贸易线路上。安特卫普市场的扩张给伦敦商人带来了极大的财富，使得他们控制了英国绝大多数的出口和进口贸易。这一时期英国贸易的发展为以后英国贸易的进一步繁荣奠定了基础。

商人冒险家公司寻找安特卫普替代市场的探索最终形成了两个贸易分支。一部分公司成员向东北到达易北河流域，最终在1611年把贸易集中地固定在汉堡；另一部分商人仍然选择留在低地地区，在1582年把贸易集中地设立在米德尔堡，然后又转移到其他荷兰城市。席卷整个欧洲的三十年战争造成的人口大量死亡以及经济、社会混乱，使得中欧地区的市场需求锐减，这对于商人冒险家公司无疑是雪上加霜。伦敦—安特卫普贸易模式崩溃的同时，英国出口贸易的特征也在一点点地改变。英国纺织工业开始生产的新式纺织品，逐步改变了旧式呢绒出口等同于出口贸易的局面。伊丽莎白一世时期是英国贸易的变革时代，虽然英国出口贸易的绝大部分货物还是商人冒险家公司出口到欧洲西北部海岸的英国旧式呢绒，但是它已经开始失去在亨利七世和亨利八世时期那种独一无二的优势地位。

第三节　近代早期贸易扩张刺激下伦敦的飞速发展

近代早期伦敦的飞速扩张是这一时期英国城市和经济发展的一个

突出特征。虽然从中世纪开始伦敦就是英国最大的城市，但它与国内其他大城市在经济、人口规模很多方面的差距并没有近代早期表现得那么突出。从政治上看，其现代意义的政治中心功能表现得也并不明显。从16世纪初期开始，伦敦逐步垄断了英国的对外贸易，在贸易扩张的刺激下，伦敦经历了一个飞速扩张的过程。伦敦经济的发展吸引了全国各地、甚至欧洲大陆国家的人口涌入到这里，到17世纪晚期，伦敦的人口数量已经占了整个国家城市人口总数的一半左右。[1] 随着人口、经济的爆发式发展，为其服务的政府行政和司法机构数量也在不断增加，一座现代意义上的首都城市最终形成，到17世纪它已经从欧洲的一个二流城市跻身成为一流城市。

一 伦敦港口贸易的飞速发展

一个城市的地理位置和交通条件是决定其商业贸易发达程度的重要因素。而近代早期伦敦的地理和交通优势在英国与其他所有城市相比都是相当突出的。首先，英国国内的陆路道路系统都在这里汇集，支流众多的泰晤士河又穿城而过，深入到英国南部的中心地区，这使得伦敦和国内几乎所有地区往来都十分便利。英国本岛形状狭长，伦敦位于东南沿海中心区域，使得从这里起航的船只沿着东部和南部海岸可以较为迅速地到达东北部的纽卡斯尔和西南部的布里斯托尔等地方都会港口和贸易中心。其次，商船从泰晤士河出发前往低地地区的港口也只需经过一段很短的海洋航线。低地地区港口的腹地是这一时期西欧最富有、人口最稠密的地区之一。商船也可以沿着海岸北上到达斯堪的纳维亚半岛，进而通过波罗的海继续向北，向南可以到达英吉利海峡、比斯开湾和大西洋沿岸区域。

伦敦港口的地理优势，随着15世纪晚期伦敦—安特卫普贸易模式的形成逐渐变得明显起来。全国大部分呢绒生产区，特别是东盎格利亚、格洛切斯特郡、威尔特郡和萨默塞特郡，都开始把呢绒运到伦

---

[1] Robert A. Dodgshon, *An Historical Geography of England and Wales*, Academic Press, 1978, p. 191. 刘景华：《城市转型与英国的勃兴》，中国纺织出版社1994年版，第102—10页。C. G. A. Clay, *Economic Expansion and Social Change: England 1500—1700: Vol. 1*, Cambridge University Press, 1984, p. 197.

第三章 16世纪到17世纪初期伦敦贸易的大扩张

敦再进行出口,越来越多的对外贸易汇集到这里。与伦敦隔海相望的斯凯尔德特河河畔上的安特卫普在16世纪盛极一时,是整个欧洲最重要的贸易和金融中心,对英国主要出口货物呢绒需求量极大,而且英国商人也可以从安特卫普的市场上获取到绝大多数需要进口的货物。原来通过地方都会港口进行贸易的商人越来越多的把贸易基地转移到了伦敦,这对西南、南部和东北部很多地方港口的贸易造成了很大打击,特别是西南部地区的布里斯托尔、埃克塞特和南部的南安普顿。

伦敦与地方港口进行贸易竞争的另一个优势是其商人资本雄厚,而这正是从事具有投资大、回报慢、不确定性强、危险性高等特征的对外贸易所必需的。这一优势在安特卫普衰落,以及大西洋贸易兴起之后与西部城市的竞争当中显得尤为重要。伦敦在商业活动上与地方都会城市相比的巨大优势,不仅体现在其拥有的商人数量无人能及,而且体现在这些商人是全国富有程度最高的。他们拥有的巨大财富使得国内其他任何城市最为成功的商人都相形见绌。在17世纪前25年,那些被选为伦敦高级市政官员(aldermen)的人,大约2/5其个人财富都超过了2万英镑,其中像约翰·斯潘塞(John Spencer)爵士、威廉·克雷文(William Craven)爵士和希克斯(Baptist Hicks)爵士这样的人的财富甚至超过了10万英镑。在1582年,伦敦有75个人上交的税额超过200英镑。这些人绝大部分都是商人冒险家公司成员。[①] 他们的财富积累大多是建立在对外贸易之上,或者与之相关的国内商业。希克斯是那个时期最为成功的店主之一。他在伦敦齐普赛街(Cheapside Street)[②] 拥有一家规模很大的店铺,店铺的主营业务就是向伦敦的富人零售外国进口的奢侈性纺织品。另一方面,在所有地方城市当中,1700年之前的任何时期个人财富超过1万英镑的商人都非常之少,而这极少数特例往往是布里斯托尔和西部各郡最为

---

① Thomas Middleton, *Thomas Middleton: The Collected Works*, Oxford University Press, 2010, p. 65.

② 齐普赛街:当时伦敦的主要市场,Cheapside Street 来源于古英语等同于"market place"。

成功和富有的贸易商或者呢绒商。[①]

城市财富的不断积累使得伦敦商人的可用资金不断增加，17世纪银行、证券市场等金融机构在伦敦的逐渐出现使得其资金优势变得更加明显。资金雄厚的伦敦商人还组成了很多规模庞大，专门从事对外贸易的公司。这些贸易组织取代了意大利等外国商人和银行在中世纪时期在英国的地位，向王室提供大笔的借款，以此来获得王室的政策支持以及相应的贸易特权。英国近代早期所有大型的对外贸易公司，包括从1500年之前就已经存在的商人冒险家公司到17世纪时期的东印度公司和皇家非洲公司，即使不被伦敦商人所垄断，伦敦商人在其中也占有绝对的优势。贸易公司的政策和贸易行动都是根据伦敦商人的利益来安排的。地方城市的杰出贸易商人为了能够顺利地进行贸易，大都加入到伦敦商人控制的贸易公司，成为伦敦控制全国海内外贸易的地方代表。

以上因素作用的结果，就是从16世纪开始，伦敦迅速吸收了全国绝大多数的对外贸易，几乎所有地方港口的对外贸易不仅仅在相对比例上，而且在绝对贸易值上都大大收缩了。在1500年，英国经过伦敦出口的呢绒和羊毛比例为50%左右，到了16世纪中期，这一比例迅速攀升，有时甚至超过90%。虽然相对于呢绒和羊毛出口贸易来说，伦敦对其他商品的出口以及进口贸易垄断性没有那么强，但是仍然占了很大比例。在整个16世纪下半叶，伦敦所有进口和出口贸易加起来，占全国对外贸易总量的比例在2/3—3/4之间。当英国和俄罗斯、波罗的海、美洲殖民地以及远东这些地区新的贸易线路开拓出来之后，这些地区的贸易仍然主要通过伦敦来进行，特别是与地中海以及远东地区的贸易，完全由伦敦商人垄断。英国所有的对外贸易线路当中只有与爱尔兰的贸易，伦敦商人不占优势，这一区域的贸易主要由布里斯托尔、切斯特以及其他的西部港口城市掌控。伦敦在全国对外贸易当中的绝对优势地位一直到17世纪晚期都没有明显改变。只是在17世纪晚期，很多地方港口的海内外贸易终于从伦敦的挤压

[①] Richard Grassby, "The Personal Wealth of the Business Community in Seventeenth-Century England", *The Economic History Review*, New Series, Vol. 23, No. 2, 1970, pp. 220—234.

第三章 16世纪到17世纪初期伦敦贸易的大扩张

中恢复过来,而且发展速度特别快。埃克塞特、赫尔和纽卡斯尔等地出口呢绒的贸易量开始大幅度上升,布里斯托尔和利物浦开始侵入到英国与美洲殖民地的贸易当中。然而,地方港口对外贸易的飞速发展,并不意味着伦敦的停滞。同一时期,伦敦的贸易量的增长速度并不示弱。从17世纪60年代到17世纪末,伦敦的贸易额至少上升了1/3。在1699—1701年这几年,伦敦仍然掌控了62.5%的本国产品出口贸易,84%的产品再出口贸易(主要是美洲殖民地和东印度的商品),以及80%的进口贸易。[①]

伦敦不仅仅是全国最大的对外贸易货物集散中心,因为其内陆以及沿海航运的地理和交通优势,使得它同时也成为国内产品的贸易集散中心。它在这一方面所占的贸易份额到了17世纪下半叶,增长得尤为迅速。因为在17世纪英国国内的陆路和水路运输条件都得到了较大改善。陆路交通的改善主要是通过在河流上修建桥梁。相对陆路运输而言,英国水系发达使其国内的河流运输更加具有优势,但是在传统的农业社会,对于河流的运输要求并不高,因而对于河流运输网络的改造并不多见。到了17世纪中期,英国为了与荷兰进行贸易竞争,加快了对沿海、陆路道路和内河运输网络的改造和建设,这使得伦敦和地方主要都会城市以及主要的工业生产区联系得更加紧密,伦敦与全国各地的交流变得更加便利。而在此之前伦敦和国内的贸易运输很多都要通过沿海来实现。伦敦通过沿海运往各地的商品种类十分广泛,其中包括啤酒花、奶酪、亚麻籽油和动物脂油等农业产品;还有纸张、香皂、玻璃、陶器、服饰用品和铅弹等工业制成品,这些产品大多都是国内的产品;当然,还有进口的葡萄酒、白兰地、烟草、蔗糖、地中海水果、铁器和木料等外国产品。这些从伦敦运出货物的主要目的地是东部海岸的地方港口,特别是纽卡斯尔、赫尔、大雅茅斯、科尔切斯特和伊普斯维奇,还有一小部分运往了其他方向,包括西南部地区康沃尔郡的众多港口,甚至到达布里斯托尔和切斯特。[②]

[①] Ralph Davis, "English Foreign Trade, 1660—1700", *The Economic History Review*, New Series, Vol. 7, No. 2, 1954, pp. 150—166.

[②] T. S. Willan, *The English Coasting Trade 1660—1750*, Manchester, 1938, pp. 203—207.

内陆贸易的情况相对于沿海贸易，可用文献资料较少，但是毫无疑问，通过陆路，以及通过驳船沿着泰晤士河和它的支流运往国内各地货物的种类和数量同样很多。从 17 世纪 30 年代晚期到 18 世纪早期，伦敦运输货物的四轮运货马车和驮马的运输总能力至少翻了一倍，同时国内最靠近伦敦的那些地区从伦敦的贸易扩张当中获益颇多，这些地区与离他们较远的西南部地区、西米德兰和柴郡的贸易往来不断增多，甚至和更远的北部地区建立了经常性的贸易联系。[1]

二　现代意义上首都城市的形成

在 16—17 世纪，我们不仅仅见证了伦敦把整个国家大多数对外贸易吸引到它的港口的过程，而且也见证了它演变成为现代意义上的首都城市。这是因为随着伦敦经济的日益繁荣以及人口大量的增加，使得原有的政府管理机构不能再满足发展需求，因而政府的行政管理机构数量不断扩张，而且专业化程度越来越强。

都铎时期初期，英国国王们还像中世纪那样习惯于前往他们遍布全国各地的行宫巡视办公，或者消暑纳凉。然而从亨利八世开始，国王们越来越固定的居住于伦敦白厅宫（Whitehall Palace）和圣詹姆斯宫（St. James's Palace），而不是像中世纪时期那样经常处于流动之中。这样，为国王服务的王室人员也就随之固定下来。王室是一个十分庞大的组织机构，除了国王、王妃以及其他的家庭成员，还有为他们服务的仆人，以及专门的管理机构成员，再加上较为高级官员的私人仆人，在 1630 年王室的人数超过了 2500 人。王室机构成员都还拥有自己的家庭，这些人加起来总人数可以与一个地方的主要都会城市相比了，这还不包括那些众多即将成为朝臣、来王室请愿的人和他们的食客。[2] 除了王室之外，还有政府的行政和经济管理机构。这些机构大都长期固定在威斯敏斯特，政府机构的数量和复杂性在经历了都

---

[1] J. A. Chartres, *Internal trade in England, 1500—1700*. Macmillan, 1977. J. A. Chartres, "Road Carrying in England in the Seventeenth Century: Myth and Reality", *The Economic History Review*, New Series, Vol. 30, No. 1, 1977, pp. 73—94.

[2] G. E. Aylmer, *The King's Servants: The Civil Service of Charles I, 1625—1645*, London, 1961, p. 27.

铎王朝时期的"政府机构革命"之后大大地增加了。在政府当中工作的官员和职员也越来越多。

英国司法机构的发展就是一个很好的例子。英国的司法审判系统在1500年之前就已经汇集于伦敦。但是传统农业社会的经济、法律纠纷相较于之后的商业社会并不频繁,因而伦敦的司法系统也不完备。随着伦敦海内外贸易以及商业的日趋繁荣,人口的爆炸性增长,人们之间的经济矛盾和摩擦开始频繁发生。16世纪中期之后在伦敦进行的诉讼案件增加速度快得惊人,与之相对应的是大量的法院机构在伦敦被建立起来。伦敦乃至整个英国的司法组织机构也日益现代化和完备化。这同时也就意味着从国内其他地区因为法律诉讼而前来伦敦的人口数量大大攀升了。从1550年到1625年,每年在英国最高法院和民事诉讼法院(Common Pleas)处理的案件分别增加了两倍到六倍,而星室法庭和请愿法庭(Requests)每年处理的案件数量至少翻了十倍。[①]

法律案件的增加毫无疑问会带来律师从业人数的大幅度上升,随之而来的是伦敦法律学院的学生数量的飞速增加。在这样一个诉讼盛行的时期掌握一些法律知识对于很多人来说变得十分必要,特别是对那些商人、地产所有者而言,因为很多诉讼案件都与财产和经贸往来有关,所以越来越多的商人和地产所有者会把家中长子送去伦敦的法律学院去学习法律,即使他们最后没有从事任何与法律相关的职业。法律学院在这一时期声名鹊起,成为英国排名第三位的大学。到17世纪10年代,同时在伦敦法律学院学习法律的学生接近一千人,他们在伦敦形成了一个人口稠密的社区,甚至比很多地方大城市的人口密度还要大。

伦敦发展成为一个现代意义上首都的另一个方面,是代表乡绅、工商业以及律师等专业群体的下议院和代表贵族的上议院的议会召开制度的成熟以及稳定化。随着国家经济、社会的发展,需要通过议会来处理的国家事务开始不断增多。从16世纪30年代开始,在伦敦召

[①] Lawrence Stone, *The Crisis of the Aristocracy, 1558—1641*, Clarendon Press, 1965, p. 240.

开议会的频率和时间都在增加，但直到17世纪40年代之前议会的召开都还具有较大的随机性。在17世纪头40年，王权强势时期，甚至有长达11年都没有召开一次议会，但是从17世纪40年代英国国内战争开始，随着议会代表的新兴力量实力增强，议会几乎每年都会召开。每一次议会召开都会把几乎所有贵族和大量的乡绅、工商业者、律师聚集到这里，当然还有他们的仆人，他们在这里会待上数周甚至数月，直到会议结束。每年的这一时段都会造成伦敦人口数量的骤然增加，围绕着议会人员的服务行业也异军突起吸引了大量的从业人员涌入。

商业和贸易繁荣对威斯敏斯特造成的影响主要体现在行政管理方面。在16世纪早期，威斯敏斯特仍然是一个单独的行政个体。但是到17世纪中期，随着其自身规模的增长，再加上伦敦市区向西部加速扩张，两个地区已经融为一体。这使得我们能够在一定程度上理解为什么到1700年伦敦能够发展成为整个西欧北部最大的城市，因为从威斯敏斯特的发展上看，其实伦敦的发展是融合了两个城市。而这两个城市在起源和本质上都有所不同，如果伦敦主城区扩张背后动力是商业的发展，那么我们可以说引发威斯敏斯特扩张的主要因素是王室机构、官僚机构、律师群体以及议会的存在。这两个部分的结合，共同使得伦敦成为全国的超级性大都市，不断吸收来自全国各地的财富和营养。在伦敦人们可以轻而易举地借到巨额的资金，可以为投资谋求较多的资金保证，因为这里是全国的货币市场和金融中心。在这里可以找到全国最好的医生，最好的学校，特别是威斯敏斯特和圣保罗学校。这里有王室机构的存在，教会和国家的杰出人物汇集，众多的权力、法律和商业机构存在，还有星罗棋布的商店、小旅店和剧院。

在这样一个人口众多、财富云集的超级大都市里，人们消遣和娱乐的方式也变得多种多样，甚至比那些地方都会城市都要丰富许多。例如，市区的剧院里可能同时在演出着六到七场话剧。[1] 英国的贵族、富有的乡绅们，还有他们的家庭越来越频繁的来到伦敦以逃离乡下单

---

[1] Andrew Gurr, *The Shakespeare Stage 1574—1642*, Cambridge U. P. 1970, pp. 82—87.

第三章 16 世纪到 17 世纪初期伦敦贸易的大扩张 127

调而沉闷的生活。他们来这里享受只有在超级大城市才能享受到的娱乐项目，通常还会为他们的子女寻找合适的结婚对象。1630 年，有多达上百个贵族和乡绅在伦敦购买或者租赁房产，而住在小旅馆和寄宿城里的数量则更多，这种人口流动的参与群体肯定达到了数百个家庭。如果加上他们的妻子、子女和仆人，所有人加起来就有数千个。事实上，他们当中的很多人的移居变成了永久性的。

三 伦敦人口的激增和城市的扩张

贸易和商业的发达必然会带来与之相关行业从业人口的大量增加。商人的办公场所和货物仓库会产生众多的雇佣人员。城市里还会有大量的商业机构和设施来为他们提供服务。这包括城市里星罗棋布的小旅店，还有那些令人瞩目的金融机构。例如，鼎鼎大名的皇室交易大厅（The Royal Exchange），进行呢绒交易的布莱克威尔大厅（Blackwell）和皮革制品交易的勒顿豪大厅（Leadenhall）等大型的交易市场。这些机构当中所需要的人员也相当多。当然，港口航运和提供必需品服务所雇佣的人员更加多，到 17 世纪晚期，这一人口所占比例上升得很快。随着伦敦的人口增长，其自身物质需求也在不断增长。国内其他地区从沿海运来的产品越来越多，包括食物、生活用品、建筑原料、当地工业所需的原料。特别是煤的进口，从 1580 年到 18 世纪初，从外地运来伦敦的煤炭数量增加了 15 倍。[①] 伦敦港口船只的总吨位从 1582 年的 12300 吨，上升到 1629 年的 35300 吨，到 1686 年上升到了惊人的 15 万吨。伦敦从事航运的船员总人数随之上升了 10 倍还要多，到 17 世纪晚期已经超过了 12000 人。[②] 船员之外还有成千上万的人参与到对港口往来船只进行维修、保养、提供给养，以及给船只上货物提供装卸、运输、仓库存储和其他基础设施服务的工作中，这还不包含那些来自于国内其他港口城市和外国的船只所带来的人口。17 世纪末，伦敦港口每年出口到外国港口的货运量

---

① Donald Cuthbert Coleman, *Industry in Tudor and Stuart England*, Macmillan, 1975, pp. 46—47.

② Ralph Davis, *The Rise of the English Shipping Industry: In the 17th and 18th Centuries*, David and Charles, 1962, pp. 25, 33—35, 58.

就超过了 30 万吨，国内沿海运输的货物量更大。17 世纪初每年在港口卸载的货物当中，仅煤炭一项就超过了 10 万吨，到 17 世纪 90 年代更是超过了 40 万吨。①

16 世纪晚期，导致伦敦港口雇佣人口增加的主要因素是煤炭贸易和沿海航运的飞速增加。然而到了 17 世纪晚期，这一情况发生了变化，从事跨大西洋贸易和欧洲北部地区贸易的人口所占比例在增加。从 1604 年到 1686 年，伦敦当地前往北美殖民地和西印度群岛的船只数量从 88 艘增加到 247 艘，前往挪威和波罗的海的船只从 48 艘增加到 176 艘。所有这些加起来，到 1700 年伦敦港口和航运所雇佣的人口超过了伦敦所有劳动力人口的 1/4。② 如伦敦港口雇佣人口的定义范围扩大到造船业，还有对进口原料进行处理的加工业。例如制革业，对木料的锯切，以及蔗糖的精加工。如果把这些工业当中所要雇佣人员、城市里间接依赖港口为生的那些人员，以及那些在港口进行工作的人和他们的家庭成员也包含在内的话，刚才所提到的数据也就相当保守了。

这一时期在伦敦出现的众多工业和服务业对劳动力的需求增长也特别快，旅店业和饮食业表现得尤其明显。到 17 世纪晚期伦敦数百个小旅舍、饭馆还有咖啡馆，已经雇用了数千名员工。在 1580—1660 年之间，尽管政府不断地发出公告，要求停止进一步兴建新的建筑，城市的建筑区域仍然在不断扩展，加上对老城区的局部改造，大量的改造和新建工程在伦敦城造就了一个庞大的建筑工业。到 17 世纪早期，伦敦的西部、北部和东北部地区都被忙忙碌碌的砖瓦建筑工程所围绕。像港口建设这样的大工程肯定吸收了很大一部分不断涌入伦敦的人群当中没有技术的劳动者。特别是 17 世纪最后 30 年，在对伦敦几乎完全重建的巨大工程当中体现得尤为明显。老城区中心地区原来耸立着超过 13200 座房屋、87 座教区教堂和著名的圣保罗大教堂（Old St Paul's Cathedral），然而这一切都被 1666 年那场无情的

---

① Ralph Davis, *The Rise of the English Shipping Industry: In the 17th and 18th Centuries*, David and Charles, 1962, p. 26.

② Ibid., pp. 15—19, 390.

大火（Great Fire of London）给付之一炬，紧接着伦敦迎来了史上最大的建设繁荣期之一，通过重建，城市区域大大的向外扩展了，向西到达了皮卡迪利（Piccadilly）大街，向东蔓延到了麦尔安德街（Mile End）和波普勒大街（Poplar）。①

　　伦敦当地富有居民比例或许并不比地方主要都会城市大，但是绝对数量以及富裕程度都远超地方城市，如此众多的富人和大量流入伦敦的富人对家庭佣人产生了巨大需求。那些真正富有的家庭无论是商业上的还是王室贵族阶层的，每一个家庭都会拥有至少 12 个佣人，这些佣人绝大多数都是女性，甚至那些中等的贸易商人也会拥有至少一到两个佣人。富商和贵族云集使得伦敦城内拥有一个对奢侈性商品消费需求不断增长的市场。从 16 世纪晚期到 17 世纪晚期，伦敦奢侈品的生产和供应至少增加了 10 倍。② 绝大多数奢侈品贸易在国内的其他地区规模都很小，因而奢侈品手工工匠大都云集于此。特别是当英国出现一种新的奢侈性工业，一般都会建立在伦敦城内或者靠近伦敦。当威尼斯风格水晶玻璃的生产制造在 1568 年第一次被引进英国之后，这一物品的消费群体就主要在伦敦，一直到 17 世纪晚期这一情况才有所改变。还有丝绸的制造、手表生产和车厢生产等工业，都是 16 世纪晚期第一次出现在伦敦的，而且很长时间都仅仅存在于伦敦。

　　当然，与其他地区相比，在伦敦城内进行工业生产也有很多的不利因素，除了劳动力成本高昂，还会有无数较高的杂项开支，例如租金。在城内还有市政府和行会组织仍然试图实行严格的生产管理规定。为了规避这些不利因素，人们往往会在郊外进行工业生产而非城内。在市郊，有不断从全国各地涌入的新移民充当廉价劳动力；在那里还有更多的生产空间和自由，政府和行会组织干预的可能性较小。伦敦工业生产活动有一个向城市周边转移的漫长过程，这一过程因为 1666 年大火摧毁了很多的中心区域而有所加剧。还有一些工业种类，

---

① T. F. Reddaway, *Thr Rebuilding of London After the Great Fire*, London, 1940.
② Lawrence Stone, *The Crisis of the Aristocracy, 1558—1641*, Clarendon Press, 1965, pp. 585—586.

在17世纪开始之时就完成了转移。例如，在1619年，有3000多个皮革制造工匠生活于城墙之外，大多数人居住在柏孟塞区（Bermondsey位于伦敦南部）、南华克等地，只有40个皮革工匠仍生活工作在城内。[①] 然而，较高的人力成本对于奢侈品工业来说不是什么大问题，因为在他们所有的成本当中，工资花费只占很小的一部分。

制造普通消费品的工业，情况有所不同。虽然生产地靠近消费者总是有很多的优势，特别是那个时代较为不便的交通运输条件会给某些工业生产者提供竞争保护，以使他们能从容应对来自英国其他地方的竞争者。然而大多数劳动密集型工业在首都表现都很差，例如面粉加工业。早在16世纪中期，伦敦所需要的面粉大多数就已经由国内其他城市生产制造，因为伦敦对食品的需求越来越大，伦敦没有麦芽制造设备，其城内和市郊的面粉生产远远满足不了人们的需求。伦敦的纺织业在中世纪时期比较繁荣，但是1600年之前就已经完全衰落。纺织业是一个劳动密集型产业，因而在这一工业当中劳动力成本问题变得十分突出，在17世纪晚期很多像纺织业一样的劳动密集型产业开始向其他地方转移，以减少他们在工人工资上的花费。袜类针织品制造业转移到了诺丁汉和附近的郡，鞋子制造业转移到了北安普顿郡，丝绸制造业转移到了北埃塞克斯，但是这些产业的转移只是少数现象。在整个16、17世纪，伦敦不仅仅是全国最大的商业城市，也是全国最大的工业生产中心。

源源不断的移民被伦敦这些工业生产活动吸引着，从全国各地涌进来。一些较大的地方都会城市也会从周围的腹地吸引大量的人口充实自身的发展，例如埃克塞特、布里斯托尔、诺里奇等等，但是伦敦却是从全国各地吸引人群。这一类移民来到伦敦之后会进入某一工业之中，成为学徒进行生产技能学习。根据行会规定，学徒们只有成功完成学徒期才能在城市里获得自由，成为市民。与中小城市移民大多来自于周边地区不同的是，伦敦的这种移民当中来自于较远地区的人占了很高的比例。例如，在16世纪50年代，学徒期满被批准成为自

---

① George Unwin, *Industrial Organization in the Sixteenth and Seventeenth Centuries*, Oxford, 1904, p. 128.

由人的人当中，超过半数来自于北部、西北密德兰地区，来自于周围地区移民的相对重要性随着时间的推移所占比例越来越小，例如1690年来自于伦敦周围各郡（Home Counties）的新自由人的比例刚刚超过1/4。①

伦敦的移民规模是十分庞大的。到17世纪晚期，每年移入伦敦的净人口数量大约在8000—10000人之间，但是因为有相当一部分人会回流到地方城市和乡村地区，实际上每年新进入这个城市的人口将会更多。② 大量的移民涌入无疑会造成很多尖锐的社会问题，城市的急速扩张使得在很多郊区居住条件差的问题不可避免地出现了。从东边的怀特查佩尔（Whitechapel）、沃平（Wapping）到西边的圣吉尔斯（St Giles），很多地区人口居住得特别拥挤。在威斯敏斯特等中心城区，一间小小的屋子居住5、6个人都很常见。政府试图通过禁止建造新的建筑来阻止城郊的扩张使得这一情况更加恶劣。在城市较为边缘的区域空间压力没有那么尖锐，但是居住条件很差，基本都是木质的单层建筑，有时只是许许多多的棚屋拥挤在一起，有的时候，一英亩的土地上能修建多达50多座的棚屋，而这些新的居住区，没有任何的公共设施。到17世纪60年代主要由外来移民人口组成的伦敦东区（East End）拥有超过40000居民，但是这里甚至没有一个属于他们的市场。③ 移民涌入伦敦的速度不仅超过了城市能够提供适当居住空间的能力，而且大大超过了无论旧的经济活动还是新的经济活动能够承受的范围，城市里不可避免地出现了大量的未就业以及就业不足的人员，相伴而来的就是乞讨、犯罪和卖淫现象增多。在很多情况下，新移民能够找到的工作多是临时工、家政服务，他们的工作往往带有很大的临时性和不确定性。在这个飞速扩张的超级城市里，这些新移民的生活状况很

---

① G. D. Ramsay, "The Recruitment and Fortunes of Some London Freemen in the Mid-Sixteenth Century", *The Economic History Review*, New Series, Vol. 31, No. 4, 1978, pp. 526—540.

② E. A. Wrigley, "A Simple Model of London's Importance in Changing English Society and Economy 1650—1750", *Past & Present*, No. 37, 1967, pp. 44—70.

③ Peter A. Clark, Paul Slack, *Crisis and Order in English Towns 1500—1700*, Routledge, 1972, p. 237.

差，往往很难寻找到一个稳定的居住地和职业。

伦敦在16、17世纪扩张造成了另一个城市问题，就是大多数人都生活在贫困当中，十分差劲的生活条件随处可见，糟糕的生活、卫生条件无疑给瘟疫等疾病的发生和蔓延提供了理想的环境，这对城市里最为拥挤和贫穷的居民区往往会造成致命的打击。1563年、1593年、1603年、1625年、1636年和1665年等几次主要瘟疫造成人口的大量死亡，这我们不能否认，但是另外一方面，我们不能夸大这一时期社会问题的严重性，而低估政府处理社会问题维持秩序的能力。尽管16世纪的政府机构还没有做好准备来应对贫穷、疾病、老年人、孤儿等很多的问题，但也没有见到有伦敦人饿死在街头巷尾，社会也基本没有陷入无秩序状态。伦敦应对贫困问题的资金相对很多城市来说还是较为充足，这其中既有富人的私人慈善捐赠，也有政府的公共资金，虽然也有人未受到救济，但总的来说社会秩序井然。

伦敦的飞速发展是1500年到1700年之间英国经济和社会最为显著和重要的特征。在中世纪晚期，伦敦在欧洲众多的城市当中只能算二流城市，无论哪一方面都无法与巴黎、罗马、那不勒斯和米兰这些当时的大城市相比，但是200年之后，它变得比这些城市都要大得多，成为除君士坦丁堡以外欧洲最大的城市。如此巨大的变革，对这个国家的各个方面都产生了重大的影响。伦敦对食物要求的巨大增长，大大促进了周边地区农业的商业化，东北地区煤矿的发展受到伦敦的影响甚至更大，为了服务伦敦的发展，国内的交通运输条件得到了很大改善，从事沿海运输船只的吨位都增大了，一些河流的航运条件得到了改善，公共邮政系统和内陆运输网络扩张了，这些都给国家的经济一体化进程带来了巨大的影响。银行和其他的金融服务机构，都是因为伦敦经济发展的需求而产生的，但服务的范围却是全国所有地区。另外，伦敦的生活方式与地方城市的不同不仅体现在程度上，而且体现在生活种类、方式的不同，这给整个国家的人们的行为方式和价值观念带来了很大的改变，人们的消费方式、工作酬劳、休闲娱乐的态度都受到了重大的影响。

第四节 伦敦挤压下的地方港口——以南安普顿为样本的分析

15世纪晚期至16世纪英国对外贸易大规模向伦敦集中,这给英国的地方港口造成了很大损害,只有那些在英国南部、西南部和东北部边疆的一些港口在某一时段内才能在一定程度上维持它们的贸易活动。例如,切斯特仍能保持和爱尔兰的贸易;泰恩河上的纽卡斯尔拥有丰富的煤炭资源,这一时期英国对煤炭的需求量日渐增加,因而它依靠运煤发展了大量的沿岸贸易;大雅茅斯,只是因为渔业贸易才维持了一定的经济活动。但是,对于绝大多数港口而言却没有那么幸运,国内原本应该通过这些地方港口出口的贸易都被吸收到了伦敦。甚至,有些港口的航运还十分繁忙,当地的对外贸易却不是当地商人所能掌控的。例如,在南安普顿港口贸易实际衰落之前,它的对外贸易虽然十分发达,但是绝大部分都被伦敦商人所控制。都铎时期港口海关税收册,清楚地说明了德文郡和西赖丁地区的克尔赛呢绒,康沃尔郡的锡矿,德比郡的铅矿,东盎格利亚地区、门蒂普地区或科茨沃尔德地区毛纺织工业生产出来的宽幅呢绒是如何先运到伦敦再通过伦敦港口出口的。到亨利七世时期,曾经的第二大港口城市布里斯托尔的衰落十分明显,波士顿和其他东部港口的贸易更是衰落得微乎其微。[1] 到16世纪中期南安普顿已经彻底衰落,直到三个世纪之后,铁路修到了这里,它才恢复了往日的繁荣。16世纪晚期,甚至远在东北部的港口赫尔的商人们也抱怨港口的很多贸易被伦敦抢走了。[2] 本节作者将以南安普顿为样本来分析伦敦是如何挤压地方港口贸易发展的。

---

[1] Peter Ramsey, "Overseas Trade in the Reign of Henry VII: The Evidence of Customs Accounts", *The Economic History Review*, New Series, Vol. 6, No. 2, 1953, pp. 173—182.

[2] Donald Cuthbert Coleman, *The Economy of England: 1450—1750*, Oxford University Press, 1977, p. 60.

一　南安普顿主要衰落原因探析

整个中世纪里，除了1338年被战争洗劫过后有过一段衰落经历外，南安普顿一直是英国重要的贸易港口，然而它的繁荣却没有在16世纪继续维持下去。在不到一个世纪的时间里，它衰落为英国一个破败的港口。多数人曾把它衰落的原因归结为曾经来往十分频繁的意大利商船和意大利商人的消失。然而事实并非如此简单。在意大利商船到来之前，南安普顿得天独厚的地理优势已使它成为英国南部地区对外贸易的中心。虽然它们的消失对南安普顿是个重大的打击，但其港口贸易衰落并不至于如此强烈，还有其他贸易能使它继续保持着一定程度的港口繁荣。因此，意大利商船的离开并非它衰落的最主要因素。当地海关的税册显示，南安普顿商业的萧条并不与意大利航运的消失发生在同一时段内。在爱德华四世去世时，意大利的大部分商船已基本从这里消失了，只剩下威尼斯商船还与这里有少量接触，然而它的贸易却继续繁荣，并且在都铎时代早期港口贸易量还有较大幅度增加。[1]

很多迹象表明这一时期南安普顿的贸易仍然十分繁荣，其港口亦没有像桑威奇等南部港口那样陷于淤塞状态[2]，依然十分通畅。因失去波尔多而被打断的与加斯科尼地区的葡萄酒贸易，在爱德华四世时期重新兴盛起来。与西班牙的贸易也因为坎波城条约（Medina del Campo）而得到巩固。[3] 西班牙和低地国家的联合，使途经南安普顿去安特卫普的西班牙船只数量大增。1492年，在南安普顿建立金属出口集中地后[4]，大量的锡制品从康沃尔和德文郡运输而来，这里迅速成为锡和锡类器具出口的中心。

---

[1] H. S. Cobb, "Cloth Exports from London and Southampton in the Later Fifteenth and Early Sixteenth Centuries: A Revision", *The Economic History Review*, New Series, Vol. 31, No. 4, 1978, pp. 601—609.

[2] [英] 彼得·克拉克、保罗·斯莱克：《过渡期的英国城市：1500—1700年》，薛国中译，武汉大学出版社1992年版，第102页。

[3] Weir, Alison, *The Six Wives of Henry VIII*, Ballantine Books, 1991, pp. 15—25.

[4] Davies J. Silverster, *A History of Southampton*, Gilbert, 1883, p. 255.

南安普顿还发展了许多新的贸易航线。英国船只经常从这里出发，航行去意大利和黎凡特；它还分享了与威尼斯的甜酒贸易，拉古萨的船只依然运输葡萄酒到来；英吉利海峡群岛（Channel Islands）贸易也因 1515 年实施贸易优惠而被吸引过来。① 布列塔尼的海上贸易在 16 世纪 20—30 年代达到了顶峰，其港口与南安普顿之间的贸易也繁荣起来。一群南安普顿商人在亨利八世时期甚至进行了到巴西的航行冒险。虽然这些贸易加起来都没有中世纪时与意大利的贸易规模大，但仍足以使南安普顿港口保持繁荣状态。

亨利七世时期，每年从南安普顿税收官手中交到财政署的税金越来越多，表明其对外贸易有了很大增长。从 1453 年米迦勒节到 1459 年米迦勒节，王室税收额年均 4533 镑 12 先令 4.5 便士，这当中还包括了意大利在南安普顿贸易达到顶峰的年份。而到了亨利七世时期，王室税收额开始飞速增长，其统治前五年年均税收 5450 镑 7 先令，1490—1495 年上升到了 8579 镑 18 先令，1504—1509 年则增长至 10342 镑。②

当地的市民也未感到他们的经济处于衰落之中。1525 年，南安普顿市政在水门外投资修建了新的码头，以扩大港口的货物吞吐量，次年又用砾石把城市街道进行铺镶。③ 这时在来南安普顿旅行的人眼中，这里依旧十分繁荣。当时的地理学者罗杰·巴洛评论道：这里的街道是他所见全英国最好的街道之一，虽然它失去了意大利的贸易，但是它的港口贸易依然繁荣。④

南安普顿的危机征兆最先出现在市政府缴纳城市自治税（farm fee）时频繁出现困难上。以往近三个世纪中，城市自治税一直维持在 200 镑，没有太大变化。从 15 世纪开始，市民们就常抱怨这一税收负担无法忍受，并宣称他们交不起钱。市长们经常为这事犯难，最

---

① Davies J. Silverster, *A History of Southampton*, Gilbert, 1883, p. 263.
② Alwyn Ruddock, *Italian Merchant and Shipping in Southampton 1270—1600*, Southampton University College, 1951, p. 258.
③ Davies J. Silverster, *A History of Southampton*, Gilbert, 1883, p. 113.
④ Alwyn Ruddock, *Italian Merchant and Shipping in Southampton 1270—1600*, Southampton University College, 1951, p. 259.

著名的是 1461 年的城市自治税拖欠事件。① 一名市政官员还因这一问题被国王扣押在军舰上,直到市长凑足钱交给财政署之后才被释放。还有好几次需要缴纳城市自治税的时候,市长须向当地富商或者意大利商人借钱来补足税款的不足。不过 15 世纪的拖欠事件多是因为征收税款不及时,而不是因为真正贫困。市政总是很快就能交清欠款,即使是向富商或者意大利人借款也很快就能还清,因此它只是临时的政府财政拮据,而不是缺乏财源。像 1461 年南安普顿拖欠城市自治税事件,更是有特别原因的。这次被扣押的人是理查·格瑞姆（Richard Gryme）,他曾任 1459—1460 年市长,1461 年缴纳城市自治税工作本来已与他无关,当年担任市长的人是罗伯特·巴格沃斯（Robert Bagworth）,但他任市长不是按常规习俗当选的,而是通过 1460 年暴动被约翰·佩恩（John Payne）等人推举上台的,直到 1463 年约翰·佩恩被爱德华四世罢免,市政权力都掌握在他们手中。② 理查·格瑞姆只不过是代人受过而已。这一年仅当地海关征税一项就达 395 镑 1 先令 7.5 便士,足以支付城市自治税。

  但到 16 世纪 20 年代以后情况就大不相同了。这时候的城市自治税开始频繁拖欠,而且往往要拖上 2—3 年才能勉强交齐。③ 国王及大臣们收到市民们的抱怨越来越多,称他们负担沉重已无法承受。班戈（Bangor）主教托马斯（Thomas Skevington）写信给沃尔西（Wolsey）,在祝贺他 1528 年荣任温彻斯特主教的同时,也间接提到了南安普顿市民的困难。1530 年市民们上书国王,宣称已无力支付欠款,结果国王把城市自治税减少了 40 马克/年,但市民们面对着积累下的大量欠款时仍愁容满面。三年后,他们又向首席大臣托马斯·克伦威尔（Thomas Cromwell）递交了请愿书,陈述他们无力支付欠款,并请求取消城市自治税,但是没有得到任何回应。1537 年,市长担心国王剥夺城市的自治,便把西大厅抵押给佛罗伦萨富商以支付这年拖欠的

---

  ① J. L. Bolton, *The Medieval English Economy, 1150—1500*, p. 290; Davies J. Silverster, *A History of Southampton*, p. 37; 刘景华:《西欧中世纪城市新论》,湖南人民出版社 2000 年版,第 127 页。
  ② Davies J. Silverster, *A History of Southampton*, Gilbert, 1883, pp. 164—174.
  ③ Ibid., p. 34.

城市自治税。1549 年，应该缴纳的费用高达 1844 镑 1 先令 6 便士。①城市衰落现象在港口的王室税收中也得到了印证，1515—1520 年间年均税收下降到 6096 镑 5 先令 9 便士，1535—1540 年骤降至 1313 镑 2 先令半便士，接着 5 年又降为 707 镑 1 先令 8 便士。② 这表明到这一时期其港口航运贸易真正衰落了。

从以上数据和论述可以看出，南安普顿衰落发生在 16 世纪 20 年代之后，不能完全归结为意大利人的离开，因为亨利七世时期他们就基本消失了。导致南安普顿衰落的决定性因素，不是意大利海船的消失而是伦敦的扩张。③ 英国对外贸易日益集中在伦敦商人手中，削弱了地方港口的活力，南安普顿首当其冲。伦敦商人在爱德华四世和亨利七世时期逐步支配了港口对外贸易的主要部分，而当南安普顿作为伦敦外港的价值减弱时，他们毫不犹豫地抛弃了它。他们的离开还使很多贸易和他们一起转移到了泰晤士河。总之，南安普顿作为伦敦外港角色的丧失最终导致了它的根本性衰落。

二 伦敦商人对南安普顿贸易的控制

伦敦商业贸易的膨胀性扩张，从 13 世纪至 16 世纪都是英国经济发展的一个重要特征。④ 13 世纪初，伦敦占英国对外贸易的份额仅 16.9%，到 14 世纪初，其份额就上升至 36%，到 15 世纪后期更上升至 61%。⑤ 单呢绒出口一项，其出口份额也是相当的惊人，1400 年约占全部出口量的 50%，1480 年左右上升至 70%，1530 年左右超过了 80%。⑥ 它对外贸易的飞速增长，往往是以侵蚀其他港口为代价的。

---

① Davies J. Silverster, *A History of Southampton*, Gilbert, 1883, p. 38.

② Alwyn Ruddock, *Italian Merchant and Shipping in Southampton 1270—1600*, Southampton University College, 1951, p. 262.

③ Adrian B. Rance, *Southampton: An Illustrated History*, Milestone Publications, 1986, pp. 61—62. Ruddock Alwyn A., "London Capitalists and the Decline of Southampton in the Early Tudor Period", *The Economic History Review*, New Series, Vol. 2, No. 2, 1949, pp. 137—151.

④ D. M. Palliser ed., *The Cambridge Urban history of Britain*, Vol. 1, 600—1540, Cambridge University Press, 2000, p. 485.

⑤ Ibid., p. 478.

⑥ Alan Dyer, *Decline and Growth in English Towns, 1400—1640*, Cambridge University Press, 1995, p. 18.

很多东部港口如波士顿、赫尔、林恩等的衰落就是受到了它的影响,甚至西部大港布里斯托尔也是这样。① 这些港口的贸易都被吸入到了伦敦这个超级城市中。南安普顿在 16 世纪初的衰落也是伦敦贸易扩张的结果。

15 世纪中后期,他们侵入南安普顿港口贸易,并且掌握了这座城市对外贸易的主导权。在港口每一处贸易中都可以看到伦敦商人的身影。在意大利人离开这里之后,他们继续使用这里作为伦敦与意大利贸易的外港,并且从控制与地中海贸易开始渐渐伸展到南安普顿贸易的各个方面,如逐渐支配了康沃尔和肯特郡到这里的锡类贸易,开始大量投资于刚刚恢复中的加斯科尼葡萄酒贸易②,很快又出现在与西班牙和布列塔尼的贸易中,势头完全超过了南安普顿本地商人,并把他们排挤在一边。一些伦敦商人甚至来到南安普顿居住,与在伦敦的商人展开合作,约翰和理查·沃克的合作就是其中的典型。③

15 世纪早期时,伦敦商人对南安普顿兴趣并不大。1426—1427 年只有 3 名伦敦商人在南安普顿托运货物;1429—1430 年为 6 人;1440—1441 年为 7 个人。他们托运的货物量较小,而且都是通过从低地国家来的商船运输。将从南安普顿上岸的意大利货物由陆路转运到伦敦的运输业,也几乎完全被住在南安普顿的外国商人掌握。④ 伦敦商人日益参与到南安普顿的地中海贸易中来,是受威尼斯桨帆船到英国航线发生改变的影响。杰克·凯德(Jack Cade)起义和 1455—1456 年伦敦激烈的排外骚乱后,威尼斯决定把南安普顿作为他们在英国的首要港口。伦敦商人运往地中海的货物不得不走南安普顿这条线,装载到港口的意大利桨帆船上,从意大利运回的货物也通过陆路运往伦敦。这样,通过南安普顿运输进出口货物的伦敦商人数量以及

---

① D. M. Palliser ed., *The Cambridge Urban History of Britain*, Vol. 1, 600—1540, Cambridge University Press, 2000, p. 478. Alan Dyer, *Decline and Growth in English Towns*, 1400—1640, Cambridge University Press, 1995, p. 18.

② J. L. Bolton, *The Medieval English Economy*, 1150—1500, J. M. Dent and Sons Ltd., 1980, p. 290.

③ Ruddock Alwyn A., "London Capitalists and the Decline of Southampton in the Early Tudor Period," *The Economic History Review*, New Series, Vol. 2, No. 2, 1949, pp. 137—151.

④ Ibid.

第三章　16 世纪到 17 世纪初期伦敦贸易的大扩张

货运量大大增加了。1457—1458 年，12 名伦敦商人通过南安普顿运输了 38 份货物，大大超过了当地商人的货运量；1459 年米迦勒节到 1460 年米迦勒节之间，有 15 名伦敦商人托运了货物。其中伦敦大布商托马斯·库克（Thomas Cooke）托运了 636 包菘蓝、2 包用于染色的胭脂以及 96 匹未染色的呢绒。虽然后来威尼斯桨帆船又回到了伦敦，但许多伦敦商人仍然通过泊在南安普顿的船只运输货物，而且运货量比当地商人大。如 1470 年米迦勒节到 12 月的两个半月间，有 10 个伦敦人通过南安普顿运输了 1715 包菘蓝和约 600 包未染色的呢绒。[1]

　　1485 年从南安普顿起航的哈尔克号（Le Hulke），船主是伦敦人詹姆斯·芬切（James Finch）。它在港口装运的货物除属于意大利人的，还有属于 9 个伦敦人的 181.5 包短呢绒、18 块铅、60 块皮革、530 小包（Poke）和 52 大包（Sack）羊毛。1504—1505 年埃米塔吉（Ermytage）号在 3 月起航前往意大利，船上货物包括意大利商人的羊毛、锡、白镴器具和呢绒，6 名伦敦人的 492 包羊毛，2 大包 6 巴利特（Balets 计量单位）呢绒，7 捆牛皮，2 桶（Barrel）白镴器具。同年，国王的至尊号（Sovereign）船只租借给商人用来进行地中海贸易，离开南安普顿时船上带有较多意大利人的货物，另有属于 14 名伦敦人的 469 包羊毛，16 大包 7 捆各式呢绒，1 桶白镴器具，2 桶铅，327 包牛皮，555 张皮革。而其他英国商人（包括 3 名南安普顿商人）的运货量相对来说很小。这不是至尊号从南安普顿出发的唯一航行，1493—1494 年它载着 5 名伦敦商人的 115 大包羊毛从南安普顿起航，1497 年 3 月又带着 5 名伦敦商人的 242 大包羊毛出发。[2]

　　当然，也有当地船只从南安普顿出发运货前往地中海。南安普顿商人看到意大利商船从港口消失后，他们也想抓住机遇，从这一贸易中分得一杯羹。有的当地船只运输的货物完全属于南安普顿商人和仍住在港口的意大利代理商。如 1504 年 12 月由地中海返航由本地人做

---

[1] Ruddock Alwyn A., "*London Capitalists and the Decline of Southampton in the Early Tudor Period*," *The Economic History Review*, New Series, Vol. 2, No. 2, 1949, pp. 137—151.

[2] Ibid.

船长的仁慈号（Charity）和朱利安号（Julian），船上全是本地人的货物，但在大多数当地船只中，伦敦商人托运的货物占了支配地位，完全超过了当地商人。如本市人约翰·克拉克当船长的玛格利特号（Margaret），1505 年前往地中海时带有意大利人的货物，12 个伦敦人的 200 多袋羊毛，2 大包 18 小包呢绒和 2 大捆牛皮，尽管这是一艘当地船，但当地商人的货物份额却相对较小，6 名南安普顿商人共运输了 3 大包 15 小包的呢绒。

锡类贸易中，伦敦商人的份额更大。1450—1451 年时，伦敦人还没有出现在从康沃尔运输锡矿到南安普顿的商人名单当中。而在此之后，伦敦商人便开始大量参与到这项贸易当中。到 1454—1455 年时，运到南安普顿的锡矿数量大大增加便与伦敦商人有关，其中 6 个伦敦人运来了不少于 662 桶的锡。1457—1458 年，伦敦人运来了 1075 桶锡，1459—1460 年为 774 桶；1523—1524 年伦敦人运来了 1130 桶锡，而所有其他商人仅 643 桶。1530 年，伦敦商人运来 613 块锡，其他商人是 835 块。①

伦敦商人对南安普顿贸易与日俱增的渗透同时还出现在城市其他贸易中。例如葡萄酒贸易。15 世纪上半叶，参与这一贸易的英国进口者绝大多数是南安普顿人，还有一部分是温彻斯特人、索尔兹伯里人和布里斯托尔人。由于伦敦本身是英国第一大葡萄酒进口地，所以很少有伦敦人从南安普顿购买葡萄酒。② 英国失去加斯科尼后，这一贸易被打断了好些年，当它再度兴盛时情况发生了很大变化。从南安普顿到加斯科尼的航运已经大多掌握在伦敦人手中。③

都铎早期，有一些伦敦商人来到南安普顿定居，似乎很多伦敦船只已开始使用这里作为基地。伦敦人理查·伍顿（Richard Wootton），是多次在南安普顿至地中海间航行的罗斯米（Rossimus）号

---

① Ruddock Alwyn A., "London Capitalists and the Decline of Southampton in the Early Tudor Period," *The Economic History Review*, New Series, Vol. 2, No. 2, 1949, pp. 137—151.

② Olive Coleman, "Trade and Prosperity in the Fifteenth Century: Some Aspects of the Trade of Southampton", *The Economic History Review*, New Series, Vol. 16, No. 1, 1963, pp. 9—22.

③ J. L. Bolton, *The Medieval English Economy, 1150—1500*, J. M. Dent and Sons Ltd, 1980, p. 290.

的船主。他在 1494 年被授予南安普顿市民身份。1 个当地大商人的儿子，弗朗西斯·巴德温（Francis Baudwyn），1493 年拜 1 个伦敦布商为师，出师后很快成为伦敦布商，他也在 1508 年没花任何代价就被承认为南安普顿市民。他在遗言中将遗产赠予南安普顿圣十字大教堂以补偿其忘缴的十一税和住在该教区应缴纳的献祭（offering），以图表明他居住于这个教区，但他仍然自称是伦敦人或伦敦布商。约翰（John Pasmer）是伦敦的裁缝、商人，也在南安普顿居住，在遗嘱中留给南安普顿大量遗产。伦敦葡萄酒商迈尔斯·布朗（Miles Brown）也被伦敦在这里的葡萄酒贸易所吸引，长期生活在南安普顿。[1]

这一时期港口的商业活动比 15 世纪中期与意大利贸易达到顶峰时还要繁荣，但半数以上都掌握在伦敦商人手中。他们已经成为港口最重要的贸易主体。

三 伦敦商人离开之后南安普顿的衰落

亨利八世早期伦敦人在南安普顿的活动还在继续，港口还是表现得很繁荣。但伦敦商人对港口贸易的支配严重削弱了它经济的稳定性和生命力。虽然这时贸易量还大于 15 世纪，市政官员关于城市即将破产的强烈呼吁，不再只是仅仅希望国王削减土地租金和城市自治税了。尽管港口还有大量贸易活动，但南安普顿在亨利八世时期还是很快走向了破产，它表面上的商业繁荣也消失了，伦敦商人不再利用南安普顿作外港而离开了这里，并把很多贸易也带到了伦敦。

都铎时代早期，南安普顿仍然像中世纪一样是伦敦的外港，伦敦人取代了意大利商人成为南安普顿最重要的商人集团。到了亨利八世时期，伦敦对南部沿海外港的需求大大减弱了。造船技术和航海设备的改进，使得船只在北福兰角附近航行用时和危险性、在泰晤士河航行的困难性都大大降低了。经验丰富的舵手们在泰晤士河畔德特福德

---

[1] Ruddock Alwyn A., "London Capitalists and the Decline of Southampton in the Early Tudor Period," *The Economic History Review*, New Series, Vol. 2, No. 2, 1949, pp. 137—151.

河滨路（Deptford Strand）组成了著名的引航公会（Trinity House），使得船只在泰晤士河航行的安全性大大增强。① 而且，南安普顿已失去以往货物集散中心的价值，其羊毛出口也萎缩了。伦敦布莱克威尔大厅作为英国最重要的呢绒市场，其产品来源腹地大为扩大，吞并了原属于南安普顿呢绒贸易产品的来源地，这些呢绒开始转移到伦敦进行出口。

越来越多的船只不再前来南安普顿，而停泊在了伦敦。亨利八世时期，航行到地中海的英国船只很少再从这里起航，英国的对外贸易越来越多地集中到了伦敦。王国在南安普顿的税收也减少得很快，1535—1540 年，年均税收 2033 镑半便士，下个五年下降为 662 镑 19 先令 3.5 便士。南安普顿的锡类贸易在 1531 年后严重衰落了，因为这一年它的金属贸易集中地特权被取消。1530—1531 年，有 12 艘船运输 1448 桶锡到港口，而 1534 年则仅有 73 桶锡到港，1535 年也只有 114 桶。② 鉴于此种状况，南安普顿市政想尽各种办法补救。许多人被市长免费授予市民身份，如 1538 年约翰·凯普兰（John Caplen）等人，但是这一切都是徒劳的，运锡船不可逆转地转移到了泰晤士河。康沃尔郡的锡出口也越来越受到伦敦锡镴商人的支配。

意大利和拉古萨的葡萄酒运输船也放弃他们原来的总部转移到了伦敦。玛丽女王曾试图给予南安普顿葡萄酒进口垄断特权，但也未能迫使这项贸易回归。威尼斯大使的强烈抗议使他们获得可在伦敦卸载葡萄酒的权利，伊丽莎白一世时期，南安普顿市长同意接受一笔补偿费用，以同意任何一艘船可在英国其他任何地方卸载葡萄酒，这就侵犯了它的垄断特权。甚至它与西班牙的贸易也被伦敦人控制，特别是 1577 年西班牙公司创建之后。一份 1582 年的市政记录显示，当地市民已深刻体会到伦敦商人扩张对他们的危害。他们抱怨道："南安普

---

① Alwyn A. Ruddock, "The Trinity House at Deptford in the Sixteenth Century", *The English Historical Review*, Vol. 65, No. 257, 1950, pp. 458—476.

② Ruddock Alwyn A., "London Capitalists and the Decline of Southampton in the Early Tudor Period," *The Economic History Review*, New Series, Vol. 2, No. 2, 1949, pp. 137—151.

顿人已经被莫斯科公司、安特卫普公司以及西班牙公司从这些国家排挤出来了，只有在西班牙还有些许自由，但是也因限制太多，以致无法从中获利。"①

伦敦扩张对南安普顿最大的伤害是使得该城越来越多的商人和市民移居伦敦。早在15世纪，本地商人就感受到伦敦的吸引力，大商人约翰·佩恩在与伦敦一富孀结婚后，于15世纪中期移居伦敦。南安普顿商人罗伯特·布鲁特（Robert Blute）1471年任南安普顿市长，1479年却成了伦敦的零售商。约翰·沃克（John Walker）1473年任市长，几年后同样被称为伦敦人。② 到16世纪移居伦敦的问题更加严重。1530年当地市民上书亨利八世，希望引起他注意，他们悲叹道：越来越多的人离开了这里，前往伦敦。③ 移居伦敦的欲望在有事业心的市民当中极为强烈。那些从汉普郡邻近城市、怀特岛以及海峡群岛赶来南安普顿寻找梦想的年轻人，发现这个破败的港口已无法再满足他们的雄心壮志，也选择离开这里移居伦敦。

还有很多例子能说明这一趋势。约翰·哈特福特（John Huttoft）是一个从事地中海贸易商人的独子，1539年经托马斯·克伦威尔推荐而成为王室负责贸易专利特许证的官员（Clerks of the Signet），因而移居伦敦，后来还成了亨利八世王后安妮（Anne）的秘书。他的堂兄弟埃德蒙·科克雷尔（Edmund Cockerell），是英吉利海峡格恩西岛（Guernsey）人，也从南安普顿移居伦敦。来自海峡群岛的托马斯·费新（Thomas Fashion）在南安普顿居住20多年，1545年当过南安普顿市长。他在伦敦齐普赛街拥有一幢房子，晚年长期居住在伦敦，1558年死后把房子和家具都留给了妻子。贾尔斯·哈斯本特（Giles Hasbert），来自加莱的啤酒制造商，在南安普顿居住20多年，1548年也移居到伦敦。港口衰落之后，那些靠海运为生的人也有移居伦敦的趋势。如马丁（Martin Vndye）、菲利普（Philip Vyller）、威廉

---

① Alwyn A. Ruddock, *Italian Merchant and Shipping in Southampton 1270—1600*, Southampton University College, 1951, p. 270.
② Davies J. Silverster, *A History of Southampton*, Gilbert, 1883, p. 174.
③ Alwyn A. Ruddock, *Italian Merchant and Shipping in Southampton 1270—1600*, Southampton University College, 1951, p. 267.

（William Mesdows）和尼古拉斯（Nicholas Windall）等四个水手和约翰·哈里（John Hylly）船长，都是土生土长的南安普顿人，为了生计，也紧追着航运事业而来到伦敦。类似的移居不断进行，以至于当地变得人烟稀少。

曾经车水马龙的国际性都市如今城里到处都是衰落萧条的景象，那些曾经辉煌的城防被废弃了。护城河几乎干涸露出了河床，高大的城墙上长满了杂草。很多城墙甚至倒塌了也没有人来修缮，城堡成了穷人们的住所。曾经繁荣的羊毛大厅也被废弃了。曾被旅行家利兰（Leland）称赞过的街道现在变得肮脏不堪，很多的房屋也人去楼空。① 1587年，政府官员莱斯特（Leicester）写信给沃尔辛厄姆（Walsingham），称南安普顿已经彻底衰落，所有复兴的努力都失败了，甚至连国家面临西班牙无敌舰队威胁之时，按伊丽莎白一世要求来建造两艘军舰的能力都没有了。② 这种衰落在南安普顿持续了将近两个世纪，直到1740年这里发现了铁泉水（Chalybeate Water）而使其成为著名的温泉旅游城市③，它才再次引起人们的关注，不过它的港口地位并未有本质提升。19世纪初，英国铁路干线修到了这里，它的港口贸易又迎来了春天，南安普顿才再度成为英国的大型港口城市。④

南安普顿在中世纪有着地方都会城市和伦敦外港的双重角色。意大利人的离开使得它丧失了作为地方都会城市的地位，它之所以没有在意大利商人离开之后走向衰落，反而有一段时间的繁荣，就是因为它作为伦敦外港的地位得到了加强，但是当伦敦资本不断地扩张，侵蚀它的贸易腹地，控制它的港口贸易，并最终不再把它作为外港时，它的衰落也就在所难免了。

---

① Alwyn A. Ruddock, *Italian Merchant and Shipping in Southampton 1270—1600*, Southampton University College, 1951, p. 270.

② Davies J. Silverster, *A History of Southampton*, Gilbert, 1883, p. 259.

③ Adrian B. Rance, *Southampton: An Illustrated History*, Milestone Publications, 1986, p. 75.

④ Ruddock Alwyn A., "London Capitalists and the Decline of Southampton in the Early Tudor Period," *The Economic History Review*, New Series, Vol. 2, No. 2, 1949. Davies J. Silverster, *A History of Southampton*, *Gilbert*, 1883, p. 284.

第三章 16世纪到17世纪初期伦敦贸易的大扩张

伦敦贸易的大扩张是16—17世纪早期英国对外贸易最为明显的特征。英国的对外贸易主要市场是低地国家和欧洲中部地区。特别是在16世纪上半叶，英国在海外的贸易集中地日益固定到了低地国家的安特卫普。而伦敦则利用各种优势把全国的大部分贸易吸收到自己的港口当中。随着伦敦贸易的大规模扩张，伦敦城市的人口、工商业和社会财富迅速地积累起来。这使得伦敦从15世纪欧洲的二流城市到1700年成为西欧最大的城市，在人口和城市财富上远远超过英国第二大城市。

伦敦在对外贸易上近乎垄断性的扩张无疑对地方港口造成剧烈影响，导致很多港口走向衰落。包括布里斯托尔和赫尔等距离伦敦较远的港口也无法幸免。伦敦不仅吸引原本通过地方港口出口的贸易，而且全国各地富有的商人也被吸引到伦敦成为伦敦的市民，富有商人的移民必然带走当地的大量财富。

当然，伦敦的崛起对英国经济的发展也有着其积极的意义。它不仅仅是全国进出口贸易的集散中心，而且是国内贸易的中心。随着伦敦贸易的发展，从这里通往全国各地为其商业活动服务的陆路、水路和沿海交通线变得越来越通畅，全国各地的商业贸易和社会往来也日渐频繁，这意味着在伦敦控制下的全国经济一体化逐步形成。最后随着伦敦商人财富的大量增长，终于使得英国在对外贸易上摆脱了外国商人的控制，把对外贸易的自主权掌握在自己手中。英国王室在财政上也无需再仰意大利、汉萨商人之鼻息。特别是在伦敦—安特卫普贸易模式的繁荣滋养之后，英国商人也终于有能力渗透到波罗的海、地中海地区乃至于大西洋海域与曾经俯视自己的外国商人展开竞争。

第四章 17世纪中晚期贸易变革和西部港口的崛起

16世纪英国对外贸易在伦敦港口的过分集中，无疑给首都的商业巨头们带来了巨大的政治和经济利益，使得他们能够爬上权力和财富的顶峰。但是就像之前指出的那样，这也有有害的一面。尤其对国内的其他港口来说意味着贫困和衰落，因此在总体市场没有本质变化之前，伦敦的过度扩张对于英国整体经济的发展平衡是不利的。波士顿和赫尔两个港口在14世纪每年的海关税收总和超过伦敦的海关税收1/4，以及布里斯托尔出口呢绒量一度达到全国呢绒出口量一半的岁月已经一去不复返了。从亨伯河到波特兰角的沿海一度十分繁荣的东部和南部英国港口，在这时很多已经衰落成为小渔村，或许这些城市里还有一座高耸的教堂，但是也只能从城市的遗迹当中依稀看到港口曾经逝去的繁荣。只有这个国家距离伦敦遥远的边缘地区的港口才在一定程度上抵挡住了首都在商业上的扩张对它们造成的影响：在北方赫尔和纽卡斯尔的商人在波罗的海和斯堪的纳维亚海域维持了他们的活动，在遥远的西部，切斯特经济活动也相对活跃。但是，无论在哪个方向，伦敦的影响都是存在的，在16世纪不管是西南角的德文郡，还是东北边陲的约克郡西赖丁地区的呢绒都大量运输到伦敦再进行出口。

到17世纪，与16世纪相比，英国的贸易格局发生了明显的改变。尽管过度增长的首都繁荣并没有停止，城市的房屋和建筑在伦敦中世纪的城墙之外扩张得依然很快，人口也在不断地增长。然而，变革还是来临了，从17世纪中期开始尽管伦敦的贸易绝对值还在不断地增长，但是其在整个国家的对外贸易总量当中的相对比例开始下降。这一情况发生的主要原因是西南部主要港口贸易的明显复苏，以及大西洋贸易出现之后西部港口的崛起。到17世纪晚期，埃克塞特依靠繁荣的哔叽呢绒出口贸易，已经成了英国第三大港口城市；布里斯托尔也开始从衰落当中复苏过来，开启了新的繁荣时代，尽管它在贸易上的第二次繁荣很快被后来的年轻港口利物浦的惊人崛起所掩盖。

17世纪从布里斯托尔的繁荣到利物浦的崛起，都与英国在北美和加勒比海沿岸的贸易活动有着莫大的关系，虽然这些港口的贸易活动并不仅仅限于大西洋贸易区域，但是在波澜壮阔的大西洋贸易画卷展开到英国众多港口的面前时，对这些西部港口的影响无疑是最为显著的。另外，西部港口的兴起还受到本国的工业发展、对外贸易产品结构性变化和对外贸易市场格局变化的影响。

在16世纪晚期，西部港口特别是利物浦的贸易急速发展还是无法预见的。中世纪晚期繁荣起来的埃克塞特对外贸易在伦敦的挤压下急剧萎缩了。布里斯托尔在那时已经衰落成为一个破败不堪的宗教城市，贸易活动游离于欧洲主要的贸易中心之外。利物浦在这一时期就更加微不足道，它还只是一条无足轻重的小河出海口旁边一个小小的渔村。

本章的主要内容有以下几个方面。首先，是分析这一时期大西洋贸易和纺织工业的发展变革对整个对外贸易的影响。其次，是考察新世界的贸易发展给布里斯托尔和利物浦这两个港口带来的机遇和影响。最后，是论述英国对外贸易结构性变化和工业发展对埃克塞特的繁荣起到的关键作用。

第一节　17世纪中晚期英国出口贸易的变革

在17世纪早期，英国出口贸易当中毛纺织产品所占的比重比任何其他时间都要大，羊毛的出口早已衰落于无形，1614年国家颁布的贸易法令甚至使得羊毛出口变成非法行为，铅和锡的出口价值很小。在16世纪末，煤炭和威尔德（Weald）地区的冶铁制品出口开始出现，但是数量更小，这时毛纺织品的出口价值量超过全国总的出口价值的 90%。[1] 但是，毛纺织品出口贸易的内部结构却发生了悄然的变革。其中最重要的变革就是旧式呢绒的衰落，以及新式呢绒出口的大幅度增长，而这一变革在 17 世纪中晚期表现得尤为明显。

一 传统纺织产品旧式呢绒出口的衰落

我们已经看到从 17 世纪 10 年代晚期开始，旧式呢绒（传统上是英国纺织产品最主要的出口产品）的出口已经开始了持续性的衰落。旧式呢绒在此之前的出口繁荣，使得生产旧式呢绒的工业区域，以及那些出口旧式呢绒的港口都十分兴盛。旧式呢绒的主要出口贸易市场在欧洲北部和中部地区，这些旧式呢绒或者通过商人冒险家公司出口到米德尔堡（Middleburg）和汉堡，或者是有的商人挑战他们的贸易垄断私下里把旧式呢绒出口到荷兰和德国的其他港口，或者通过东地贸易公司与埃尔宾（Elbing）在波罗的海区域进行贸易，这些市场加起来吸收了 4/5 的旧式呢绒的出口。但是，旧式呢绒出口所依赖的欧洲北部市场却在逐渐丧失。从伦敦出口到荷兰和德国的所有旧式呢绒、包括克尔赛呢绒、达仁斯呢绒等等，从 1614 年的 99000 匹下降到 1640 年的 45000 匹。[2]

波罗的海这一个曾经被英国纺织产品垄断的市场也逐渐被其他国家的产品所侵蚀。在 16 世纪 80 年代，通过松得海峡进入波罗的海的纺织产品 90% 以上都是英国的毛纺织品。一直到 1610 年这一比例都维持在 80% 以上，但是在这之后就开始快速下降。到 17 世纪 20 年代，英国纺织产品所占的比例就下降到不到一半，到 17 世纪中叶，更是下降到 30% 以下，与此同时荷兰人出口到波罗的海的纺织产品就从 16 世纪晚期的不足 10%，上升到超过 50%。荷兰人的侵蚀正稳步进行，起初他们向波罗的海出口的呢绒都是英国出口到荷兰的白色呢绒，在荷兰经过精加工再进行出口，但是低地地区的纺织工业重新活跃之后，他们越来越多地选择出口他们自己的产品，尽管这一时期

---

[1] C. G. A. Clay, *Economic Expansion and Social Change: England 1500—1700: Vol. 2*, Cambridge University Press, 1984, p. 141.

[2] Barry Supple, *Commercial Crisis and Change in England 1600—1642: A Study in the Instability of a Mercantile Economy*, Cambridge U. P, 1959, p. 260.

东地公司出口到波罗的海的呢绒有进一步的增长，但是增长速度明显放缓了。到了1620年之后，东地公司出口到波罗的海的呢绒不仅所占的比例下降了，而且绝对贸易量也下降了。在1620年之前，如果某一年从英国出口到波罗的海的呢绒少于10000匹，那公司的商人就会说这一年的贸易状况十分糟糕，但是在1620年之后，这一数据将标志着贸易状况良好。英国的纺织产品在高端市场面临着荷兰人的竞争，而在较为廉价的纺织品低端市场当地生产的低价纺织品也挤压着英国呢绒在这一地区的市场，到17世纪60年代，英国旧式呢绒出口价值仅有这个世纪早期的一半。①

二 新式呢绒出口的扩张

欧洲北部市场对旧式呢绒需求减少给很多英国生产旧式呢绒产品的地区带来混乱和贫困，很多生产者被迫减产，直至破产，甚至有些地区不再生产用于出口贸易的毛纺织产品，但与此同时，很多纺织工业地区的生产者面对逆境选择重新调整生产方式以适应正在变革当中的需求方式。一方面他们开始生产价值更高的精加工呢绒以取代半成品呢绒。当然，这跟这一时期生产技术的发展是有关系的。这一时期，纺织行业当中高技术难度的染色工业在伦敦发展起来了，并进一步在全国主要纺织区域得到普及。在此之后，威尔特郡等西部毛纺织工业地区出口的呢绒越来越多的都是经过精加工再进行出口，出口到低地国家和德国的半成品宽幅呢绒到1640年已经下降了2/3，虽然到17世纪70年代出口量仍然很大，但是到17世纪末，出口量每年只剩下几千匹。②

英国纺织业对国际贸易市场变化做出的另一个调整则是选择转型生产销路更好的产品，进而引发新式呢绒的生产急速扩张。最早生产新式呢绒的是英国东部地区的埃塞克斯郡（Essex）、萨福克郡（Suffolk）和诺福克郡（Norfolk），并形成了以科尔切斯特和诺里奇为核心的两大生产中心，前者生产的新式呢绒以贝斯呢绒（Bays）和塞斯呢

---

① J. K. Fedorowicz, *England's Baltic Trade in the Early Seventeenth Century: A Study in Anglo-Polish Commercial Diplomacy*, Cambridge University Press, 1980, pp. 91—97.

② J. de L. Mann, *The Cloth Industry in the West of England, from 1640 to 1880*, Oxford, 1971, pp. 8—26.

绒（Says）为主，后者则把他们生产的新式呢绒命名为诺里奇布（Norwich Stuffs）。值得注意的是，这一时期毛纺织业生产转型的成功与 16 世纪 60 年代开始低地地区的新教难民的大量涌入有着很大关系，正是他们带来了新式呢绒的生产技术。新式呢绒的生产带动了东部地区特别是那些纺织业中心的经济发展。这在诺里奇身上表现得尤为明显，它的城市人口数量由 16 世纪 90 年代的 13000 人增长到 17 世纪 20 年代的 20000 人，到 17 世纪末更是达到了 30000 多人，与此同时这个城市人口当中纺织业从业人数所占比例也由 1600—1619 年的 23% 攀升至 1700—1719 年的 58%。[1] 但是，东部地区纺织业的生产发展并未给陷于衰落之中的东部港口带来繁荣。这是因为，一方面东部地区的新式呢绒的出口大都运到伦敦再进行出口。例如，1633 年科尔切斯特每周向伦敦送去价值 3000 英镑的贝斯呢绒和塞斯呢绒。[2] 大雅茅斯与诺里奇近在咫尺，诺里奇却把大量呢绒运输到伦敦再进行出口。[3] 另一方面，东部地区生产的新式呢绒越来越多地被国内消费者吸收，而非用于出口。例如，17 世纪 80 年代，诺里奇只有不到 25% 的新式呢绒是用于出口的。[4]

英国西部地区的生产转型虽然在时间上晚于东部地区，但是同样在出口上取得了成功。萨默塞特郡（Somerset）和威尔特郡（Wiltshire）生产的新式呢绒名为"西班牙布"（Spanish Cloth）。这种呢绒由经过染色的纱线和一些不同的羊毛纱线，特别是进口西班牙羊毛纱线混纺而成，不同于传统上把羊毛制成白色半成品呢绒再进行染色的制作工艺，属于经过染色加工的纯毛纺织产品，[5] 其特点是色彩多样，优质轻便，通常与西班牙所产呢绒相类似，但是价格相对低廉。"西

---

[1] C. G. A. Clay, *Economic Expansion and Social Change: England 1500—1700: Vol. 2*, Cambridge University Press, 1984, pp. 17—18.

[2] 刘景华：《外来因素与英国的崛起——转型时期英国的外国人和外国资本》，人民出版社 2010 年版，第 177 页。

[3] Neville Williams, *The maritime trade of the East Anglian ports, 1550—1590*, Clarendon Press, 1988.

[4] C. G. A. Clay, *Economic Expansion and Social Change: England 1500—1700: Vol. 2*, Cambridge University Press, 1984, p. 18.

[5] Ibid., p. 17.

班牙布"一经面世便在海外找到了市场。从伦敦出口到荷兰、德国和波罗的海的"西班牙布",从 17 世纪 20 年代初的零到 1628 年的 3346 匹,再到 1640 年的 13517 匹,数量增长很快。到 1640 年,它已经占了出口到荷兰和德国毛纺织产品的 22%,出口到波罗的海的毛纺织产品 19%。[①]

这一时期最为成功的新式呢绒是西南部地区特别是德文郡生产的哔叽呢绒,或者称为佩佩蒂娜式简称佩式(Perpetuanas)哔叽呢绒。哔叽呢绒由一部分半成品呢绒和一部分精纺呢绒混纺而成,通常是精加工的成品,它不仅比宽幅呢绒更轻便,而且比大多数混纺毛纺织品更加厚实,耐穿。哔叽呢绒的出口主要通过西南部的一些较小港口以及埃克塞特,或者通过伦敦。哔叽呢绒从埃克塞特的出口量在 1666 年还不过 10299 匹,但是 20 年后其出口量增加超过 10 倍达到 114959 匹每年,到 1700 年出口量更是达到 33 万匹,这一出口贸易的发展使埃克塞特超过赫尔和布里斯托尔成为全国第二大贸易港口。起初,埃克塞特的主要对外贸易市场是法国。埃克塞特从 17 世纪 20 年代就开始向法国出口哔叽呢绒,尽管法国政府为了保护本国的纺织工业对英国的毛纺织产品的出口设置了重重障碍并不断提高关税,但法国对埃克塞特出口哔叽呢绒的需求还是增长强劲,这在一定程度上弥补了法国对英国其他种类纺织产品需求减少所造成的损失。[②] 但是到了 17 世纪末,因为英国和法国关系日益恶化,进而引发了激烈的政治斗争,并在 1689 年之后的战争中达到高潮,两国之间的贸易成为政治斗争的牺牲品。法国首先颁发贸易禁令,之后又把进口关税提高到惊人的地步,最终使得这一日渐繁荣的贸易几乎完全消失了。但是,与此同时哔叽呢绒却在欧洲西北部和中部地区,打开了更为广阔的市场。曾经从英国生产旧式呢绒的纺织工业手中夺取市场的莱登等荷兰毛纺织业生产中心趋于衰落。这种新产品向欧洲北部地区出口的增长一定程度上弥补了旧式呢绒在这一地区出口量的下降。所以到这个世纪末北

---

① Barry Supple, *Commercial Crisis and Change in England 1600—1642: A Study in the Instability of a Mercantile Economy*, Cambridge U. P, 1959, pp. 149—152.

② William George Hoskins, *Industry, Trade and People in Exeter, 1688—1800*, Manchester University Press, 1935, p. 156.

方市场出口贸易总量的下降还没有 1640 年之前那么明显,从 17 世纪 20 年代开始,出口到欧洲北部地区的货物组成已经完全改变了,超过一半的毛纺织产品是新式呢绒,并且所有的产品都是精加工的成品,而不再有半成品。

与此同时,欧洲南部市场对英国出口贸易的重要性在不断增加,而导致这一情况发生最重要的因素就是新式呢绒在这一地区的成功。新式呢绒经过与意大利北部的毛纺织品的竞争之后从这一地区赢得了消费者。一直到 1600 年,意大利纺织业都是这里最主要的出口货物制造商,因为他们生产的产品更加轻便,而这里的消费者也越来越倾向于穿着更为轻便的服饰。英国新式呢绒在重量轻便上与意大利毛纺织品相比并无优势,但是其廉价的优势似乎已经能够撬动这一地区消费者的需求,这一地区很多消费者之前可能没有能力购买进口商品。1593 年,托斯卡纳(Tuscany)伯爵在里窝那(Leghorn)为英国人建立了一个自由贸易港口,英国人可以通过那里进入到其他受保护的区域。在那里,英国纺织产品的销售持续扩张,特别是 1604 年英国与西班牙的战争结束之后,英国贸易航运在地中海西部的危险性大大减小。单就西班牙而言,因为两国之间的战争,英国和西班牙的直接贸易关系隔绝了将近 20 年。英国商人起初发现恢复与西班牙的贸易十分困难,因为法国和荷兰人在两国战争期间已经牢牢掌握了这里的市场,而且西班牙经济也处于严重混乱和通货膨胀之中。然而,经过英国商人的努力,英国新式呢绒对西班牙的出口在 1620 年之前就取得了一定的进展,17 世纪 30 年代之后出口贸易量扩张更为明显。在 1600 年到 1640 年之间,伦敦新式纺织品出口价值从 12 万英镑增加到 70 万英镑,增长了大约 6 倍。当然,不是所有这些货物都出口到南方,但绝大多数如此,在 1634 年和 1640 年,这些货物的 2/3 都由本地商人运输到了西班牙、北非或者地中海北部国家,还有一些运到了法国。[1] 到 1640 年,虽然出口到南部市场的其他产品不像新式呢绒扩展得那样迅速,但是当把所有的出口产品都算上,南部市场的出口贸

---

[1] F. J. Fisher, "London's Export Trade in the Early Seventeenth Century", *The Economic History Review*, New Series, Vol. 3, No. 2, 1950, pp. 151—161.

易价值与北部市场几乎要持平了。

17 世纪中叶之后，出口到地中海地区的旧式呢绒贸易量的增加也十分迅速。在这里，旧式呢绒的国际竞争力完全不同于阿尔卑斯山北部的欧洲。威尼斯和其他意大利北部城市的纺织工业之前牢牢占据这里的市场。意大利纺织工业的发展受到高工资成本的限制，其生产力的优势不足以弥补这一竞争劣势。另外，因为意大利的纺织工业都位于城市之中，处在行会组织的严格控制之下，行会往往坚持产品的生产要保持传统标准，这使得意大利的纺织工业在面对外国的竞争时不可能采取牺牲产品质量或者生产多样化的产品来应对。英国、法国和荷兰的货物，因为价格低廉日益进入地中海市场。英国货物也日益集中于相对价格低廉，而且完全加工的成品宽幅呢绒。到 17 世纪 30 年代，精加工的成品呢绒已经取代了克尔赛呢绒成为黎凡特公司出口到地中海东部地区的主要产品。在那里新式呢绒的出口进展不大，因为当地的棉花制品已经能够满足消费者对于轻便、廉价的纺织产品的需求，到 17 世纪 70 年代，它们已经取代了较为厚重的萨福克毛纺织品完全主导了那里的贸易。

它们同时还慢慢地侵入到意大利工业在土耳其帝国的市场，甚至在 1635 年，威尼斯就危言耸听地报告到，英国产品在黎凡特的市场上占据了高达 40% 的份额，而威尼斯和法国各占了 25%。英国到黎凡特地区的纺织产品出口最为明显的扩张发生在 17 世纪第三个 25 年。因为到那时，威尼斯的纺织工业最终衰落了；法国纺织工业也暂时性的处于衰落状态。黎凡特公司在 17 世纪 30 年代出口到这一地区的纺织产品仅 6000 匹每年，1666—1672 年翻一倍达到 13762 匹每年，到 1673—1677 年又增加到 20075 匹每年。到 17 世纪 70 年代黎凡特公司通过它在黎凡特地区的贸易基地君士坦丁堡、士麦那（Smyrna，土耳其西部一港口城市）和阿勒波（Aleppo，叙利亚的一个城市），向巴尔干半岛、安纳托利亚、叙利亚、伊拉克和波斯输出的纺织产品的价值量占英国纺织产品出口总价值的 1/8 左右。[①]

[①] J. de L. Mann, *The Cloth Industry in the West of England, from 1640 to 1880*, Oxford, 1971, pp. 18—22.

在17世纪中晚期出口到西班牙的各种新式呢绒都在不断增加，这是因为西班牙本国的纺织工业在持续衰落。这不仅仅意味着西班牙本国的优质纺织产品需要通过进口来满足，同样表明西班牙本国纺织工业越来越不能满足其在中南美洲殖民地的需求。越来越多的外国纺织产品从塞维利亚和加的斯越过大西洋运输到美洲殖民地。具体有多少出口到西班牙的英国纺织产品被西班牙的殖民市场所吸收，我们无从得知，但毫无疑问数量是相当可观的。同样的，英国出口到葡萄牙的很多纺织产品，也流向了葡萄牙的殖民地巴西。

在16世纪，英国商人与南部市场进行贸易的主要目的就是要进口那里的商品，但是到了17世纪这一地区的贸易特征渐渐发生了转变，越来越多地转向出口而非进口贸易。从地中海地区进口葡萄酒、橄榄油、盐、染料、干果和生丝的贸易仍然在增长，同时西班牙的羊毛和少量的土耳其棉花进入到贸易当中，但是出口贸易价值增长的速度远远超过进口贸易货物价值的增长。原本英国对地中海地区的贸易处于严重的出超状态，现在天平开始向另一边倾斜。17世纪下半叶，向黎凡特地区运输金银的现象消失了，这在与西班牙的贸易上表现得也十分明显，到17世纪最后25年，甚至每一艘从加的斯返回英国的船只上面都在货物之外带有一些金银块。1698—1702年与葡萄牙的贸易当中，出口货物每年价值达到355000英镑，进口货物价值每年仅有20万英镑。[1]

随着欧洲南部市场的贸易量飞速扩展，欧洲北部市场和南部市场对英国工业生产的相对重要性从根本上发生了改变。在16世纪晚期伦敦出口到地中海地区的呢绒量不超过它的呢绒出口总量的10%[2]，然而到17世纪晚期，这一地区的出口贸易比例超过了一半。尽管地方都会港口的贸易方向大多不趋向于地中海地区，英国东部沿海的港口贸易基本上都专注于荷兰、德国、斯堪的纳维亚半岛和波罗的海地区。英国西南部港口城市埃克塞特，虽然从地理位置上看有利于与地

---

[1] H. E. S. Fisher, *The Portugal Trade: A Study of Anglo-Portuguese Commerce 1700—1770*, Methuen and Company, 1971, p. 16.

[2] Lawrence Stone, "Elizabethan Overseas Trade", *The Economic History Review*, New Series, Vol. 2, No. 1, 1949, pp. 30—58.

中海等南部市场进行贸易，但是在这个时期，它的主要贸易市场却也在法国、荷兰和德国。即使如此，到17世纪末，英国出口到地中海的毛纺织品也占全部出口量的40%，而出口到欧洲西部和北部的纺织品比例为50%，剩下的部分出口到大不列颠其他地区、英国殖民地和远东地区。

到17世纪末，英国本土生产的出口产品当中，毛纺织产品仍然占有绝对的优势地位，但是其所占的比例已经有所下降。以伦敦为例，在1640年整个出口贸易当中毛纺织品所占比例为90%左右，到1699—1701年就下降到了72.6%。当然，这并不能完全代表全国整体的出口贸易状况，因为地方都会港口的出口货物当中，毛纺织品从来没有像伦敦那样占有完全的优势，传统上这些都会港口除了出口毛纺织品之外，金属矿产、鱼类和农业产品也都占很大的比例，有的比毛纺织品比例更大。从17世纪中叶开始，伦敦出口贸易当中毛纺织产品所占的比例下降，不仅仅是因为某些毛纺织品出口市场的持续困难，同样是因为非纺织产品出口贸易量的增长，还有伦敦和一些地方港口对外贸易功能的再分配。例如，在16世纪伦敦出口谷物很少，但是到了1660年之后伦敦在总的谷物贸易中占据了很大的比例。

在17和18世纪之交，国内出口总值为443.3万英镑，而毛纺织品出口价值为304.5万英镑，大约为总数的69%。鱼类、谷物、铅、锡和煤炭等初级产品，再加上一些经过加工的食品，出口价值约为85万英镑，大约为总数的19%。这些初级产品当中鱼类出口是最具有价值的，约为19万英镑。其次是谷物，谷物从16世纪晚期开始再次成为重要的出口货物。在17世纪上半叶，虽然有一些谷物从西部各港口出口到西班牙，但是英国总体来说还是一个谷物进口国，到17世纪70年代，谷物贸易的形势开始发生变化，谷物出口量持续性地超过进口，虽然这一贸易的利润并不大，在1699—1701年，谷物出口每年的价值总量仅为14.7万英镑，但是从那之后，谷物出口的增长变得更加强劲，一直持续到18世纪中叶。

1699—1701年，毛纺织产品之外的其他工业产品的出口价值每年仅为53.8万英镑，约占国内产品出口总价值的12%。虽然工业的多样化和增长在出口贸易结构当中体现得还不是那么的明显，但是毛纺织品出口贸易的本质已经完全改变了。在1700年，毛纺织品出口总价值的58%是新式呢绒和针织类产品，并且因为出口的毛纺织品当中，几乎完全是精加工的成品毛纺织品，国内海关不再把白色呢绒作为一个单独的出口项目。全国总的毛纺织品出口价值量从17世纪40年代的每年约150万英镑上涨到1699—1701年的300多万英镑[1]，毫无疑问，这一价值量的增长更多的是因为纺织产品中精加工的成品出口代替了半成品的出口而不是总体出口数量的增加。但是除了毛纺织品之外，英国的其他工业产品在国际市场上无论是价格、质量或者种类都没有任何优势，不能够从欧洲大陆的其他竞争者手中抢夺市场。例如，金属制品、棉麻粗布、纸和丝绸等国内生产的产品，只是在国内赢得了市场，但是在国外除了爱尔兰和北美殖民地等受保护的市场，它们无法与欧洲大陆的竞争者竞争。爱尔兰和北美殖民地对这些工业产品的消费量都不大，直到18世纪才有所改变，爱尔兰的经济在17世纪40年代和50年代，因为叛乱和战争状况变得十分糟糕，到17世纪80年代好不容易恢复了繁荣，1689—1691年间的战火又一次吞没了爱尔兰的土地。

我们在这里需要指出的是西印度群岛市场的繁荣和迅速发展，但是西印度群岛的经济强烈地趋向于出口经济作物，种植园主在劳动生产当中大量依赖奴隶，不可避免地在社会当中造成收入分配的高度不均衡，毫无疑问，这种情况制约了他们购买英国本土产品的能力，同时在美洲大陆上自给自足的农民，购买英国产品的欲望也十分有限。然而，殖民地大陆的劳动力成本很高，还有广阔的土地适于耕作，这意味着当地的工业生产很难获得发展，他们对英国本土的产品无论是纺织产品还是非纺织产品，虽然需求量暂时较小，但是都增长得十分迅速。在1699—1701年，它们吸收了金属制品出口11.4万英镑当中的7.3万英镑，丝绸出口价值8万英镑当中的3.6万英镑，帽子、玻璃、纸和其他非纺织产品的杂货类出口价值34.4万英镑当中的18.1万英镑。[2]

---

[1] J. D. Gould, "Cloth Exports, 1600—1640", *The Economic History Review*, New Series, Vol. 24, No. 2, 1971, pp. 249—252.

[2] Ralph Davis, "English Foreign Trade, 1660—1700", *The Economic History Review*, New Series, Vol. 7, No. 2, 1954, pp. 150—166.

第二节 17世纪中晚期进口、再出口和三角贸易

17世纪中晚期对于英国对外贸易来说是一个充满变革的时代，这不仅体现在英国本土产品出口贸易状况的变化上，我们如果只分析国内产品出口，将使得对整个对外贸易的状况了解严重不完整。从进口贸易来讲，随着工业的发展，减少对外国工业产品依赖的同时，工业原料进口也开始大幅度增长。这一时期英国对外贸易区域扩展至美洲殖民地以及印度等远东地区，还使得英国对外贸易当中出现了之前从未有过的再出口贸易和三角贸易等贸易类型。

一 工业生产所需原料进口的增长

整个17世纪，从经济发达的欧洲西北部进口工业制成品仍然是英国对外贸易当中一个十分重要的因素，但是它的相对重要性却在逐渐降低。虽然这一地区进口工业制成品贸易的价值一直到17世纪60年代都在继续增长，但是英国其他的进口贸易分支却扩张得更快。

这是因为首先，英国工业的发展和多样化虽然进展缓慢，但是在整个国家已经显而易见了，这使得很多原本需要进口的工业制品现在能够自给自足，与此同时，这使得国内对工业原料的供应反而日益不足。其次，17世纪中晚期，英法两国的政治冲突，对日益繁荣的两国贸易造成重创，这使得原本由法国供应的亚麻制品和其他众多的工业制成品变得十分的昂贵。在17世纪早期仍然从德国等地区大量进口的棉麻粗布和其他种类的混纺制品的贸易现在已经消失于无形。这是因为，一方面英国本国纺织产品的竞争力日渐增强，另一方面从印度进口的纯棉纺织品越来越多，它们的市场被侵蚀了。很多其他工业制成品的进口贸易也衰落了。例如，大陆的金属制品和棕色纸张贸易分别在17世纪60年代末和70年代衰落了。同时，民族工业壮大了他们在本国市场当中的份额。最后，英国对很多奢侈品或者非必需品进口飞速增加，而这些货物越来越多的从欧洲以外的地区进口，这也

在一定程度上导致从欧洲西北部进口工业制品贸易的相对重要性下降。

这一时期冶铁业、造船业和纺织业等各种工业所需的生产资料和原料的进口增长十分迅速。进口货物当中工业制成品主要来自于欧洲西北部，而这些货物主要来自于波罗的海和欧洲北部国家，有些还来自于地中海。条铁（Bar Iron）的进口贸易在17世纪20年代水平还很低，但是之后发展十分迅速，到17世纪30年代仅仅十年，这一贸易量就已经相当可观，到18世纪初，进口量已经上涨了10倍达到年均16437吨。[1] 这表明英国的金属加工业发展迅速逐渐脱离了原本初级的冶铁工业，起初，条铁进口量的增加来源于西班牙，到17世纪晚期时，从瑞典进口条铁的数量已经完全超过了伊比利亚半岛。在17世纪30年代中期，伦敦进口的条铁当中，只有1/3是来自于波罗的海地区，但是到了17世纪60年代这一比例就达到了2/3，到17世纪90年代更是接近总量的90%。[2] 在17世纪进口增长很快的原料还有原木料、柏油、沥青和大麻。[3] 柏油和大麻在造船业当中有着重要的用途，主要进口自波罗的海沿岸国家，木料主要从挪威进口。17世纪早期木料的主要用途是造船，用于制作船的圆材和桅杆等等，但是在某些短暂的时期木料的用途会有所不同。例如，伦敦1666年大火之后，需要大量的进口木料来重建伦敦，修盖房屋。到1700年来自挪威的木料已经占了木料进口的很大比例，进口的数量比其他任何地区都要多。[4]

在17世纪中晚期进口原料当中最有价值的是生丝或者是捻成的丝线等丝绸纺织工业原料。这些原料的主要消费区域是伦敦的斯皮塔佛德（Spitalfields）和其他地区的丝绸加工业。起初，这类原料几乎

---

[1] Elizabeth Boody Schumpeter, *English Overseas Trade Statistics, 1697—1808*, Oxford, 1960, p. 52.

[2] Sven Erik Åström, *From Cloth to Iron: The Anglo-Baltic Trade in the Late Seventeenth Century*, Societas Scientiarum Fennica, 1963, pp. 31—37.

[3] 大麻不仅可以制成毒品，还能制成麻布、纺线、绳索等。

[4] Ralph Davis, *The Rise of the English Shipping Industry: In the 17th and 18th Centuries*, David and Charles, 1962, pp. 212—214.

全部由黎凡特公司进口自地中海东部地区，到17世纪末意大利也成为主要来源地，并最终在重要性上超过黎凡特地区。到17世纪80年代东印度公司也开始从印度的孟加拉和中国进口大量的丝绸纺织原料。1621年，伦敦进口的生丝为117740磅；到1669年上升至357434磅，这其中的3/4来自于黎凡特地区，同时到18世纪初伦敦和地方港口总的生丝进口数量是444599磅，还要再加上80149磅的加捻丝线。[①] 因为纺织工业在英国工业经济中的重要地位，毫无疑问对纺织工业原料的进口投资占到了17世纪原料进口的最大部分，按价值计算在1622年和1699—1701年都占到了约60%，或者占到所有进口货物价值的16%和21%。

以亚麻纱线为主的纱线进口，增长速度甚至比生丝还要快，但是不仅仅丝绸、亚麻纺织这些在英国丝织工业当中比较次要部门的原料进口不断增长。甚至，原来几乎全部使用英国羊毛为原料的英国毛纺织业，也不能再独善其身。这一时期，英国羊毛不仅在数量上不再能满足纺织工业的发展需求，而且在生产最优质的纺织品时，质量上也有所欠缺。国外的羊毛开始大量涌进英国，用进口羊毛和英国羊毛混纺在一起生产各种各样新的纺织品在英国很多地区的纺织工业当中变得十分流行。进口羊毛主要来自于两个地区，一个是爱尔兰，一个是西班牙，从西班牙进口的主要是最优质的羊毛。爱尔兰羊毛对飞速发展的德文郡哔叽呢绒工业至关重要。爱尔兰羊毛的进口量在17世纪30年代晚期就相当可观了。之后爱尔兰经济因为叛乱和战争陷入混乱，因而进口量大大减少，但是到了17世纪60年代又开始强劲地复苏。在随后的40年，爱尔兰羊毛进口量都在前所未有的高位运行，到18世纪早期年均进口量维持在500万磅以上。西班牙羊毛在威尔特郡的纺织工业当中应用得最为广泛，同样的，到17世纪30年代进口数量达到了相当规模。西班牙羊毛进口量虽然无法与爱尔兰羊毛相比，但是从17世纪60年代到17世纪末它的进口量增长了两倍还多，

---

① F. J. Fisher, *Essays in the Economic and Social History of Tudor and Stuart England*, Cambridge University Press, 1961, p. 125. Elizabeth Boody Schumpeter, *English Overseas Trade Statistics, 1697—1808*, Oxford, 1960, p. 52.

到 1697 年进口量约为 80 万镑。① 1699—1701 年，所有羊毛进口量加起来，价值达到一年 20 万英镑，这比每年进口的铁的价值还要大，大约相当于每年进口木料价值的一半。

随着纺织工业，特别是精加工部分的发展，以及未染色呢绒出口的结束，英国对纺织产品所用染料的进口量也在飞速增加。英国从荷兰进口茜草，从西班牙进口胭脂虫红（Cochineal 由胭脂虫干体制成的红色染料），从西印度群岛进口洋苏木（Logwood 是原产于中南美和印度群岛等地区的热带植物，主要用于羊毛、麻纺织品和制作蓝色墨水的染料），从孟加拉进口靛蓝（Indigo），其中靛蓝是对纺织工业发展最为重要的。这些染料大多数通过伦敦进口，伦敦染料进口价值在 1621 年为 45426 英镑，17 世纪 60 年代每年约为 14.6 万英镑，17、18 世纪之交达到了每年 20.3 万英镑。这一系列原料进口的发展，使伦敦进口货物中工业原料和半成品货物所占的比例从 1621 年的 1/4，到 1700 年上升到约 1/3，就整个国家的进口比例而言则超过了 1/3。

英国进口贸易结构的其他变革，以相似的方式反映了国内经济结构的逐步改变。其中的一项变革就是到 17 世纪 70 年代谷物进口的飞速消失，这意味着英国在基本食物需求方面已经自给自足。事实上，甚至在 17 世纪早期，英国也只是在国内粮食严重歉收之后才会进口大量的谷物用于国内消费。正常年景情况下，进口的很多谷物都被再出口到西班牙和地中海地区，波兰是谷物进口的主要来源地，谷物进口从 17 世纪 30 年代到 17 世纪 40 年代高峰时期每年 500—600 吨，到 17 世纪末英国不仅不需要进口谷物，而且已经变成一个谷物出口国。② 与此形成对比的是一系列非必需消费品的进口在这一时期大大扩展了，国内战争之前进口货物当中最为重要的是干果、甜葡萄酒和蔗糖，事实上从 16 世纪中期之后，英国对这些货物的需求增长就十分迅速，干果和甜葡萄酒是欧洲南部的产品，蔗糖来自于葡萄牙的非

---

① Louis M. Cullen, *Anglo-Irish Trade 1660—1800*, Manchester University Press, 1968, pp. 30, 35, 42.

② J. K. Fedorowicz, *England's Baltic Trade in the Early Seventeenth Century: A Study in Anglo-Polish Commercial Diplomacy*, Cambridge University Press, 1980, pp. 110—115.

洲和美洲的殖民地，主要就近从里斯本进口。但是在英国国内战争之后，葡萄酒和干果的需求增长速度明显下降。例如，1640年伦敦进口货物当中，葡萄酒占了大约15%，到1699—1701年却下降到10%。蔗糖主要进口地从里斯本转向了西印度群岛。

二 非欧洲地区贸易的兴起

在17世纪晚期从亚洲和美洲进口货物的大量增长比地中海地区任何货物的进口增长都要明显。到17世纪早期，英国与远东地区以及大西洋彼岸的贸易已经建立起来了，虽然与传统的贸易种类相比仍然相对较小。之后，这两个地区的贸易的飞速持续增长很快改变了这一状况，到17世纪60年代伦敦进口贸易的将近1/4来自于印度和英国的殖民地。与东印度公司的贸易行为一直局限于伦敦不同的是，到17世纪下半叶，一些地方都会港口，特别是布里斯托尔与北美和西印度群岛的贸易开始大规模增长。在17世纪晚期，伦敦进口贸易的1/3以上，全国进口贸易的1/3都来自于这些遥远的地区。与此形成对比的是，与欧洲西北部的进口贸易从1621年的一半以上衰落到1659—1701年的1/4。在17世纪20年代和30年代，超过总数1/3的西班牙和地中海地区的进口贸易，到17世纪末也下降得十分厉害。与东方国家和美洲贸易的大规模扩展，一定程度上是因为英国国内对这些地区进口货物需求的增长。在17世纪早期，这些进口货物数量较少而且价格高昂，不可避免的是只有富裕阶层的人才有能力购买这些当时人们眼中的奢侈品，但是随着这些进口货物的供应越来越多，它们的价格越来越低，以至于工薪阶层的人们也能购买得起这些进口商品。最终，在这些商品消费上发生了一场革命，很多非必需品的进口第一次在大多数人口的消费方式当中占据了重要的位置。到1690年工薪阶层的实际收入的增长或许也有助于这一情况的发展，尽管这些人群的消费预算比较紧张，但是他们的消费倾向同样有所改变，从国内制造的酒精饮料到烟草等很多非必需品的消费开始深入到普通民众家庭。

同时，从亚洲和美洲进口货物的数量变得如此巨大以至于国内不可能完全消费，这些进口商品越来越多的再出口到欧洲其他地区或者其他大洲。① 非欧洲地区贸易的兴起不仅给进口贸易的结构带来很大的变化,而且从根本上影响了出口贸易,因为英国商人历史上第一次能够给外国的消费者提供大量并非产自本国的货物。

非欧洲地区货物的再出口贸易起源于17世纪早期。首先是因为东印度公司从东方运回国的主要货物胡椒等香料,需要依靠欧洲大陆的消费市场进行消化。英国国内对东方进口的胡椒消费量在17世纪头40年一直维持在每年20万—30万磅,但是东印度公司的胡椒进口量从1613年之后就很少低于50万磅每年,特别是到17世纪20年代年进口量又翻了一倍多。剩余的胡椒东印度公司都会再出口到欧洲北部地区,与荷兰进口的胡椒进行竞争;同时还再出口到意大利和黎凡特地区的港口,在那里东印度公司的胡椒出售价格远远低于由传统贸易路线进入这一地区的胡椒。

17世纪20年代,印度的白棉布也开始进入再出口货物的行列,这一货物首先主要出口到北非和黎凡特地区,在那些地区人们开始穿着棉花纺织物做出的衣服,但是出口到欧洲的数量也越来越多。此时,欧洲大陆的人们主要用棉花纺织物做门帘、窗帘、毛巾、床单和桌布,等等。② 从大西洋彼岸殖民地运来进行再出口的货物当中最明显的是烟草,英国商人还会把少量欧洲大陆生产的产品再出口到美洲殖民地和俄罗斯。17世纪30年代,在英国多佛成立的短暂国际商业中心进一步刺激了再出口贸易的发展,因为卷入三十年战争当中的很多欧洲大商人为了安全选择通过多佛把货物运到其他地区。③ 到1640年伦敦再出口货物的总价值已经等同于所有国内非纺织产品的出口价值。尽管仍然无法与纺织产品的出口贸易价值相比。

作为东印度公司贸易的主要产品,胡椒再出口量在17世纪20年代之后增长速度更快。在1675—1681年,胡椒的进口量达到平均每

---

① Ralph Davis, "English Foreign Trade, 1660—1700", *The Economic History Review*, New Series, Vol. 7, No. 2, 1954, pp. 150—166.

② F. J. Fisher, *Essays in the Economic and Social History of Tudor and Stuart England*, Cambridge University Press, 1961, pp. 133—134.

③ F. J. Fisher, "London's Export Trade in the Early Seventeenth Century", *The Economic History Review*, New Series, Vol. 3, No. 2, 1950, pp. 151—161.

年约460万磅的最高峰,这其中超过90%都进行了再出口。与此相比,白棉布的贸易更能引起人们的瞩目,特别是在17世纪70年代,欧洲人开始悄然喜爱上白棉布所做的衣物,这引起东印度公司进口的白棉布货物量出现持续性的飞速增长。因为印度的物价和劳动力水平相比欧洲要低很多,即使经过长途跋涉才能从东方运来,白棉布价格依然低廉,同时白棉布做的衣物还极度的耐穿,起初购买棉花纺织品的都是不太富有的人群,但白棉布的优质,穿衣方式和种类的变革,很快吸引了中层以及上层社会消费者的注意力,到17世纪80年代中后期,棉花纺织品在整个欧洲已经变得极度流行,各个阶层的人都在使用。它的使用范围从工作服到舞会礼服十分广泛,一个庞大的市场已经打开。印度白棉布的扩张或许在一定程度上损害了英国和欧洲大陆纺织工业,但是我们更要看到的是,就像烟草那样,一种全新的产品已经在消费者当中创造出一种新的需求。英国进口印度的白棉布纺织产品在1664—1665年只有28万匹每年,但之后就上升得十分迅速,在17世纪70年代平均进口量达到545692匹,到1683—1685年,达到年均125万匹的顶峰进口量。在这之后有所回落,但是到1699—1701年又恢复到70万匹每年的水平。由英国东印度公司再出口的白棉布在欧洲市场上必须要面对由荷兰、法国、丹麦和葡萄牙等国商人带回国的白棉布的竞争,但是英国白棉布的再出口量已经由17世纪60年代的10万匹每年到17世纪超过了50万匹每年,到17世纪80年代肯定更多。东印度公司的进口货物还包括靛蓝、硝石、生丝;从17世纪60年代开始还从也门进口少量的咖啡,从中国进口少量的茶叶,其进口货物的总价值从17世纪60年代早期到1699—1701年上涨了240%。[①]

同时,与美洲殖民地的进口贸易增长速度比东方各国还要快。特别是17世纪60年代,烟草产品进口扩张的速度特别之快。烟草这种货物一旦进入消费者的手中,就会像食物那样成为他们生活中不可或缺的组成部分,并会在社会上形成一种难以抑制的消费欲望。特别是

---

① Ralph Davis, "English Foreign Trade, 1660—1700", *The Economic History Review*, New Series, Vol. 7, No. 2, 1954, pp. 150—166.

当时的人们并未意识到这种令人着迷的商品会给吸食者的身体健康带来危害。消费需求增长的同时，种植园主们也在试图通过更多的销售数量以弥补降低的价格，就绝对数量而言，伦敦烟草进口量从 17 世纪 30 年代后期的 180 万磅每年上升到 1663 年的 740 万磅每年，1681 年的 1450 万磅每年，1699—1701 年更是达到 2200 万磅每年的高度。全国总的进口量则更高，1672 年为 1760 万磅，1699—1701 年年均为 3380 万磅。① 英国国内的消费虽然增加得非常快，但是已经完全不能吸收如此之大的烟叶洪流。同时到这一时期，西印度群岛上一个接一个的岛屿都放弃了烟草产品的出口而转向了蔗糖种植。烟草种植则开始主要局限于美洲殖民地大陆。英国的殖民地，特别是维吉尼亚，当时生产的数量比其他地区要多得多。英国不仅拥有对烟草种植近乎垄断的地位，在 1664 年从荷兰人手中夺取新阿姆斯特丹之后，同样拥有了美洲烟草对欧洲贸易的垄断。当然，美洲并不是烟草唯一的来源地。烟草在传统世界也有种植，虽然 17 世纪晚期在英国烟草种植被限制了，但是欧洲大陆很多地方也都种植烟草。到 1700 年欧洲的烟草产量同样增长很快，特别是在荷兰和德国北部。但是维吉尼亚的烟草质量比欧洲要高得多。尽管海关关税和国家垄断人为抬升了烟草的价格，但是欧洲社会所有阶层的人群对这种新奢侈品的需求却越来越大，这种殖民地产品超过国内需求的部分不断增长，并很容易被国外市场吸收。在 17 世纪 70 年代，烟草的再出口已经达到进口额的 30% 和 40% 之间，到 1700 年这一比例更是上升到接近 2/3。② 烟草再出口贸易最大的市场是阿姆斯特丹，在那里荷兰商人把烟草分销到整个欧洲北部地区，其次，到 17 世纪 80 年代西班牙和爱尔兰也吸收了大量的烟草再出口份额。

除了烟草之外另一种大规模再出口的美洲产品是蔗糖。早在 16 世纪 90 年代，蔗糖就成为一种主要的进口商品，但是在那之后的很长时间蔗糖的进口仅仅是为了满足国内的消费。在 17 世纪 40 年代之

---

① C. G. A. Clay, *Economic Expansion and Social Change: England 1500—1700: Vol. 2*, Cambridge University Press, 1984, p. 168.

② Ralph Davis, "English Foreign Trade, 1660—1700", *The Economic History Review*, New Series, Vol. 7, No. 2, 1954, pp. 150—166.

第四章 17世纪中晚期贸易变革和西部港口的崛起 165

前欧洲蔗糖进口的最主要来源地是巴西，除此之外还有摩洛哥、大西洋上的马德拉群岛和亚速尔群岛、几内亚湾的圣多美（Sao Tome）和普林西比岛（Principe）。所有这些地区除了摩洛哥之外都在葡萄牙的控制之下。因而葡萄牙里斯本成为17世纪早期，美洲蔗糖的转口贸易中心。荷兰人在17世纪30年代试图攻占巴西，虽然最终失败了，但是战争破坏了当地的蔗糖生产，同时推高了国际蔗糖价格，这刺激了其他地区种植甘蔗的欲望。恰好这时，烟草价格变得特别的低，这使得西印度群岛的富有种植园主们开始寻找另外一种能够代替烟草在欧洲出售的经济作物。其中有些人已经开始种植棉花，以便迎合英国国内纺织工业生产混合纺织产品的需求。但是，蔗糖贸易无疑给西印度群岛的种植园主们提供了一个更好的选项。尽管蔗糖的生产过程与烟草大大不同，不仅工艺复杂而且需要成本高昂的建筑和设备，与此同时，种植园主模仿葡萄牙人购买奴隶以用于蔗糖种植和生产，这导致他们的资本投资进一步增加。但是因为蔗糖贸易获利丰厚，17世纪40年代，蔗糖种植在巴巴多斯扎根之后，很快扩展到其他岛屿，巴巴多斯还获得了"西印度糖岛之母"的称号。英国从这里进口蔗糖数量增长得十分迅速，17世纪60年代接近1万吨每年，到17世纪末年平均进口量超过2.4万吨[①]，不仅完全从葡萄牙产品手中夺回国内市场，而且还有相当一部分再出口到欧洲各国。西印度群岛大面积种植甘蔗，使得世界上的蔗糖数量激增，进一步导致价格下降，从而扩大了英国蔗糖在欧洲市场的占有率。蔗糖的进口价值上虽然很快超过了烟草，但是因为大部分蔗糖都用于国内消费，所以在再出口价值上要逊于烟草。在1700年2/3的进口蔗糖都用于国内消费，而烟草只有1/3留在了国内。在1699—1701年，蔗糖的年均再出口价值为28.7万英镑，印度白棉布是34万英镑，烟草是42.1万英镑。[②]

西印度群岛蔗糖贸易的出现还产生了很多其他的影响。因为它使得种植园主对奴隶的需求增多，这促使英国开始大规模参与到非洲的

[①] Richard S. Dunn, *Sugar and Slaves: The Rise of the Planter Class in the English West Indies, 1624—1713*, W. W. Norton & Company Incorporated, 1973, p. 203.

[②] Ralph Davis, "English Foreign Trade, 1660—1700", *The Economic History Review*, New Series, Vol. 7, No. 2, 1954, pp. 150—166.

奴隶贸易当中。加勒比海群岛奴隶群体的增长大大减弱了它们对白人移民的吸引力。与此同时，在1640年之后，英国国内的政治和宗教条件大大改善，清教徒向新英格兰移民的潮流戛然而止。在17世纪晚期，那些试图改变经济条件、冒险或者逃离经济纠纷的人主要目的地是烟草殖民地，而非西印度群岛。①

  1664年，英国从荷兰人手中夺取了新阿姆斯特丹，并在17世纪60年代中期在新泽西和卡罗莱纳建立一些新的大陆殖民点，到1681年在宾夕法尼亚建立殖民点，英国在美洲的殖民地已经从缅因海湾到佛罗里达的边界连成一片。英国美洲殖民地的扩大，特别是对新阿姆斯特丹的占领，为英国在美洲的毛皮贸易创造了契机。在荷兰的统治之下时，新阿姆斯特丹就已经是北美洲地区主要的贸易基地，因为它与哈德逊山谷（Hudson Valley）南端相邻，能够轻易地到达大陆的内部地区，从这里向东向北遍布着数百平方公里的大森林，里面有各种各样长着各种毛皮的动物。这其中最重要的是海狸皮，这种皮毛在17世纪十分有名，做成纺织物能够防水，主要用来制作帽子。法国先占领了进入北部地区森林的最好路径圣劳伦斯河，并且凭借地理优势在欧洲的美洲毛皮市场占得先机。起初，英国大陆殖民地的毛皮只卖给早期的殖民者，当英国占领了新阿姆斯特丹之后才开始与法国形成竞争，即使这样，法国的美洲毛皮生意规模也大大超过英国。英国人通过一系列的冒险想要找到通过西北方到达远东地区的路线，却意外地发现通往北美大陆内部的第三条路线，虽然航行比较困难，但是却避开了法国人的势力范围，沿着拉布拉多海岸北上，就能进入哈德逊湾。为了开发这一地区的贸易，1670年英国成立了哈德逊湾公司，他们很快从这里获取了大量的毛皮。在1688—1694年之间每年从这里运到伦敦的海狸皮超过4万块，这一新的毛皮来源加上法国从加拿大运出的毛皮，超过了国内市场能够吸收的范围，英国商人会把多余的毛皮再出口到欧洲，向荷兰提供原来由荷兰商人自己获取的皮毛，也把皮毛再出口到汉堡和俄罗斯。但是，美洲皮毛贸易的价值无法与

---

  ① Kenneth Gordon Davies, *The North Atlantic World in the Seventeenth Century*, University of Minnesota Press, 1974, p. 72.

烟草、白棉布和蔗糖相比，后三者占了向欧洲再出口价值的60%。①

到1700年，伦敦已经成为重要的国际贸易中心，大量的东方、北美和西印度群岛货物通过伦敦到达欧洲，再进入到最终的消费者手中。17世纪下半叶，伦敦国际贸易中心功能增长十分迅速，以至于它已经超越了阿姆斯特丹成为欧洲最大的贸易中心。虽然英国再出口欧洲商品到远东的贸易举足轻重，但美洲殖民者的购买力也在不断增长，在那里已经开始形成一个各类工业产品的巨大市场，有一些殖民地居民所需的产品很大部分都不是在国内生产，所以开始有英国再出口一些大陆的产品特别是亚麻制品到大西洋彼岸，虽然数量不大，但是增长很快。在1699—1701年，这一再出口贸易占到总的再出口贸易的15.7%，再出口贸易的大部分都是直接到达欧洲北部和西北部。英国的再出口贸易到17世纪末已经达到198.6万英镑，占了整个国家出口贸易值641.9万英镑的31%。

三 大西洋上的三角贸易

与17世纪再出口贸易的发展相伴而生的是一系列三角和多边贸易的出现，这些贸易形式和再出口贸易有着相同的贸易意义。这涉及商人们在一个对外贸易地区获取货物的目的是为了在另一个对外贸易地区销售，而不是在本国国内消费。三角贸易和多边贸易与再出口贸易的区别是因为地理上的原因使得从国外取得的某种商品出口到另一个国外地区通过国内的港口运输甚是不便，或者无此必要。

最早的多边贸易是从英国出口生活必需品和盐等商品到纽芬兰，以获取那里的鱼类，之后进行腌制，最后直接出口到大西洋群岛、西班牙、葡萄牙或者地中海西部海域，以获取葡萄酒和更多的盐。英国商人还在波罗的海地区购买木料和谷物，然后运输到欧洲南部地区出售。欧洲南部在1600年之前，木料、谷物这些重要的货物就不再能够自给自足，但是这一贸易的大部分份额一直被荷兰人掌握。在整个17世纪，荷兰在这一地区的贸易都保持了惊人的繁荣。荷兰人控制

---

① Ralph Davis, "English Foreign Trade, 1660—1700", *The Economic History Review*, New Series, Vol. 7, No. 2, 1954, pp. 150—166.

了大多数欧洲北部和南部之间的贸易运输，因为他们的航运成本，运输费率是欧洲航海民族当中最低的，当商人们运输体积较大，价值相对较低的货物时，运输成本就成为他们考虑的首要因素。英国船只则在地中海内部的航运贸易中占有优势。地中海周边国家的造船业因为原料短缺，生产成本逐渐攀升而日渐衰落，这导致地中海地区港口与港口之间的贸易越来越多的依靠外国船只来运输。同时，地中海海域巴巴里海盗的猖獗意味着运输过程中，船只安全比便宜的运费更重要。英国船只比它的竞争对手更牢固，防御性更高。17世纪下半叶，英国政府经常派强大的战舰编队进入地中海，使得他们的航运船免遭海盗的侵袭。英国商人还参与到地中海内部的贸易当中，例如在爱奥尼亚海和爱琴海的岛屿购买西西里的谷物、葡萄酒和水果，运输到意大利北部和黎凡特港口进行出售。在东方地区，东印度公司还从事纯亚洲区域内的贸易，在印度和东南亚之间，来回贩卖亚洲的产品，甚至还经营印度到红海和波斯湾的贸易。

毫无疑问，最为重要的三角贸易是我们熟知的包括黑奴和蔗糖在内的大西洋贸易。这一贸易迅速发展的主要原因是西印度群岛的种植园主开始种植生产蔗糖，这种新的经济作物在西印度群岛引发了经济和人口革命。因为生产蔗糖需要昂贵的提炼设备，甘蔗必须大规模种植才能产生经济效益。于是，种植园主们开始想尽各种办法来扩大他们的种植园面积，无论是开拓新的土地还是从附近的小土地所有者的手中购买土地。在不断形成的大种植园内，需要大批的廉价劳动力，而这些劳动力还必须经过训练成为有组织的群体以完成垦荒、清理土地、种植甘蔗、收获甘蔗等等一系列繁重而困难的工作。在巴西，葡萄牙人从非洲西部进口了大量黑人奴隶，把他们当作劳动力，西印度群岛的种植园主们采取了与其相同的劳动力模式。在17世纪早期，西印度群岛，特别是在巴巴多斯岛上，已经有了一些奴隶劳动者，但总的来说，黑人奴隶群体相对于当地众多的白人人口来说还是显得非常少。直到17世纪40年代中期之后，他们才开始进口大量的黑人奴隶。虽然黑人奴隶对于种植园主来说并不是唯一可用的劳动力形式，白人契约奴仆也是这一时期普遍存在的一种劳动力形式，但是黑人奴隶是所有种类的劳动力当中最符合他们要求的。尽管种植园主也能够从一个契约奴仆身上榨取到除了他的生存成本之外的全部劳动力价值，但是契约奴仆的使用年限只有 4—5 年，过了契约期之后就不能再榨取。相对而言黑人奴隶的榨取却毫无限制，更为重要的是奴隶供应要比契约奴仆灵活得多。虽然在 17 世纪 80 年代仍然有很多契约奴仆存在于巴巴多斯岛上，但是却减少得很快。西印度群岛上的工作条件，已经恶劣到了令人发指的地步。这使得很多白人移民流向了更远的北方。当地原本拥有大量的白人工资劳动者，他们比白人和黑人奴隶劳动者拥有更高的创造力和劳动效率，但当蔗糖生产被引进到西印度群岛之后，其数量就开始大量减少。在 17 世纪的第三个 25 年白人大都移民到美洲大陆的殖民地上。此外，欧洲契约奴仆一旦自由之后就再也不能忍受种植园里残酷的工作条件，而奴隶则不同，种植园主可以无限期地强迫他们去工作。

西印度群岛引进蔗糖生产之后，群岛之上白人和黑人的人口平衡开始发生改变，这在巴巴多斯岛上发生得最早也最为迅速。到 1690 年，巴巴多斯岛上黑人奴隶数量已经是白人的 3 倍多，这一情况在其他地区也在缓慢进行，但这并不意味着所有的岛屿都在种植甘蔗。有少数岛屿仍在种植棉花、靛蓝、姜、染色木和一些谷物，但是到了 1700 年整个英国加勒比海地区的经济都被大规模的种植园主所牢牢掌控。人口上也是黑人奴隶占据了优势，白人人口在 17 世纪 40 年代晚期还高达 6 万人，到了 30 年之后就已经下降到 4 万人左右，到了 18 世纪初这一数字甚至下降到 3 万以下。相反，到 1680 年奴隶的数目已经超过了 7 万人，到 1700 年已经突破了 10 万人。[1]

黑人奴隶恶劣的工作条件使得他们的死亡率不断上升，种植园里男女比例的严重失调意味着奴隶的出生率很低，这极度不利于西印度群岛奴隶人口的自我生育和增加，但是西印度群岛黑人奴隶人数却在不断增加，这表明奴隶贸易贩卖到这里的奴隶人数远远超过上述数字。根据英国官方估计，在 17 世纪第二个 25 年，被贩卖的奴隶超过两万人。在第三个 25 年将近 7 万人，第四个 25 年达到了 174000 人。

---

[1] Richard S. Dunn, *Sugar and Slaves: The Rise of the Planter Class in the English West Indies, 1624—1713*, W. W. Norton & Company Incorporated, 1973, pp. 311-313.

170　1350 年至 1700 年英国港口贸易的崛起

单单在巴巴多斯岛上，1645—1689 年运奴船年均运来的奴隶数就超过 2000 人，到 17 世纪 90 年代，更是超过了 3000 人。① 最开始的时候，英国种植园主所需要的奴隶大都从荷兰人手中购买，荷兰人在 17 世纪 30 年代攻占了很多葡萄牙人在非洲西海岸的要塞。荷兰人通过他们在西印度群岛的库拉索（Curacao）和圣尤斯特歇斯（St Eustatius）贸易基地向所有国家的美洲殖民地提供奴隶。然而，随着英国殖民地种植园对奴隶的需求日渐增长，越来越多的英国商人便开始进入到罪恶的奴隶贸易当中，自己进行奴隶贩卖。

近代英国的奴隶贸易起源于伊丽莎白一世时期，由著名的海盗商人约翰·霍金斯（John Hawkins）开创。1562 年，他率领船队开始了他第一次奴隶贸易航行，并获利颇丰，之后在伊丽莎白女王的支持下曾多次组织奴隶贸易活动。这时的英国奴隶贸易主要是满足西班牙美洲殖民地对黑人奴隶的需求，但是由于触动了西班牙人的利益，引起了西班牙政府的强烈不满，因而 1568 年，霍金斯的奴隶贸易船队遭到西班牙的袭击，损失惨重。从此之后，因为西班牙的压制，英国的奴隶贸易陷于沉寂，在很长一段时间到达非洲西部的英国商人数量都很少，通常还是以海盗贸易的形式表现出来。直到 17 世纪初期，西班牙走向衰落，英国的奴隶贸易才有所恢复，但是因为缺乏内在的经济动力，这一贸易规模一直很小。这时，英国商人更感兴趣的是非洲西部的黄金，而不是那些黑人奴隶。

到 17 世纪 40 年代，西印度群岛种植园主大量种植甘蔗，购买奴隶，并把他们跨过大西洋运到美洲才成为英国的经常性贸易，甚至到了那时候奴隶贸易的规模也比较小。直到 1660 年，英国颁布航海条例禁止西印度群岛的种植园主们从荷兰人手中购买奴隶，英国进行奴隶贸易的真正良机才到来。从那时候开始，英国的非洲贸易越来越多的集中到奴隶之上。英国的奴隶贸易像其他贸易种类一样控制在一些获得贸易特许权的公司和个人手中。最早获得贸易特许权的是一些伦敦商人，之后主要是几内亚公司，还有一部分是拥有贸易特许令的个

---

① Philip D. Curtin, *The Atlantic Slave Trade*: *A Census*, University of Wisconsin Press, 1969, p. 119.

人贸易者。1660年，约克公爵也就是之后的詹姆斯二世主导成立的皇家非洲冒险商人贸易公司（Company of Royal Adventurers Trading to Africa）把这项贸易推向了高潮。它在1663年获得王室颁发的奴隶贸易垄断特许状。[①] 这一公司在英荷战争期间损失惨重，在1672年重组成立为皇家非洲公司（the Royal African Company）。皇家非洲公司成为对奴隶贸易垄断时间最长，也是最为成功的公司，在它的顶峰时期贩卖的奴隶数量十分巨大，它向非洲西部出口印度白棉布、瑞典和德国的金属块，英国的纺织产品、枪支、刀具等等，以获得资金购买奴隶，一直到1689年该公司每年购买的奴隶超过5000人。考虑到在运输奴隶途中高达1/4的死亡率，它每年贩卖到西印度群岛的奴隶超过4000人。然而，正像它之前的公司一样，它不可能完全实施对奴隶贸易的垄断。尽管有贸易禁令，但荷兰的非法贸易商人仍然贩卖相当数量的非洲奴隶，英国非法贸易者贩卖的奴隶数量就更多。后者在17世纪80年代每年贩卖的奴隶数量甚至达到皇家非洲公司的一半。在17世纪90年代，非法贸易者贩卖的奴隶数量更大，因为在那时，皇家非洲公司失去了政府的政治支持，它的实力被削弱了。1688年光荣革命之后，王室的权力走向终结，到1698年皇家非洲公司的贸易垄断也被最终废除。在此之后，贸易的参与者变得更加广泛，不仅有皇家非洲公司，还有该公司之外的伦敦商人，以及一些地方都会城市的商人。

蔗糖种植在西印度群岛的扩展带来的影响不仅有奴隶贸易，还有其他方面。英国在西印度的岛屿除了牙买加之外，面积都很小。巴巴多斯只有429.93平方千米（166平方英里），其他四个岛总计也只有650.08平方千米（251平方英里）。它们如此专注于种植这种出口经济作物，以至于它们很快出现食物短缺，甚至用来装蔗糖和它的副产品朗姆酒的木桶等产品都不能自给自足。这给那些位置偏北面不能种植烟草的美洲大陆殖民地提供了商机。新英格兰在1640年就开始向西印度群岛的种植园主们提供他们所需要的产品。他们越来越多的把

[①] Davies, Kenneth Gordon, *The Royal African Company*, London: Routledge/Thoemmes Press, 1999, p. 41.

鳕鱼、谷物、面粉、小麦、肉、马匹和木料等运到西印度群岛，这一贸易使得波士顿港口飞速发展，也给马萨诸塞州和新汉普郡等农业区带来了繁荣。英国出口本国以及再出口欧洲的货物到美洲的数量的增长，这一切都归结于西印度群岛种植园主购买力的增加。

英国的对外贸易结构到 1700 年时，比 1600 年要复杂得多。最重要最明显的变化发生在 17 世纪中晚期，纺织产品贸易本质的转变，殖民地贸易的增长，东印度贸易再出口贸易和三角贸易从初期发展到成熟，这一切通常被称为商业革命。但是，这一商业革命不仅是英国一国的现象，而是整个欧洲都在发生的现象。在 17 世纪前两个 1/3 世纪，联合省的贸易扩展和多样化发展，甚至比英国要强烈得多。

与欧洲贸易关系复杂化相伴而生的是众多国家和地区之间进行贸易时，相应的金融系统的演进。信用交易、金融汇兑相比 16 世纪更加普遍和成熟。人们可以在一些商业中心进行汇票交易，这允许人们可以在未来的某个特定时间，在另一个地方用一种不同的货币来支付，汇票可以直接进行买卖，或者通过想要在相反的方向变换购买能力的人作为媒介。但是，如两国之间的贸易明显失衡，或者想要进行支付的两个城市之间没有经常的贸易往来，获得必要的汇票将会十分困难。即使在这些情况下，为了避免运输现金过程中的危险和成本，进行贸易支付的两个地区也会选择与双方都有合适贸易关系的第三地进行支付。总之，一个多边交易能够进行，就需要在第一个城市购买的支票，能够在第二个城市进行支付，在那里可以用来购买另一部分汇票，用于在最终目的地兑换现金。

最后，到 1700 年，对外贸易的另一个变化是伦敦在全国对外贸易当中的绝对优势地位有所削弱。从伊丽莎白时代开始，纽芬兰的渔业贸易与大西洋的冒险事业大大改善了英国西南部地区一些小港口的命运。例如，比迪福德（Bideford）、巴恩斯特布尔、达特茅斯和普尔，在 17 世纪它们都开始向北美洲大陆和西印度群岛进行贸易，但是到 17 世纪下半叶发展更为明显的是西部那些大港口城市，特别是布里斯托尔、普利茅斯，还有之前默默无闻，但是从现在开始发展速度惊人的利物浦，这些众多的地方港口到 1700 年已经掌握了进口和再出口烟草贸易的 1/3，但是毫无疑问殖民地贸易仍然大量集中在伦敦。伦敦不仅仅控制了 2/3 的海外烟草贸易，还掌握了 4/5 的蔗糖进口贸易和超过 90% 的蔗糖再出口贸易。在 1686 年，有 225 艘船从西印度群岛，110 艘船从美洲到达伦敦，而布里斯托尔的数据为 42 和 31 艘，利物浦只有 8 和 13 艘。还有东印度公司的贸易几乎都集中在伦敦，所有东方货物的进口以及再出口贸易都集中在伦敦的码头。在 1699—1701 年，大约 80% 的进口贸易和 84% 的再出口贸易都要通过伦敦，只有在国内出口贸易上，地方港口的比例才达到了 1/3，而伦敦的份额从 17 世纪中期的 75% 下降到了 62.5%。[①] 这反映了埃克塞特、赫尔和纽卡斯尔与联合省和德国的纺织产品贸易的飞速发展，特别是埃克塞特对外贸易的迅速发展。

第三节 大西洋贸易中的布里斯托尔

地处西南边陲的布里斯托尔，在中世纪很长一段时间都是仅次于伦敦的第二大港口城市。它经济繁荣的基础是英国西部地区工业的发展，那里是它天然、广阔的经济腹地。对于布里斯托尔来说爱尔兰贸易近在眼前，但是它的船只却扬帆起航到达更加遥远的地区。布里斯托尔商人的贸易足迹踏遍了波罗的海和地中海贸易区，并且在冰岛的渔业贸易当中占有很大的优势。布里斯托尔与法国的加斯科尼以及伊比利亚半岛的贸易往来十分密切。与西班牙的贸易还使得布里斯托尔第一次与美洲发生了贸易联系。在 15 世纪中期，布里斯托尔的商人在英国与黎凡特地区的贸易航运当中十分活跃。[②] 总之，布里斯托尔是中世纪时期英国对外贸易十分重要的港口。

一 16 世纪布里斯托尔贸易的衰落

布里斯托尔贸易发展当中的不利因素甚至在 1500 年之前就已经出现了。16 世纪时期布里斯托尔的衰落不过是这些矛盾的爆发而已，

[①] Ralph Davis, "English Foreign Trade, 1660—1700", *The Economic History Review*, New Series, Vol. 7, No. 2, 1954, pp. 150—166.

[②] E. M. Carus-Wilson, "The overseas trade of Bristol in the fifteenth century," in E. Power and M. M. Postan, *Studies in English Trade in the Fifteenth Century*, London, 1933, pp. 225—230.

174 1350年至1700年英国港口贸易的崛起

这个时期对其他港口来说也是一个衰败的时代。布里斯托尔与加斯科尼的贸易在1453年之后因为政治原因大大减弱了；欧洲北部地区捕鱼者的竞争对布里斯托尔人的渔业贸易造成很大困扰；与西班牙的贸易到亨利八世时期也几乎停滞了。

最为糟糕的是，布里斯托尔作为西部广阔工业区的产品出口港的地位不复存在了。英国出口贸易向首都伦敦的普遍转移给布里斯托尔的贸易带来严重打击，原本从这里出口的西部地区主要工业产品——宽幅呢绒现在都运输到伦敦再进行出口，布里斯托尔的繁荣时代结束了。虽然布里斯托尔作为宗教中心，当地的一些建筑工程还在进行，为第一任主教修建的大教堂在1542年建成了，还有华丽的圣玛丽·雷德克利夫大教堂，18座教区教堂，较为发达的地下水利系统都在这一时期施工完成。但是，它也像这一时期的南安普顿、林恩和波士顿一样在经济上变得衰败不堪，只能从那些遗迹当中看到昔日的辉煌。

很多当地有名的商人，为了更好地生活，获取更大的利益而移民到了伦敦，这使得布里斯托尔当地的资金流失严重。这些布里斯托尔商人当中最富有的莫过于保罗·威特希波尔（Paul Withypoll），他的父亲在15世纪晚期经常与西班牙、葡萄牙和加斯科尼进行贸易，但是他却移民到了伦敦，主要从事伦敦—安特卫普贸易，并且在亨利八世时期成为伦敦商人冒险家公司的高层管理人员。他在萨福克郡购买了大片的修道院地产，使得他的后代成为那里的土地贵族。在布里斯托尔很有名望的索恩（Thorne）家族[①]，因为远航到了纽芬兰而声名远扬，但是这个家族的成员也在16世纪早期被吸引到了伦敦。那些继续留在当地的商人们必须要有耐心和开拓性精神，像老科伯特一样跨过大西洋去寻找新的商机。这就毫不奇怪在1521年，当英国王室计划开辟一条到纽芬兰的新航线时，布里斯托尔商人的反应远比伦敦商人积极。这时的伦敦商人都忙碌于运输呢绒到安特卫普的贸易，无

---

① Mary C. Erler, *Women, Reading, and Piety in Late Medieval England*, Cambridge University Press, 2006, p. 120. David Harris Sacks, *The Widening Gate: Bristol and the Atlantic Economy, 1450—1700*, University of California Press, 1993, p. 30. George Charles Moore Smith, Percy Hide Reaney, *The Family of Withypoll*, Garden City Press, 1936.

第四章 17世纪中晚期贸易变革和西部港口的崛起

暇他顾。

到16世纪中期，布里斯托尔的人口变得比伦敦的1/10还要少，在财富和贸易方面的差距甚至更大，并且这种差距在伊丽莎白一世和詹姆斯一世时期变得越来越大，这个时期布里斯托尔的贸易到达了最低谷。这个城市甚至凑不到可供当地商人进行远洋贸易的资金和船只。对布里斯托尔来说，1585—1604年间英国与西班牙进行的旷日持久的战争更是十分致命的打击。战争使得布里斯托尔与伊比利亚半岛剩余的贸易陷入了停滞，与法国西部港口的贸易也受到了影响。

伦敦商人不仅吸收了原本从这里出口的主要货物呢绒，而且垄断了威尔士的铁，门迪普丘陵地区的铅，还有曾经从这里出口的其他矿石。伦敦商人甚至试图在布里斯托尔当地建立自己的公司并且派驻代理商。虽然在这样困难的时期，布里斯托尔仍然有像老科伯特和索恩那样具有开拓精神的商人，时刻准备着跨越大西洋进行商业冒险。例如，约翰·惠特森（John Whitson）和罗伯特·奥沃思（Robert Aldworth）带头资助了1603年布林（Pring）和布朗到维吉尼亚的冒险。[1]但是这一时期，很多布里斯托尔的商人寡头更愿意把资金投入到城市内部的房产、乡村地区的土地，以及当地其他事业当中，而不是对外贸易当中。

或许没有什么能比16世纪晚期伦敦商人在对外贸易上建立大量新的贸易公司的主张更能引起布里斯托尔以及其他地方港口的敌视了。这些贸易公司建立的最初需求源于英国商人在与外国商人进行贸易时需要进行统一的协调，然而这些贸易公司却使得伦敦商人在对外贸易当中占尽了优势，因为这些贸易公司基本上都是伦敦商人团体的集合。对于众多地方港口的贸易者来说，他们往往因为进入公司条件严格或者无法承担高昂的入会费而不能成为其中的一员。这些商人对贸易公司实施的贸易规定，征收的相关贸易款项十分反感。他们普遍想要利用有限的资金获得快速的回报，而不是依照贸易公司要求的那样进行统一的贸易，贸易公司在他们眼中成为垄断和专横的代名词。

---

[1] Patrick McGrath, *John Whitson and the merchant community of Bristol*, Bristol Branch of the Historical Association, 1970.

例如，布里斯托尔商人对伦敦商人最不满的就是伦敦商人试图把布里斯托尔商人从他们先辈经常进行贸易的黎凡特和波罗的海贸易区当中驱赶出去。在整个17世纪，地方港口商人们都在不断地努力，试图规避或者打破伦敦商人强加给他们的一系列不平等规定。

其中最值得注意的例子，就是1604年英国与西班牙的战争结束之后，伦敦商人试图恢复他们战争之前在这一地区的贸易组织——西班牙公司，以便垄断英国与伊比利亚半岛的贸易，这引起了布里斯托尔商人的反对，他们进行了强烈的抗议和请愿。布里斯托尔商人冒险家还统一组织地方港口对伦敦商人这一主张进行反抗。与此同时，伦敦商人还想组建法国公司，把所有与法国的贸易都集中到他们手中，这一提议也遭到布里斯托尔商人的强烈反对。布里斯托尔的商人因为伦敦商人把法国鲁昂定为贸易集中地，而放弃了与那里进行贸易。在那个时代，伦敦和地方港口商人之间的利益冲突愈演愈烈，闹得不可开交。以布里斯托尔为代表的地方港口在议会以及枢密院的强烈反应，最终使得它们成功地保持了与大西洋彼岸进行自由贸易的权利。他们反对把英国与法国和西班牙的贸易交给西班牙和法国公司，因为那两个公司不可避免的将由伦敦商人掌控，经过斗争，最终他们也可以参与到这两个公司当中，但是由于伦敦无论商人人数还是经济实力都占有绝对优势，因而这两个公司仍然由伦敦商人掌控。由伦敦商人保持了完全垄断的是与东印度的贸易。东印度贸易巨大的冒险性和漫长的回报过程使得这一贸易只适合那些拥有大量资金的大资本家来做。虽然从任何角度来看，东印度公司的创始者们都不想把地方港口的商人们排除在外，公司创立初期，他们甚至欢迎富有的西部各郡商人加入到公司当中，[1]只不过最后无人响应。

虽然与西班牙和葡萄牙的贸易在1604年达成和平协议之后的重新开放一定程度上促进了布里斯托尔航运业的发展，但是这一时期，由于伦敦商人的竞争和北非穆斯林海盗活动甚为频繁，使得这一地区贸易发展所带来的利润十分有限。受到1612年罗伯特·奥沃思在布里斯托尔建立的第一座蔗糖精炼厂的影响，从里斯本和马德拉群岛进

---

[1] Henry Stevens, *Dawn of British Trade to the East Indie*, Taylor & Francis, 1967, p. 54.

口蔗糖的贸易重新开始了，[①] 这座蔗糖精炼厂在之后的好多年都是伦敦之外全国唯一的一座，然而蔗糖贸易规模在这一时期并不很大。布里斯托尔的商人冒险家公司有足够的理由在1621年拒绝上缴当地税收。他们宣称：布里斯托尔现在的商人很少，而且大都是拥有资金规模很小的年轻人。相对于出口来说，1605年一些威尔士呢绒从他们在什鲁斯伯里的贸易集散中心沿着塞文河进口到布里斯托尔的贸易一度十分引人注意，但是这一贸易变化幅度太大最后终于消失了。

事实上，在这一时期出口的货物当中，除了一点当地工业产的劣质粗呢，剩下的全部都是铅和铅矿石。这些铅类产品大都来自于门迪普丘陵矿区，这一时期正是门迪普丘陵矿业生产的顶峰时期。[②] 这一产品主要被出口到西班牙、葡萄牙、法国和尼德兰地区，有一些还被运往爱尔兰。铅不仅仅能被用来制造生活必需品，而且还经常被用来覆盖在重要建筑物的表面。17世纪上半叶西南部欧洲建造的很多巴洛克式教堂顶部都铺满了门迪普丘陵地区的铅制品。这些年进口货物主要是西班牙西北部的橘子和柠檬，马拉加地区的葡萄干和橄榄油，法国的帆布，爱尔兰的小山羊皮和羽毛；还有西班牙圣卢卡（San Lucar）地区的西印度姜，马德里的蔗糖。一艘从赞特岛（Zante 希腊西海岸的岛屿）返回来的货船当中就有属于布里斯托尔商人罗伯特的很多葡萄干。这些货物的运输以布里斯托尔当地船只为主，也有少量吨位较小的爱尔兰船。偶尔还会有荷兰商人运货前来。例如，一个荷兰商人从马赛运来了橄榄油，在港口卸下之后，然后装下了10吨铅矿，运往了阿姆斯特丹，很明显，要不是外国市场需要这里的铅，布里斯托尔作为一个国际性贸易港口恐怕早已垂死了。

二 重新崛起的布里斯托尔

然而，无论布里斯托尔的对外贸易如何衰落，他的商人对大西洋彼岸的纽芬兰渔业的兴趣都很大。布里斯托尔与纽芬兰的渔业贸易从

---

① Matthew Reynolds, *Godly Reformers and Their Opponents in Early Modern England: Religion in Norwich, C. 1560—1643*, Boydell Press, 2005, p. 261.

② G. H. Gough, *The Mines of Mendip*, Oxford at the Clarendon Press, 1930, p. 113.

什么时间开始我们不得而知。但是至少从 15 世纪晚期开始纽芬兰的鳕鱼就经常出现在布里斯托尔的码头。在 16 世纪上半叶，活跃在纽芬兰渔场上的主要是法国的渔船，还有葡萄牙和西班牙人的渔船，在这一时期法国主要运营纽芬兰对英国出口鳕鱼的贸易。英国的渔民在这一时期更愿意前往冰岛海域捕鱼，直到 16 世纪末，丹麦开始在这一海域征税，他们才被迫向西航行到达美洲海岸。从 1585 年开始，英国西部各郡的渔民还与法国人联合把西班牙和葡萄牙人赶出纽芬兰海域，并在 1604 年和平协议签订之后，在这几个地区之间形成了经典的三角贸易模式，英国渔船在纽芬兰以及北美沿海打捞鳕鱼之后，直接运到西班牙、葡萄牙和地中海西部地区，他们从那里购买橄榄油、葡萄酒和水果运回本国，布里斯托尔在这一贸易中，越来越充当了重要的角色。

但是和纽芬兰的渔业贸易并不能给布里斯托尔带来真正的复兴，真正对布里斯托尔的贸易发展造成了巨大影响的是对北美大陆及其南部群岛的开发。这一过程开始于 17 世纪早期，约翰·惠特森和罗伯特·奥沃思等布里斯托尔商人的商业冒险。最初他们投入的资金往往不是很大。这之后，1607 年英国殖民者在维吉尼亚建立第一块永久的殖民地，1620 年在新英格兰也建立了永久殖民地。可是对于布里斯托尔来说最重要的是在 1624 年之后英国在西印度群岛的边缘建立起殖民地。西印度群岛最主要的产品首先是烟草，从 40 年代开始，西印度群岛开始种植其他经济作物，包括棉花、靛蓝和最为重要的蔗糖。西印度群岛所有这些产品生产获利最大的首先是伦敦，其次也大大促进了西部各郡航运业的发展。西部地区最主要的获利者是布里斯托尔，它在大西洋彼岸有着长时间的贸易传统和利益，与当地的移民联系紧密。至少从 1629 年开始，布里斯托尔就出口呢绒到维吉尼亚，从 30 年代开始，运输到西印度群岛的纺织品开始增多。到 50 年代，布里斯托尔与新世界的贸易联系变得十分紧密。很多蔗糖从西印度群岛进口到布里斯托尔再出口到拉罗切和阿姆斯特丹。

与爱尔兰的贸易再次扩张对布里斯托尔在这时也十分重要。布里斯托尔在中世纪时期曾经十分引人注目的与爱尔兰的贸易，到 17 世纪头 25 年已经变得十分微小。从 17 世纪 30 年代开始，在爱尔兰的战争停止了；爱尔兰附近海域的海盗也明显减少；严酷的英国统治这时处于暂停状态,所有这一切使得爱尔兰的经济达到前所未有兴旺的同时,也使得布里斯托尔和爱尔兰的贸易又焕发了新的活力。与之前不同的是,布里斯托尔与爱尔兰的贸易不再仅限于与它离得近的港口,而是扩展到了包括都柏林、戈尔韦(Galway)和科尔雷恩(Coleraine)在内的很多地方。1637 年从布里斯托尔运往爱尔兰的货物当中,不仅包含从布里斯托尔再出口的烟草和无籽葡萄干,还有从帆布、安哥拉山羊毛织物到棉麻粗布等很多种类的纺织产品,长柄大镰刀、谢菲尔德刀具等各种铁制品,白镴(锡铅合金),食盐,香皂,柏油以及包括啤酒和啤酒花在内的不同种类的消费品。从爱尔兰进口的货物仍然有过去一直进口的劣质呢绒和动物毛皮,新的而且比较重要的发展就是食物等必需品贸易的增长,主要有牛肉、猪肉、鱼类以及新近出现的桶装黄油贸易。从 1619 年开始,布里斯托尔商人就拥有由王室颁发的出口威尔士黄油到法国西部和西班牙的特别执照,与爱尔兰不断扩大的贸易促进了这一贸易的发展。

与此同时,大西洋彼岸也出现了生活必需品的新市场。不管是在西印度群岛还是在纽芬兰,皆是如此。在西印度群岛,从最初的烟草到后来的甘蔗种植,利润是如此巨大,以至于没有任何多余土地来种植粮食。在纽芬兰,那里的捕鱼者,在他们活跃的季节只能靠进口食物满足生活需要。

布里斯托尔的贸易复兴势头由于 17 世纪 40 年代政治动乱遭遇重创。重新开始的爱尔兰叛乱对两地的贸易来说就是一个灾难,同时,布里斯托尔本身也在英国内战当中遭到严重打击。布里斯托尔的市民由市长、长老和下议院议员为代表强烈谴责内战中发生在布里斯托尔的军事冲突,然而在 1642 年之前所有呼吁王室和议会进行和解的努力都是徒劳的。布里斯托尔在战争期间数度易手,当它在 1645 年向圆颅党人(Roundhead)[①] 屈服之时,当时的人认为它看起来像一座监狱而不是一座城市。它还不得不向解放它的士兵们支付 6000 英镑作为小费,紧接着在 1647 年发生的大规模火灾对它来说又是一次大的考验。所有这

---

① 圆颅党人为 17 世纪中期,英国国会中的一知名党派,之所以称"圆颅党人"是因为这些人公然蔑视流行时尚,而把头发剪得非常短。

些不幸已经耗尽了这个城市商人们仅有的一点资金，在17世纪上半叶他们投入的贸易事业相对来说规模都不大，一些商人甚至没有多余资金给贸易航行上保险。他们认为给商船加强武装更加划算。

到这个世纪中期，这一系列的灾难都已经过去，繁荣终于又回到了布里斯托尔。布里斯托尔繁荣重新恢复的早期标志性事件是约翰·奈特（John Knight）1654年在当地建立了第二座蔗糖精炼厂。[①] 蔗糖仍然从里斯本和西印度群岛进口。奈特富有远见的把蔗糖精炼厂和他在尼维斯岛（Nevis，西印度群岛东部岛屿）上购买的种植园连接在一起。这种自产自销的经营模式使他获利颇丰。当然，这一工程所需资金庞大，他无力一人承担，大都是从亲朋好友那里筹集而来。一些其他蔗糖精炼厂受其影响，也陆续在布里斯托尔建立起来。这些蔗糖精炼厂基本上都是采取多人共同投资的运营模式，这一时期，只有富有的伦敦商人才有足够资金单独完成那样耗资巨大的事业。布里斯托尔商人毫无疑问已经像中世纪晚期伦敦商人面对外国商人那样，意识到只有合伙经营才能壮大实力，在与强大、富有的对手竞争当中立于不败之地，只不过他们的对手换成了伦敦商人。当然，与外部斗争不同的是，布里斯托尔商人只是想从庞大的西印度群岛贸易当中分得一杯羹而已。不仅如此，布里斯托尔蔗糖精炼厂的经营者们往往还效仿约翰·奈特与西印度群岛上的种植园保持紧密的联系，当然种植园主们也乐得其成，这样在西印度群岛和布里斯托尔之间就形成了从种植甘蔗到蔗糖精炼再到销售的完整而紧密的贸易链条。

1660年王政复辟之后，布里斯托尔的大西洋贸易发展速度更快。相对于传统的与法国、西班牙、爱尔兰和纽芬兰进行的贸易联系，新的更为广阔的商业网络逐渐形成了，布里斯托尔随之成为英国大西洋贸易一个重要的商业中心。它的船只出口从纺织业产品、铁制品到药品、糕点、糖果等大量产品，前往传统贸易区及新英格兰、维吉尼亚和西印度群岛。城市里制造的玻璃在法国、爱尔兰和美洲也有广泛的市场。布里斯托尔在这一时期进一步建立起了运输和再出口贸易，包

---

① Angus Calder, *Revolutionary empire: the rise of the English-speaking empires from the fifteenth century to the 1780s*, Pimlico, 1998, p. 182.

括运输地中海的葡萄干和水果,东印度的香料,维吉尼亚的烟草和加勒比海地区的蔗糖到爱尔兰,再把爱尔兰的很多生活必需品贩卖到纽芬兰和西印度群岛。荷兰和德国的亚麻布、帆布同样经过布里斯托尔商人的手跨过了大西洋来到了美洲消费者手中。查理二世时代中期有至少 30 名布里斯托尔商人参与到与纽芬兰和欧洲西南部组成的三角贸易当中,他们从西班牙、葡萄牙以及意大利地区进口橄榄油、葡萄酒、水果和其他货物,向欧洲西南部国家供应纽芬兰腌制鱼类,出口工业制品到维吉尼亚,向西印度群岛出口爱尔兰的生活必需品。布里斯托尔商人甚至还从事暴利的非洲奴隶贸易。布里斯托尔商人与西印度种植园主联系密切,使得他们能够无视皇家非洲公司的奴隶贸易垄断特权以无照经营者的身份秘密参与其中。

促使 17 世纪布里斯托尔对外贸易走向复兴的因素很多。

首先,是其自然条件良好。门迪普丘陵地区丰富的矿藏,使其铅矿贸易长盛不衰;其港湾优良,利于大型船只进出;不断改善的水路和陆路交通条件,使得从布里斯托尔越来越容易到达西部各郡、南威尔士和中部地区。17 世纪塞文河和它的支流以及其他西部河流航道都汇入了布里斯托尔运河,使得布里斯托尔商人依靠水路进行内陆航运的能力也大大增强。[1]

其次,在人文方面,布里斯托尔的成功不仅归功于当地人远洋航行的经验和传统,同样在于当地杰出商人的坚持和开拓精神,这经过了始于 17 世纪早期商人群体在贸易困难情况下数代人的努力。迈尔斯和约瑟夫·杰克逊等人在经济不景气的情况下,没有像其他商人那样移居伦敦,仍然不断筹措资金投资布里斯托尔到纽芬兰和地中海的贸易;还有迪恩斯、卡恩和约曼斯,这些人在王政复辟之后的贸易发达都和投入自己的大部分资金来拓展生意有关。当然,像之前提到的蔗糖贸易商人一样,从事其他贸易种类的布里斯托尔商人也并不总是单打独斗,他们也会自由地结成贸易伙伴和贸易团体,这会使得他们在贸易竞争当中更容易取得成功。

---

[1] T. S. Willan, "The River Navigation and Trade of the Severn Valley, 1600—1750", *The Economic History Review*, Vol. 8, No. 1, 1937, pp. 68—79.

最后，布里斯托尔和其他英国商人在 17 世纪下半叶从英国政府那里得到的帮助也是不能够忽略不谈的。这一时期他们与荷兰商人在贸易上不断发生的冲突比斯图亚特王朝早期要强烈得多。荷兰人因为低廉的运费和良好的商业信誉，称雄欧洲和跨大西洋运输贸易业，获得"海上马车夫"的雅号。但是在英国政府的帮助，到 17 世纪下半叶荷兰人在大西洋上对布里斯托尔商人的强烈竞争已不复存在。在此之前，荷兰人的旗帜时不时就会出现在埃文河上，他们经常用地中海地区的货物来交换门迪普丘陵地区的铅矿。17 世纪 40 年代英国的政治混乱给荷兰人带来了更大的机会。他们很快在运输必需品和工业制成品到生产蔗糖的西印度群岛的贸易上取得领先。他们的成功无疑使得布里斯托尔和西部各郡商人十分不满。英国政府很快行动起来，把荷兰人赶出了这一贸易。1651 年颁布的《航海法令》发起了向荷兰人进攻的号角，王朝复辟之后，政府又颁布了一系列措施更为严厉的法令，最终成功地把西印度群岛的贸易掌握到了英国人的手中。当 1667 年荷兰人被迫放弃他们在北美大陆的主要殖民地新阿姆斯特丹之后，布里斯托尔商人在加勒比海真正的竞争对手就只剩下了新英格兰人。

布里斯托尔在 17 世纪的复兴给这个城市的面貌带来了很大改变。16 世纪贸易衰败之后，港口的改造一直无人问津，一方面因为城市经济窘迫，另一方面因为贸易量小，码头的吞吐量能够满足需求，改造实在没有必要。直到 17 世纪 20 年代贸易量日增，改造港口的呼声才出现。1625 年，罗伯特·奥沃思为了运输需要开始建造临时码头。王朝复辟之后，城市面貌的改变速度明显加快。到 17 世纪 60 年代城市建立了一个新码头，17 世纪 80 年代人们还对这个新码头进行了重建。17 世纪 90 年代又有一个新的码头在港口建立起来，当然还有新的起重设备。即使这样，这一时期来布里斯托尔进行贸易的很多大型船只还不能直接航行到布里斯托尔，而是抛锚在下游的哈格路（Hungroad）。市政府在 17 世纪 50 年代城市重新繁荣之后，模仿伦敦建造了一个城市游艇。布里斯托尔还模仿伦敦修建了很多建筑。当时的日记作家塞缪尔·佩皮斯（Samuel Pepys）[①] 漫步于这

[①] 塞缪尔·佩皮斯（1633—1703），英国作家和政治家，海军大臣，以散文和流传后世的日记而闻名。

座城市的街道之后，在他的日记当中写道：无论从哪个方面看，布里斯托尔都像另外一个伦敦。[1] 新城区在中世纪城墙之外扩张得很快。1678 年，中世纪狭窄的巷道也得到扩建，乔治时代布里斯托尔宽敞的街道，很多新的建筑都在见证着这个城市重新返回英国大都市行列。[2]

第四节　后起之秀利物浦

在我们讨论利物浦之前，有必要论述一下离它不远处的切斯特，因为在利物浦崛起之前英国西北部的国际性港口只有切斯特。切斯特位于英国西北部与威尔士交界地带，迪河是其运输货物的主要河流。中世纪时期，它对于英国西北部来说就相当于布里斯托尔对于西南部一样。利物浦的崛起一定程度上取代了它的位置。它在罗马时代就是一个城墙城市，在中世纪时期是巴拉汀伯爵的首府和教区主教所在地。它的市民不仅和都柏林等爱尔兰城市，还和加斯科尼、欧洲北方城市进行贸易。然而，中世纪中期，切斯特的港口遭到了迪河不断淤塞的打击。14 世纪以来，城市的商人们试图阻止港口逐渐毁灭的努力大多成效不佳，他们最有成效的办法是在离切斯特较远的迪河下游修建了一个辅助港口，那里的水资源仍然比较充足。这一措施取得一定成功，使得它能够在 16 世纪继续进行国际贸易，保持一个国际性港口的地位。但是，切斯特港口不可阻挡的淤塞仍在继续，对外贸易运输船只吨位不断增加使得这一形势更加严峻。到 17 世纪中期之前，切斯特港口不再能够满足经过威尔士北部进行对外贸易船只停靠的需求。它那高耸的城墙、中世纪的教堂和都铎时代有拱廊的街道，仍然在见证着它在中世纪时期的重要地位，然而它的商业活动这一时期已经转移给了邻居利物浦。利

---

[1] Samuel Pepys, *The Diary of Samuel Pepys from 1659 to 1669*, Mobile Reference, 2010, p. 1668.

[2] W. E. Minchinton, "Bristol: Metropolis of the West in the Eighteenth Century", *Transactions of the Royal Historical Society*, Fifth Series, Vol. 4, 1954, pp. 69—89.

物浦也悄然开启了它惊人发展的时代。①

一 17世纪中期之前默默无闻的利物浦

利物浦与切斯特一样位于英国西北部，其主要运输河流是默西河（River Mersey）。整个中世纪利物浦都完全被切斯特的阴影所笼罩，任谁也不会想到它到17世纪后期之后能够获得那般的荣耀。事实上，它到15世纪时还只是一个不起眼的小渔村，甚至没有一个自己的教区教堂，虽然有一座供奉圣母玛利亚和圣尼古拉斯的小型神殿，但也只能算作一个礼拜堂教区，到了16世纪，城内居民们的主要职业还是农业。然而，英国国王约翰1207年就给予了它自治权，使它成为自治市，并且能向议会选举两名成员。从中世纪晚期开始，市民们就组成了一个小的团体，执着地捍卫着他们的自治权力，抵抗当地封建大地主对这种权力的侵害。

早在亨利七世时期，约翰·利维在他的旅行笔记当中就提到利物浦吸引商人进行贸易的原因是这里所交的关税较低，而且，曼彻斯特的商人可以从这里购买到大量的爱尔兰纱线。利物浦相对来说松弛的关税管理以及较低的关税征收标准，引起了切斯特人的警觉。切斯特市政府在1533年向国王告发了利物浦，声称利物浦通过不正当的手段侵害了他们的权益。甚至在都铎时期一部分兰开夏郡南部与爱尔兰的贸易就通过默西河来进行而不是迪河。尽管这一贸易规模很小，因为即使到伊丽莎白一世登上王位的时候，利物浦的市民也不过138人。到1620年，他们的市民人数也仅仅上升到245人，但是利物浦在这一时期就已经从日渐增多的英国—爱尔兰贸易当中获得了一些利益。② 毕竟，从爱尔兰与兰开夏工业区的联系上看，默西河是一条比迪河更加合适的贸易线路。因为迪河更偏西南，再加上16世纪迪河淤塞日益严重，都柏林商人开始不断地把他们与英国的贸易从切斯特转移到利物浦。在17世纪30年代，利物浦的贸易模式，就是出口煤

---

① Herbert James Hewitt, *Mediaeval Cheshire: An Economic and Social History of Cheshire in the Reigns of the Three Edwards*, Manchester University Press, 1929, pp. 129—143.

② Thomas Baines, *History of the Commerce and Town of Liverpool: And of the Rise of the Manufacturing Industry in the Adjoining Counties*, Longman, Brown, Green, and Longmans, 1852, p. 293.

炭、铁制品和曼彻斯特纺织品到爱尔兰，返航时带回的货物大多数都是亚麻纱线。在此之后很多年，这一贸易模式都没有太大变化。

兰开夏（Lancashire）南部纺织工业的发展繁荣是17世纪后期利物浦令人震惊的经济扩张的基本因素，因为那里是利物浦的直接腹地。在16世纪兰开夏主要生产的毛纺织品和亚麻制品产量并不大，而且大都通过伦敦出口。伊丽莎白一世时代结束之前兰开夏纺织工业发生了一个相当重大的变革，那就是棉花纱线被运用到传统的纺织工业当中。与我们提到的之前几次英国纺织业生产技术的变革离不开外国技术移民一样，这一时期兰开夏的棉布生产技术同样是由外国移民引进的。因为1585年安特卫普的沦陷，当地的很多棉纺织业技术工人移居兰开夏的曼彻斯特。正是在他们的影响下，到1641年，曼彻斯特已经成为英国最早制造棉布的地区。[1] 曼彻斯特的棉纺织业也逐渐扩展至兰开夏，乃至于兰开夏周边地区。棉纺织业从一开始就被资金较为雄厚的大商人所控制，他们从伦敦商人手中购买大量的工业原料，之后在伦敦出售工业制成品。商人们开始从利物浦大量出口纺织品而不是在伦敦出口的具体时间我们无法确定，但是毫无疑问，在17世纪，通过默西河的货物运输量明显增长了。特别是从1660年王政复辟之后，越来越多的商人开始从利物浦运输兰开夏的纺织产品以及腹地的食盐、煤炭到北美殖民地和西印度群岛地区。[2]

这些从利物浦远航进行跨大西洋贸易的先行者们，本身拥有的资金并不庞大。他们之所以能够进行如此庞大的远洋贸易，一方面依靠团体集资；另一方面伦敦商人的投资也很重要。1670年利物浦的第一座蔗糖精炼厂就是由一个伦敦的大蔗糖贸易商人投资建立。1666年大火灾对伦敦造成严重的打击之后，一些精明的伦敦商人来到利物浦进行投资贸易，加速了这里与大西洋彼岸种植园的贸易往来。在1667年战争时期，处于优势地位的荷兰航船对英国东部海岸港口的压制促进了西部港口贸易的进一步发展。不久之后发生的法国战争也

---

[1] 刘景华：《外来因素与英国的崛起——转型时期英国的外国人和外国资本》，人民出版社2010年版，第178页。

[2] Alfred P. Wadsworth, *The Cotton Trade and Industrial Lancashire, 1600—1780*, Manchester University Press, 1965, p. 45.

使得利物浦获益匪浅，因为这里相对来说比布里斯托尔更加安全。但是这些事件给利物浦的贸易带来的刺激多是偶然性的。利物浦贸易繁荣的真正基础是腹地工业的发展，以及兰开夏南部和周围各郡财富的增长。

二 利物浦对外贸易的飞速发展

利物浦的大西洋贸易迅速发展的所有可能性都能在17世纪60年代晚期感知得到，这是给人印象深刻的时代。这个港口一经与新世界发生联系，它的发展速度就达到了极致。利物浦出口到大洋彼岸最为重要的产品是兰开夏纺织工业生产的棉纺织产品，质量较轻的棉质衣物在热带和亚热带市场越来越受到人们的欢迎。这对利物浦的崛起贡献很大，因为利物浦是这一地区棉纺织产品的主要出口港。利物浦从美洲最早进口的货物是蔗糖，但是从17世纪晚期开始，越来越多的烟草漂洋过海而来，取代蔗糖成为从新世界来到这里的主要货物，因为这一产品在英国的消费量与日俱增。（见表6）在这个世纪晚期，烟草贸易是切萨皮克海湾与利物浦之间最主要的贸易部分，几乎占了利物浦港口运输量的一半。这些烟草运到港口之后利物浦商人再把它们分散销往英格兰、威尔士、苏格兰和爱尔兰在内的几乎所有大不列颠地区。

表6　　　　1665—1720年利物浦烟草和蔗糖进口量[①]

	1665—1669年	1670—1679年	1680—1688年	1689—1696年	1697—1702年	1703—1712年	1713—1720年
烟草（单位：百万磅）	0	0.2	0.68	1.49	1.75	2.86	2.06
蔗糖（单位：千英担）	0.7	4.9	5.7	8	11.6	21.6	26.6

在出口纺织产品和必需品，进口蔗糖和烟草的同时，利物浦商人也开始参与到奴隶贸易当中。整个18世纪利物浦在奴隶贸易当中表

---

① Paul G. E. Clemens, "The Rise of Liverpool, 1665—1750", *The Economic History Review*, New Series, Vol. 29, No. 2, 1976, pp. 211—225.

现得太过于突出，以至于人们总是能把两者联系在一起。在 17 世纪晚期，英国的奴隶贸易基本被伦敦商人垄断。直到 1698 年，属于皇家非洲公司的奴隶贸易垄断权结束之后，利物浦商人才开始参与到这项贸易当中。利物浦的第一次奴隶贸易始于 1699 年 10 月，一艘利物浦商船运载着 220 名黑奴于次年 9 月到达西印度群岛的巴巴多斯。[①] 最初，因为这时的布里斯托尔商人拥有更多的资本，所以从这个新机遇当中获得更多利益。利物浦的奴隶贸易发展并不快，在 18 世纪头 10 年，只有两艘利物浦的船只到几内亚沿岸进行奴隶贸易。但是，随着深受非洲黑人酋长和摩尔商人喜爱的兰开夏棉纺织品在西非销量日增，从 18 世纪 20 年代开始，利物浦的奴隶贸易就增长得十分迅速，18 世纪 20 年代从利物浦出发进行奴隶贸易的船只达到 42 艘，占全国运奴船的比例为 6%；18 世纪 30 年代则分别增长到 197 艘和 27%。到 18 世纪 40 年代，利物浦更是一举超过了伦敦和布里斯托尔成为英国第一的奴隶贸易港口。这一位置一直到 1807 年英国废除奴隶贸易，都从未旁落。（见表 7）

表 7　18 世纪 20 年代—1807 年，利物浦运奴船数量以及占英国总的比例[②]

年代	20	30	40	50	60	70	80	90	1801—1807
运奴船数量（单位艘）	42	197	217	500	684	608	579	910	790
所占比例	6%	27%	43%	56%	54%	60%	70%	77%	79%

利物浦快速发展的另一个不能忽略的因素是盐业贸易。数个世纪以来，布里斯托尔和西部各郡的盐都从比斯开湾和葡萄牙进口。直到 1670 年，人们在柴郡诺斯威奇附近的马布里第一次发现岩盐，之后人们便在其附近发现了越来越多的岩盐矿。岩盐产量不仅能满足国内需求还开始大量出口。从 17 世纪末，利物浦的船只就开始运输岩盐到低地国家、汉堡、波罗的海和挪威。虽然岩盐在任何时期对利物浦

[①] http://www.liverpoolmuseums.org.uk/ism/srd/liverpool.aspx.

[②] David Richardson, *Liverpool and Transatlantic Slavery*, Liverpool University Press, 2007, pp. 14—15.

对外贸易的重要性都比不上纺织产品、蔗糖、烟草和奴隶，但是它的贸易更加持续和稳定。其烟草贸易在整个英国的优势地位在18世纪中期之前就从利物浦转移到了格拉斯哥，蔗糖贸易最终也走向衰败，而奴隶贸易经过长时间的争论之后在1807年被禁止了。然而，岩盐贸易却在继续，事实上，欧洲北部地区直到现在仍然大多购买利物浦运来的岩盐，而不是法国和葡萄牙的沿岸沉积盐，岩盐成为利物浦贸易当中最为稳定的因素，它在17、18世纪是利物浦港口贸易当中十分关键的一部分，到19、20世纪它还成为兰开夏化学工业的基础。

表8　　　　　　　1665—1720年利物浦岩盐出口量[1]

	1665—1669	1670—1679	1680—1688	1689—1696	1697—1702	1703—1712	1713—1720
岩盐（单位：千蒲式耳）	6	26	30	239	300	300	413

利物浦的成功部分是因为其运输费用较低，这使得利物浦的船长们能够以较低的价格出售他们的货物。布里斯托尔和伦敦的奴隶贸易者们声称利物浦商人付给运奴船的船长和船员们的薪酬远低于他们，以至于运费低廉。利物浦运输贸易从业者的消费理念也不同于英国其他城市。比如，布里斯托尔和伦敦的船长、船员们每到一地通常会上岸进食，喝瓶装的马德拉白葡萄酒。然而，节俭的利物浦船长通常会在甲板上进行修整，吃咸牛肉干和饼干，用碗喝新朗姆酒（如前所言，朗姆酒是甘蔗制糖的副产品，以甘蔗制糖过程中产生的糖汁为原料，经过发酵、蒸馏而成。兑水的朗姆酒不仅价格低廉，而且可以很好地解决远洋航行过程当中淡水容易变质的问题，因而在远洋航行的水手、乃至于当时的海盗当中十分流行）。此外，利物浦商人在西印度群岛还有更好的市场代理者，能与当地的种植园主保持很好的关系。他们还走私奴隶到西班牙，而不仅仅满足于向加勒比群岛供应奴隶。

---

[1] Paul G. E. Clemens, "The Rise of Liverpool, 1665—1750", *The Economic History Review*, New Series, Vol. 29, No. 2, 1976, pp. 211—225.

第四章　17 世纪中晚期贸易变革和西部港口的崛起　189

利物浦对外贸易飞速发展的过程，同时也是港口设施改善以及与其腹地联系加强的过程。利物浦商人对港口设施、航道改善和修建的重视程度在这一时期远超英国的其他城市。利物浦公司仅在修建港口船坞一项就投资超过 100 万英镑。这在 18 世纪绝对是一笔惊人的开支，这么庞大的投资除了需要拥有足够的财政实力，还需要利物浦商人群体有着相当的商业敏锐力和团结协作能力。托马斯·斯蒂尔斯（Thomas Steers）在 1715 年建成了世界上第一座商业湿船坞（Wet Dock 又称浮船坞）[1]，之后不久被城市的公共码头理事会收购并进行了重建。整个 18 世纪，利物浦建成了 6 个湿船坞，2 个干船坞。利物浦的船坞能够使来往贸易的大小船只不用顾虑默西河的潮差问题，大大延长了贸易船只的进出港时间，此外码头还努力为船只装卸货物提供最好、最完备的设施，这也大大提高了贸易进行的效率。利物浦的港口设施如此完备，以至于在 18 世纪晚期，奴隶贸易达到顶峰，每年有数百艘船只涌进港口之时，利物浦人也能应付自如，码头一片秩序井然。而英国其他城市直到 18 世纪末才开始在码头修建船坞。1795 年，约翰·艾肯就盛赞利物浦码头设施之完善在英国，甚至整个欧洲都无人能比。[2] 此外，利物浦还引领了全国仓储系统的发展。

利物浦港口航道的改善开始于 17 世纪末。利物浦商人托马斯·巴顿（Thomas Patten）为这一事业做出巨大贡献。他是一个有魄力和远见的人，在 17 世纪末就努力使得默西河能够从茹塞特（Runsight）向上游航行到沃顿（Warrington）。他在 1698 年还设想了使默西河河道延伸到曼彻斯特的庞大运河工程，这一工程不仅能够把兰开夏南部剩下的部分，甚至约克郡、德比郡和斯坦福德郡的部分地区纳入到利物浦的商业轨道之内，这一构想在 18 世纪中期确确实实完成了。在此之前的 1732 年，政府对威弗河（River Weaver）历时 12 年的挖掘改造工程完成了。它把柴郡东部和利物浦联系在了一起。在 1757 年，桑科运河（Sankey Canal）开

---

[1] David Richardson, *Liverpool and Transatlantic Slavery*, Liverpool University Press, 2007, p. 19; "Liverpool: The docks", *A History of the County of Lancaster*: Vol. 4, 1911, pp. 41—43. British History Online, Retrieved 24 March, 2008.

[2] David Richardson, *Liverpool and Transatlantic Slavery*, Liverpool University Press, 2007, p. 19.

放通航，它不仅仅是把桑科河原来河道的通航能力加强，还挖掘了一条新的河道。威弗河航行工程使得运输岩盐到利物浦变得更加便宜。桑科运河航行工程同样使得圣海伦煤田运煤到利物浦更方便。在18世纪60年代，通航的沃斯利（Worsley）运河，开辟了一条到曼彻斯特的捷径。利物浦很快利用他和其他的内陆航道与英国北方广阔而富有的地区紧密联系起来，就好像泰晤士河在英国南部地区所起的作用一样。[①] 在这些工程的推动下，利物浦商人的活动范围变得更加广阔，英国北部甚至整个英国地区都成为其商业活动的辐射范围，而这是在英国数百年来曾经只有伦敦才具备的特征。

　　商业和贸易的迅速发展大大改变了利物浦的面貌。最晚到17世纪中期，利物浦仍然还保存了海边小渔村的特质。在城市的南部，默西河和湍急的普尔河（River Pool）之间矗立着利物浦城堡。城堡和城市很多建筑的管理权这一时期已经被王室卖给了当地领主。城市北部是山，山里有王室所有的风车房；在山和市民赖以生存的河流之间几乎没有任何街道；居民区到海边的圣·尼古拉斯小教堂为止。利物浦在内战期间，特别是1644年，鲁珀特（Rupert）亲王围攻城市期间，遭到重大打击。

　　在王政复辟之后，城市发展得很快，城市建设很快就超过了古代城市的范围，新的街道不断涌现。这些街道大都用居住者的名字来命名。普尔河逐渐干涸，直到1718年不复存在。它原来的位置成为今天的天堂街（Paradise）和附近相邻的一些街道。中世纪最为重要的标志性建筑利物浦城堡也难以抵挡历史的变革。人们首先拆除了城堡的一部分，在拆除的空地上兴建了一个市场。到18世纪早期，城堡剩下的部分也消失了。圣·乔治教堂在其旧址上建立起来。同时，随着市政财富的增多，使得他们能够从莫利纽（Molyneux）和摩尔（Moore）家族手中买下了他们渴望的城市全部产权。1699年议会的一项法令，把利物浦确立为一个单独教区。

[①] Thomas Stuart Willan, *The Navigation of the River Weaver in the Eighteenth Century*, Chetham Society, 1951, p. 31. Thomas Stuart Willan, *River Navigation in England, 1600—1750*, Psychology Press, 1964. Theodore Cardwell Barker, *The Sankey Navigation: The First Lancashire Canal*, Sankey Canal Restoration Society, 1992.

与此同时，财富与肮脏的混合在这座城市身上达到了史无前例的程度。尽管它的市政机构很早就存在了，但是作为一个发展速度堪比改革开放初期中国深圳的国际贸易中心，其城市建筑规划却远远跟不上节拍。城市内大多数街道都是狭窄而弯弯曲曲的。绝大多数市民的公共市政传统和规划意识远比布里斯托尔这座古老而著名的城市要差得多，直到1786年市政当局才取得了拓宽城市狭窄小巷和小道的法定权力，而漂亮又宽敞的公共建筑一直到19世纪才在这座城市出现。市政建筑改造方面的落后是这个暴发户式的商业港口本身所拥有的特质，但是利物浦用了不到一个世纪的时间就从一个不起眼的渔村转变为英国的第二大港口，实在是令人赞叹。[①]

第五节 乘新式纺织品盛行之风——埃克塞特的贸易繁荣

大西洋贸易的展开给布里斯托尔和利物浦等港口带来的改变十分巨大，但是同为西部港口的埃克塞特受到的影响却没有那么明显。到17世纪初期埃克塞特对外贸易的主要市场仍然是在中世纪晚期给其带来巨大繁荣的法国。这一状况一直到17世纪晚期才发生改变，其市场逐渐转向了低地国家，并且迎来了贸易的再次繁荣。这次繁荣则更多的是受到西南部纺织工业飞速发展的影响，因为埃克塞特是这一地区纺织品特别是新式呢绒出口的主要港口。

一 17世纪早期埃克塞特的对外贸易

从17世纪开始一直到国内战争爆发之前，埃克塞特与法国进行贸易的主要商业组织是成立于1560年的埃克塞特法国贸易公司。因而在这一时期，埃克塞特港口的商业贸易基本上都掌握在法国贸易公司的手中。该公司拥有的特许状，使它能够控制城市里的所有商人。在埃克塞特，除了埃克塞特法国贸易公司的成员之外，任何其他市民

[①] Paul G. E. Clemens, "The Rise of Liverpool, 1665—1750", *The Economic History Review*, New Series, Vol. 29, No. 2, 1976, pp. 211—225.

都不能够与法国进行贸易。虽然市民想要取得公司的成员资格并不像伦敦的贸易公司那般困难，但是公司管理机构的理事会成员却趋向于由埃克塞特的寡头阶层来担任，因而，市政府的高级成员往往等同于该公司的理事会成员。事实上，在 1614 年到 1667 年之间，市政府和法国公司不仅经常共用一个会议地址——城市的行会大厅，市政府还经常出借资金给法国公司让其进行商业贸易。关于城市贸易的很多政策经常由法国公司的首脑来签署。因为有市政府的一贯支持，所以法国公司有足够力量以单个组织的身份在对外贸易当中处理与王室和其他港口的事务。

1640 年之前的几十年是埃克塞特法国公司势力最为强大的时期。它不仅强烈地支持公司成员在埃克塞特港口贸易当中的特权，而且还代表西部地区的港口争取它们共同的权益。在 1633 年，它代表西部很多港口向王室反映海盗船不断增加的问题，希望王室能够解决；针对这一问题，在 1636 年，埃克塞特法国公司还开始建立公司成员与法国进行贸易时的武装护航制度。每艘贸易船只公司都会专门指派有武装的军舰进行护航。

该公司贸易政策的制定往往只是根据自身的利益。伦敦商人在 17 世纪上半叶试图建立西班牙公司，但是埃克塞特和西部各郡反应强烈，最后成功阻止了伦敦人的计划。埃克塞特公司在西班牙市场当中没有任何特权，伦敦商人的垄断行为将会把它的成员排挤在西班牙贸易之外。另一方面，在地方港口和伦敦就与法国进行贸易是采取自由开放，还是由公司进行管理这一问题进行激烈论战时，埃克塞特本应与布里斯托尔等其他西部港口站在一起，它却选择支持伦敦的意见，与法国进行有管制的贸易。其他西部港口反对伦敦商人在 1611 年建立伦敦法国公司时，埃克塞特法国公司却仅仅要求伦敦公司不损害埃克塞特的利益就行。[①]

17 世纪 20 年代和 30 年代，埃克塞特是英国西部地区重要的商业中心，英国最重要的地方都会港口之一，甚至很多时候贸易出口

---

① W. B. Stephens, *Seventeenth-century Exeter: a study of industrial and commercial development, 1625—1688*, University of Exeter, 1958, pp. 7—8.

价值都超过了布里斯托尔。[①] 尽管从 1621 年开始英国纺织工业的发展受到了打击，导致德文郡和西萨默塞特郡出现严重失业，反映在埃克塞特就是港口税收下降，贸易收缩，还有贸易商人破产。[②] 然而，埃克塞特贸易的衰落，不像伦敦那样严重。17 世纪 30 年代战争导致的欧洲中心市场混乱以及荷兰人在黎凡特和西印度群岛的贸易竞争对埃克塞特影响不大，因为埃克塞特的对外贸易主要集中在法国和伊比利亚半岛。到 1624 年，埃克塞特已经开始恢复，进口贸易的增长很快超过以前，出口贸易也有一定程度的增长，这或许部分是因为伦敦贸易的持续衰落，部分是因为对贸易萧条时期积累的呢绒的倾销。

1624 年是英国经济混乱之前，埃克塞特传统经济最具有代表性的一年，因此了解这一年的贸易方式相当重要。法国给埃克塞特提供了最为重要的进口和出口市场。这一年，有 94 艘船离开港口，其中，45 艘船的目的地是法国港口，有 152 艘船从外国进入港口，其中，84 艘船是来自于法国。这些船只主要与法国布列塔尼地区的港口进行贸易，特别是圣马洛和鲁昂。除了法国，比较重要的对外贸易部分，主要是西班牙和大西洋诸岛地区。有一些进口船只来自于波罗的海、斯堪的纳维亚半岛、英吉利海峡群岛和爱尔兰，但是出口贸易的地区却仅限于法国、西班牙和英吉利海峡群岛，但也有一些货物运到多佛、伦敦和伊普斯威奇，再由这些国内港口出口，最终出口到低地国家或者波罗的海地区。

埃克塞特的出口货物几乎全部是西部各郡生产的纺织产品。最为重要的品种是德文郡的达仁斯呢绒、哔叽呢绒、巴恩斯特布（Barnstaple）、邓斯特（Dunsters）和汤顿等地的棉纺织品，还有少量克尔赛呢绒、宽幅呢绒、棉麻粗布、北方的达仁斯呢绒，等等。德文郡达仁斯呢绒，是这一地区传统的纺织产品，在 17 世纪早期仍然是埃克塞特最为重要的出口产品，但是哔叽呢绒工业发展十分迅速，到了

[①] W. B. Stephens, *Seventeenth-century Exeter: a study of industrial and commercial development, 1625—1688*, University of Exeter, 1958, p. 8.

[②] George David Ramsay, *The Wiltshire Woollen Industry in the Sixteenth and Seveenth Centuries*, H. Milford, Oxford University Press, 1943, p. 77.

1624年，它的出口就仅次于德文郡达仁斯呢绒成为埃克塞特第二大出口货物，而在最为重要的市场法国当中，其出口缴税价值已经超过了德文郡的达仁斯呢绒跃居第一。[1]

埃克塞特与法国进行贸易的主要特征就是过度依赖一种出口货物。从埃克塞特出口的其他当地产品，相对于呢绒贸易来说都是次要的。他们还向法国出口毛纺长筒袜、手套、帽子、皮毛、蜂蜡、锡制品和锡矿，但是所有这些货物的出口量都不大。它的再出口贸易量甚至更小，主要是把一些法国帆布、亚麻布、日用杂货以及西班牙的铁制品和水果再出口到大西洋群岛上，返航时会把一些蔗糖、水果转运到法国。

埃克塞特主要进口市场同样是法国。埃克塞特从那里主要进口帆布和亚麻制品，这也是埃克塞特最主要的进口货物，当然还有一些葡萄酒、谷物、盐、纸以及其他的杂货。从西班牙的进口贸易也是不能忽略的，从西班牙运来的葡萄酒数量是法国的3倍，还有铁制品、干果、姜、菘蓝、羊毛和烟草，等等，从大西洋诸岛运来的主要是葡萄酒、蔗糖，还有一些菘蓝、谷物、烟草、富含糖分的水果，等等。

其他地区的进口可以忽略不计，埃克塞特在詹姆斯一世时代晚期对外贸易基本上就是出口德文郡呢绒并换取法国亚麻制品、帆布和酒，西班牙的铁制品、葡萄酒、水果和羊毛，以及来自于大西洋群岛的蔗糖。到17世纪40年代埃克塞特的贸易陷入严重的衰落当中，当17世纪60年代港口贸易再度恢复之时，它的海外市场已经发生了根本性的变革。

二 17世纪晚期埃克塞特贸易的繁荣

17世纪60年代，无疑对于英国的西部港口和对外贸易有着重要的意义。因为从这时候开始，地方港口特别是西部港口的贸易绝对值以及占全国的贸易比例上都有了显著的改变。国内出口贸易当

---

[1] W. B. Stephens, *Seventeenth-century Exeter: a study of industrial and commercial development, 1625—1688*, University of Exeter, 1958, p. 10.

中，虽然纺织产品仍然占据主导地位，但是纺织产品内部发生了根本性的变革，新式呢绒大量出现，传统纺织产品的比例开始大幅度下降。埃克塞特受到这一变化的影响特别明显，因为它成为在海外十分畅销的哔叽呢绒最主要的出口港。而埃克塞特的出口贸易市场，因为英法两国的冲突，不得已告别了它一直依靠的法国，转向了低地地区。

1667年，英国与法国、荷兰的短暂和平以及与西班牙签订了有利的贸易条约，大大改善了埃克塞特的贸易条件，所有对外贸易市场都从海洋战争的结束当中受益匪浅。虽然为了报复英国人在法国葡萄酒上的额外征税，法国把对英国哔叽呢绒的征税率提升了一倍，这影响了法国市场的扩展，但是埃克塞特的总体贸易的进展还是十分明显。1666年，埃克塞特的全部海关税收是7170英镑，而到了1671—1672年这一数据就上涨到了15727英镑。[1]

在1672—1674年与荷兰发生战争期间，当地的贸易有所衰落。海面上抢劫的压力大增，虽然这一时期出现了更加严密的护航系统，法国和英国的战船给埃克塞特的航运提供了更加多的保护，但是护航还是不可避免的出现失误。因为荷兰人抢掠，扣押商人而导致埃克塞特城市里很多商人损失惨重，不得不退出他们的贸易事业。[2] 英国人明显在这场英荷战争当中处于劣势，好在英国人及时止损主动与荷兰人议和，赔款了事。

荷兰战争的结束给埃克塞特的贸易恢复创造了条件。到1674—1675年，埃克塞特的贸易已经达到了1671—1672年的水平，又重新达到了1666年税收值的两倍。在这种情况下，很多呢绒商人和布莱克威尔交易大厅的代理商开始抱怨，一方面埃克塞特商人出口未经染色处理的纺织产品，另一方面德文郡和萨默塞特郡的纺织工人还大量进口法国的亚麻制品，这严重侵害了他们的利益。这表明埃克塞特的发展已经引起了伦敦商人的警觉。

---

[1] W. B. Stephens, *Seventeenth-century Exeter: a study of industrial and commercial development, 1625—1688*, University of Exeter, 1958, p. 93.

[2] Ibid., p. 94.

港口贸易的繁荣使得埃克塞特的市议会已经能够独自承担港口设施、水道改造和重建这些耗资庞大的工程。港口水道改造工程，明显有些姗姗来迟，随着水道自然的侵蚀堵塞加剧，加上国内战争时期的破坏，港口的运输效率已经大大降低。在 17 世纪 70 年代早期，港口运送货物的驳船经常被卡在水道当中，这迫使人们不得不在距离码头很远的地方卸货或者用马队把驳船拉出浅滩。到 1675 年，每个月竟然有大约 16 天水道不能正常使用。这一问题如果不能解决，埃克塞特就会像历史上很多港口那样，走向无可奈何的消亡。

埃克塞特当局也明显意识到了这一问题的严重性。城市议会发出警告说，越来越多的商人们开始通过陆路在托普瑟姆运进运出货物。城市议会在 1671 年召开一次特别议会鼓励商人们使用埃克塞特的码头，紧接着议会还向商人公司发出要求，让他们更多地使用当地水道。

与此同时，城市也开始了港口配套的码头、航道等相关设施的修建改造工程。在 1675 年，埃克塞特市政当局拿出 100 英镑给威尔士工程师理查德·哈德（Richard Hurd）让他来完成对港口的改善工程，市政府还将提供原料和劳动力，以及工程所必需的土地。这一工程总耗资 3000 英镑，并最终在 1676 年完工。工程包括对码头的扩建和修复，对现存航道的清淤，以及对运河水位较低的一段进行了大约 0.80 千米（半英里）的延长。在此之前货船必须要跨过康特斯·威尔（Countess Wear）大桥才能再次进入河流。1676 年水道延长之后，货船在托普瑟姆河口不远处就可以进入。这一工程还在新的入口处修建了一个临时水闸，在水闸内部建造了一个水库。埃克塞特市政府宣称那里又深又大足可以容纳 100 艘船。人们不仅加固了原有的特鲁（Trew）水坝，还在码头的下面修建了另一个水坝，这为运河的水源供应提供了双保险。

为了强化埃克塞特的港口地位，市议会在 1677 年开始在码头修建一个新的海关大楼。新的海关大楼，包括货物仓库和海关管理机构。此外，人们在码头用马车运货的设施也改善了。在接下来的时间里，城市里的驳船增多了。码头设施改造使得较大吨位的船只能够在潮汐作用下进入新水道，驳船也能够更加容易在运河里穿行，这大大

第四章 17世纪中晚期贸易变革和西部港口的崛起

缩短了码头装卸货的作业时间，提高了贸易运行效率。在这之前，一艘较大货船的装卸货作业至少需要一周。①

港口贸易的扩张程度，我们可以很清楚地从纺织产品出口量上看出。1670 年纺织产品的出口价值量是 1624 年的 3 倍，1666 年的 8 到 9 倍。②在 1677—1678 年，埃克塞特与法国的贸易遭受到法国方面设置的障碍，法国给这一地区的贸易航运增加临时费用，有一段时间，甚至停止进口英国的纺织产品。在 1678 年，英国禁止进口法国的主要货物，埃克塞特的主要对外贸易和市场转移到了低地国家。与法国贸易的冲突在这一世纪初就对贸易造成了严重影响，但是这一时期的贸易量下降程度远远比不上荷兰战争期间海关税收下降的程度，因为埃克塞特开辟了低地地区这一新的贸易市场。此外，葡萄牙在 1677 年颁布的禁止穿着英国纺织产品的法令，也不适用于西部地区的哔叽呢绒。③

尽管法国对英国的进口禁令一直持续到 1685 年，埃克塞特在 1683 年和 1684 年的对外贸易总体上还是上涨了。到 1685 年，哔叽呢绒的出口相对于 1676 年增加了将近 40%，港口与低地国家不断增长的出口量弥补了与法国市场衰落的贸易量。当 1685 年对法国货物的禁令取消后，尽管仍有较高的税率，但这一地区的贸易开始了强势反弹。这对 17 世纪 80 年代对外贸易繁荣起着相当大的作用。在 1686 年，单单从法国进口的亚麻布和帆布就达到了 875338 厄尔（Ells），而其他所有的市场进口从 1683 年的 3064 英镑，上升到 1686—1687 年的 3320 英镑。同时海关对丝绸和亚麻布进口的税收也从 2454 英镑上升到 3105 英镑。④ 事实上，其他市场在英国对法国货物实行禁运的那些年份，供应了本来法国供应的货物。尽管在 1685 年之后，法国

---

① Edwin A. G. Clark, *The ports of the Exe Estuary, 1660—1860: a study in historical geography*, University of Exeter, 1960, p. 189. Nicholas Cooper, *The Exeter Area: Proceedings of the 136th Summer Meeting of the Royal Archaeological Institute*, Royal Archaeological Institute, 1990.

② W. B. Stephens, *Seventeenth-century Exeter: a study of industrial and commercial development, 1625—1688*, University of Exeter, 1958, p. 99.

③ Violet Mary Shillington, A. B. Wallis Chapman, *The Commercial Relations of England and Portugal*, G. Routledge, 1907, p. 169.

④ W. B. Stephens, *Seventeenth-century Exeter: a study of industrial and commercial development, 1625—1688*, University of Exeter, 1958, p. 100.

货物的进口又开始了,但是其他国家的货物进口仍然在稳步增长,所以这些都使得埃克塞特的进口贸易总体走向繁荣。这一繁荣在海关税收上体现得十分明显。城市海关在 1684 年收入 60 英镑,到 1685 年则猛增至 164 英镑。1686 年这一数据上升至 188 英镑,到 1687 年又增长到 190 英镑。国家在埃克塞特的海关收益同样在 1687 年达到了前所未有的高度。①

三 新式呢绒出口的增长

埃克塞特在 17 世纪 80 年代对外贸易的增长可以归结于以下几个方面,其中最为明显也是最为重要的是哔叽呢绒出口以前所未有的惊人速度进行增长,特别是到低地地区的出口量。与此同时,埃克塞特的进口贸易以及沿海贸易也在飞速增长,包括埃克塞特与纽芬兰地区的渔业贸易也十分繁荣。

首先,埃克塞特哔叽呢绒出口贸易的惊人增长。通过下表我们可以对当地呢绒出口变化有一个直观的认识。埃克塞特的哔叽呢绒出口在国内战争之前就变得十分重要,这一时期发展更为迅速。在 17 世纪下半叶所有其他种类的纺织工业产品,相对于哔叽呢绒来说都变得微不足道,只有贝斯呢绒(Bays)出口数量还多一些,曾经最为重要的德文郡达仁斯呢绒,现在的出口量已经减少到可以忽略不计了;西班牙羊毛纺织的西班牙布在 17 世纪 30 年代曾经风行一时,同样在飞速攀升的哔叽呢绒出口面前黯然失色。(见表 9)

哔叽呢绒出口的重要地位 1666 年已经十分明显,它已经成为埃克塞特港口最主要的出口货物。这一贸易状况的发展与低地地区取代法国成为埃克塞特出口货物主要市场有着直接关系。虽然哔叽呢绒在法国和西班牙等传统市场的出口也取得了成功,但是毫无疑问,哔叽呢绒到低地地区的出口是占有绝对优势的。在 1666 年,即使只有属于西班牙的低地国家港口对英国开放,埃克塞特出口到低地地区的哔

---

① W. B. Stephens, *Seventeenth-century Exeter: a study of industrial and commercial development, 1625—1688*, University of Exeter, 1958, p. 100.

叽呢绒也占到了总数的35%。① 在1670年，这一比例飙升到77%。在1680—1683年之间，由于法国市场的混乱，这一比例更是达到了88%。尽管到1686年，与法国的贸易有所恢复，以及波罗的海市场有所扩展，低地地区的市场比例仍达到68%。

表9　　1666—1686年埃克塞特主要纺织品出口数量②　　单位：包

纺织产品种类	1666年	1676年	1680年	1683年	1686年
哔叽呢绒	10229	87149	119133	110745	114959
贝斯呢绒	1338	1559	1307	1124	2129
棉纺织品	190	629	848	282	23
克尔赛呢绒	68	45	538	127	64
西班牙布	454		294	202	
德文郡达仁斯呢绒	220	121	239	189	495

荷兰的纺织工业，包括哔叽呢绒一直到1670年都在发展，但是随着埃克塞特出口到荷兰的哔叽呢绒急速增长，当地纺织工业很快就走向了衰落。埃克塞特和托普瑟姆的商人们自豪地声称，他们缔造了与低地地区的伟大贸易，众多工业劳动者都从这一贸易繁荣中谋得生存。经过这一时期的发展，埃克塞特向低地地区出口的哔叽呢绒数量甚至超过了伦敦，跃居全国第一位。③

埃克塞特出口贸易方式的变革，一定程度上要归因于传统上最为重要的法国市场重要性的减弱。埃克塞特对法国出口贸易的衰落始于17世纪20年代和30年代，是英法两国之间不断的政治和贸易冲突，以及之后半个世纪法国一直奉行报复性征税政策的结果。这期间，法国对英国纺织产品的征税率上升得十分迅速。在1667年法国对英国出口的哔叽呢绒的征税竟然达到了货物总价值的一半，这在英国引起

---

① W. B. Stephens, *Seventeenth-century Exeter: a study of industrial and commercial development, 1625—1688*, University of Exeter, 1958, p. 105.
② Ibid., p. 104.
③ W. G. Hoskins, *The rise and decline of the serge industry in the south-west of England*, London, 1929, p. 36.

普遍的不满。①

比较让人意外的是伦敦到法国的出口贸易却开始扩展。从伦敦出口到法国的哔叽呢绒在1662—1684年间增加了190%，1686年伦敦出口到法国的纺织产品的数量是1676年的两倍。② 在这10年之间埃克塞特出口到法国的纺织产品的数量却减少了一半，伦敦和埃克塞特这一贸易对比的反差，一方面是因为埃克塞特出口市场开始转移到低地地区，另一方面是因为其对外贸易方式的变革。从伦敦出口到法国的很多哔叽呢绒是由埃克塞特通过沿海运输到伦敦的，或许对外贸易组织化程度更高、经济实力更雄厚的伦敦商人在应对与法国市场的贸易争端时更加得心应手。结果从1679年开始，原本从埃克塞特直接出口到法国的哔叽呢绒，越来越多的由沿海运输到伦敦，这导致其沿海贸易在这一时期飞速发展。尽管如此，大量的哔叽呢绒仍然从埃克塞特直接出口到法国，除了低地地区以外，法国是其最重要的海外市场。

此外，在1669年之后，埃克塞特仍然占了从地方港口出口到法国的哔叽呢绒数量的绝大部分。从布里斯托尔、巴恩斯特、普尔、韦茅斯、南安普顿再到朴次茅斯出口哔叽呢绒数量都很少。只有普利茅斯和达特茅斯还有一定出口量，但是与埃克塞特相比则微不足道。而且，达特茅斯的很大一部分纺织产品出口还被埃克塞特商人所掌握。埃克塞特在哔叽呢绒的对外贸易当中占有的优势地位与它靠近哔叽呢绒的生产区域有着很大关系。

除了对低地国家和法国的出口之外，17世纪后期最值得注意的是葡萄牙市场的扩展。葡萄牙市场在17世纪早期相对来说不那么重要。它的扩展源于1654年英国和葡萄牙两国签订的贸易协定，1660年的政治联姻更加强了两国的联系。这使得埃克塞特开始出口新式呢绒到葡萄牙。到1676年，以前葡萄牙和西班牙经常使用的亚麻粗布，现在已经被埃克塞特纺织产品所取代了。但是，葡萄牙人在17世纪

---

① Charles Woolsey Cole, *French Mercantilism, 1683—1700*, Columbia University Press, 1943, p. 296.

② Margaret Priestley, "Anglo-French Trade and the Unfavourable Balance'Controversy, 1660—1685", *The Economic History Review*, New Series, Vol. 4, No. 1, 1951, pp. 37—52.

70年代后期在英国工匠援助下引进哔叽呢绒的制造技术,导致这一产品出口贸易出现一定收缩。

17世纪上半叶,埃克塞特对纽芬兰、西印度群岛等大西洋彼岸新市场的纺织产品出口是不存在的。在王政复辟之后,出口量仍然很小。在17世纪晚期,斯堪的纳维亚半岛和波罗的海贸易也开始扩展。[①] 爱尔兰在这时也成为埃克塞特哔叽呢绒的出口市场。

除了纺织产品外,其他出口货物对这一时期的繁荣贡献很小。埃克塞特主要出口到欧洲的当地货物与1624年相比相差无几。值得注意的是,纺织产品之外的工业产品与北美殖民地和西印度群岛的出口上有新的发展,包括鞋、窗户玻璃、火药,等等。对维吉尼亚烟草的再出口贸易也有所增加,这是埃克塞特对美洲货物再出口的唯一重要发展。例如,在1686年,埃克塞特再出口88183磅维吉尼亚烟草到欧洲和爱尔兰。[②] 但是这些贸易量同埃克塞特纺织产品出口贸易相比实在是微不足道。

埃克塞特在这一时期的繁荣同样要归因于进口贸易的增加,总体来说,成为埃克塞特哔叽呢绒主要出口市场的低地地区越来越多的成为它进口贸易的来源地。然而,低地地区在进口贸易上并未替代法国,法国仍然是当地帆布和亚麻布进口的主要而且便捷的来源,埃克塞特进口低地地区的荷兰和德国亚麻制品,数量相对较少。与北欧和葡萄牙的纺织产品进口在17世纪下半叶也有所增加。总的来说,法国仍然是埃克塞特的主要进口市场。

当1678年法国进口贸易被禁止之后,埃克塞特的亚麻制品进口很快衰落了,之后很多年从其他地区进口的亚麻制品数量仍然不能弥补这一缺口。一直到1685年,法国货物进口禁令被高昂的税率所取代,进口贸易总量才恢复到正常水平。在这个世纪下半叶当其他的进口货物贸易在增长的同时,亚麻制品和帆布却没有相应的扩展。即使如此,埃克塞特的亚麻制品和帆布的进口贸易量在英国也是最大的地

---

① Hoskins William George, *Industry, Trade and People in Exeter, 1688—1800*, Manchester University Press, 1935, p. 158.

② W. B. Stephens, *Seventeenth-century Exeter: a study of industrial and commercial development, 1625—1688*, University of Exeter, 1958, p. 113.

区之一。

　　这一时期与低地地区的进口贸易，就像与这一地区的出口贸易一样扩展得非常快。特别是英法两国贸易和政治斗争严重的时期。从低地地区进口货物类型，与 1660 年之前相比，出现很多新的内容。除了亚麻制品和帆布，还包括莱茵河的葡萄酒以及一些以前由法国供应的工业制品，包括铁制品、武器和玩具，等等。在 1683 年，埃克塞特从低地地区进口了 14000 个玻璃酒杯、2990 罗（gorss）（罗计量单位）的玻璃粉、1762 个铁壶和铁盆、1125 个融化炉。

　　这一时期与伊比利亚半岛地区的进口贸易也有所发展，葡萄牙成为葡萄酒、盐、油、蔗糖、亚麻制品和其他货物的来源地，从葡萄牙进口蔗糖还影响了埃克塞特与大西洋群岛的贸易。[1] 与法国的贸易危机也导致加纳利白葡萄酒进口的增加，与地中海地区的贸易主要是橄榄油和葡萄干等。更重要的是与美洲殖民地的烟草贸易。在 17 世纪中期之前，从美洲殖民地进口烟草的港口还仅限于伦敦。埃克塞特商人从 17 世纪 60 年代开始进口烟草，在 1666—1686 年之间，这一货物的进口量增加了 10 倍；在 1673 年还打破了东地公司对北海、波罗的海地区的贸易垄断，从挪威、但泽等地进口木料，以及海军必需品、铁、钢等产品。然而，埃克塞特的葡萄酒贸易并没有发展，在 1685 年圣诞节到 1686 年圣诞节，进口的葡萄酒总量仅为 760 吨。而在 1685 年到 1686 年所有地方港口，单进口法国葡萄酒一项就达到了 3889 吨。[2]

　　最后，让我们来考察一下埃克塞特沿海贸易的扩张，之所以在这里特别提到埃克塞特沿海贸易的发展，是因为它的扩张和繁荣是以哔叽呢绒为主，而运到这里的哔叽呢绒很大一部分没有出口到海外，而是通过沿海运到了伦敦等地。我们考察它的沿海贸易可以让我们更好地理解它在哔叽呢绒贸易当中所起到的作用。

---

[1] Violet Mary Shillington, A. B. Wallis Chapman, *The Commercial Relations of England and Portugal*, G. Routledge, 1907, p. 215.

[2] Hoskins William George, *Industry, Trade and People in Exeter, 1688—1800*, Manchester University Press, 1935, p. 87.

第四章 17世纪中晚期贸易变革和西部港口的崛起

从17世纪中期，埃克塞特商人进入低地地区进行贸易导致埃克塞特通过沿岸向附近的港口分散进口的茜草、大麻和柏油等商品有所增加。但是所有这些贸易的规模都很小，埃克塞特从来没有取得像普利茅斯那样外国进口货物分配中心的重要地位。在17世纪下半叶，埃克塞特沿岸贸易出现一个重要的特征就是通过沿海运输大量哔叽呢绒到伦敦等国内港口。

查理二世时代之前，几乎没有纺织产品由沿海从埃克塞特运出，但是到了17世纪80年代，大量的哔叽呢绒开始通过沿海运出到伦敦等地。在1680年从埃克塞特通过沿海运输到普利茅斯和伦敦的哔叽呢绒数量赶上了它向法国的出口量。到1683年通过沿海运出的哔叽呢绒数量几乎和出口到所有外国港口的数量一样多。当时从埃克塞特港口出发与伦敦和全国其他地区进行贸易的船只几乎每天都有，每周运到伦敦的哔叽呢绒达到1万磅。[①]

沿岸哔叽呢绒运输贸易扩展的一个重要原因是在国内也开始像国外一样对哔叽呢绒的消费越来越流行。在1688年大约43%的哔叽呢绒都被国内消费了。这一数据表明，国内对哔叽呢绒等纺织产品的需求量十分巨大。伦敦不仅是全国最大的消费市场，而且是国内其他消费市场的分配中心。在1683年，埃克塞特港口有74艘货船运出哔叽呢绒前往英国其他港口，其中，伦敦为37艘，普利茅斯为17艘，剩下的23艘前往其他10个港口。[②] 普利茅斯等港口多把运来的哔叽呢绒销往国内，而伦敦商人则更倾向于再出口到德国、非洲、东方和波罗的海等外国市场，因为种种原因，伦敦商人对这些地区的贸易交往要比埃克塞特商人密切，而且如上文所述他们实力更强，处理国际贸易纠纷更有经验。

埃克塞特运河运输模式的发展也在一定程度上促使大量的纺织产品从沿海出口到普利茅斯、伦敦等地。与海洋运输相比，这一时期陆路运输无疑是代价较高的，与荷兰战争的结束使得埃克塞特到附近海

---

① T. S. Willan, *The English Coasting Trade 1660—1750*, Manchester, 1938, pp. 203—207.

② W. B. Stephens, *Seventeenth-century Exeter: a study of industrial and commercial development, 1625—1688*, University of Exeter, 1958, p. 119.

域的航行变得更加安全。1676年庞大的港口改造、运河挖掘工程完工。运河这一快捷方便，费用又低的运输模式吸引了很多腹地的贸易，使得很多原本通过陆路运输到伦敦、托普瑟姆的哔叽呢绒转而选择先通过一段陆路再经由运河运输到埃克塞特。但是这并不意味着陆路运输方式的消失，这一时期不仅哔叽呢绒产地，而且包括埃克塞特相当一部分商人仍然通过陆路向伦敦运输货物。[1] 埃克塞特出口到海外市场的航船运输量远远赶不上哔叽呢绒涌进这个城市的疯狂速度，埃克塞特的商人只能通过沿海船只运输到其他地区进行出口。他们可以通过这种方式缩短贸易时间，加快贸易频率，进而赚到更多的钱。这使得很多沿海港口出口到海外的哔叽呢绒是属于埃克塞特商人的，比如普利茅斯、多佛以及伦敦。

值得注意的是，虽然埃克塞特与法国的贸易衰落导致了伦敦这一贸易的增加，但是由埃克塞特沿海运输到伦敦的哔叽呢绒数量远超过了之前向法国出口的数量，而且埃克塞特出口贸易总量仍然在增长，所以，新的沿海呢绒贸易不能仅仅认为是法国这个海外市场减弱的替代。主要原因，或许是其腹地纺织工业产能增长速度过快，以至于埃克塞特的染色工业没有办法应对如此大量的涌进港口的哔叽呢绒，只能选择对一部分哔叽呢绒进行染色加工处理，大部分未经染色的产品都运往了伦敦。正是以上这些因素使得埃克塞特的沿海贸易从微乎其微，发展成为与出口呢绒相当的贸易。

在1500—1650年这一个半世纪之间，港口贸易的主要特征是伦敦对英国对外贸易的绝对垄断，特别是在伦敦—安特卫普贸易繁荣时期，通过伦敦而进行的对外贸易占全国总量的比例高达90%以上。但是到了17世纪下半叶，随着地方港口特别是布里斯托尔、利物浦等西部港口的崛起，这一贸易趋势开始发生逆转，伦敦所占比例开始逐渐减少，到17世纪70年代，伦敦在英国对外贸易当中所占的比例已经少于3/4。[2] 然而，无论地方港口对外贸易增长的速度有多快，

---

[1] W. B. Stephens, *Seventeenth-century Exeter: a study of industrial and commercial development*, 1625—1688, University of Exeter, 1958, p. 121.

[2] Ralph Davis, "English Foreign Trade, 1660—1700", *The Economic History Review*, New Series, Vol. 7, No. 2, 1954, pp. 150—166.

这一时期伦敦的贸易额仍然远远超过了其他所有地方港口贸易量的总和。这一时期它的贸易量仍然是全国第二大港口布里斯托尔贸易量的12倍，在人口规模上两者差距更大，前者达到了后者的30倍。① 伦敦在对外贸易当中的份额大量减少的时间要推迟到18世纪利物浦崛起之后。

布里斯托尔在17世纪抓住了大西洋贸易发展的契机，重新成为全国第二大港口，它的贸易量还远远超过了它的竞争对手埃克塞特、赫尔和纽卡斯尔。② 利物浦在17世纪晚期贸易的飞速发展使得它在1700年之前取得了能和埃克塞特、赫尔和纽卡斯尔等三个港口旗鼓相当的贸易地位。随着18世纪早期它史无前例的贸易发展，利物浦甚至可以与布里斯托尔一较高下。到了18世纪六七十年代，它已经超越后者，成为全国仅次于伦敦的第二大贸易港口③，在一些贸易项目上，例如奴隶贸易甚至超过了伦敦，达到了中世纪以来所有地方港口难以企及的高度。

然而，英国西部港口如此显著的崛起，并不就意味着伦敦贸易的衰败。伦敦在17世纪依靠其强大的经济实力和贸易公司，在几乎所有英国对外贸易项目上都获利颇丰。它的贸易规模和范围要大大超过地方港口。它不仅在地方港口的发展优势项目上多有涉足，而且从事很多地方港口并未从事的贸易。例如，正是与大西洋彼岸的贸易联系造就了布里斯托尔和利物浦港口在17、18世纪的繁荣，但是对于西印度群岛和其他岛屿上的种植园主来说，伦敦毫无疑问是他们产品最重要的出口地。事实上，伦敦的西印度贸易商人们掌握了那里最大部分的贸易份额。从绝对贸易量上来看，伦敦从17、18世纪大西洋贸易的大扩张当中所获得的利益比任何一个其他欧洲城市都要大。埃克塞特引以为傲的哔叽呢绒出口贸易上，也离不开伦敦商人的身影。与

---

① George Daniel Ramsay, *English overseas trade during the centuries of emergence: studies in some modern origins of the English-speaking world*, Macmillan, 1957, p. 161.

② David Harris Sacks, *The Widening Gate: Bristol and the Atlantic Economy, 1450—1700*, University of California Press, 1993.

③ Paul G. E. Clemens, "The Rise of Liverpool, 1665—1750", *The Economic History Review*, New Series, Vol. 29, No. 2, 1976, pp. 211—225.

此同时，在东印度等很多区域的贸易上，地方港口在这一时期却鲜有涉足。

利物浦和布里斯托尔等地方港口的崛起，首先是与大西洋贸易密切相关的，是大西洋两岸对各自产品需求不断增长的过程。其次，这些港口的崛起与它们的腹地工业生产繁荣也是分不开的。埃克塞特在17世纪下半叶港口贸易的飞速发展，主要是因为其腹地德文郡和萨默塞特郡等西南部地区生产的新式纺织品哔叽呢绒，在法国、低地地区等欧洲传统市场取得了巨大成功；利物浦的腹地兰开夏的工业发展也是利物浦迅速崛起的经济基石。当然，英国港口总体贸易的发展繁荣还与英国政府的帮助密不可分。以詹姆斯二世为代表的英国政府一方面广泛投资相关的商业冒险活动，为自己谋利。另一方面通过一系列的贸易法令和战争把竞争对手从美洲以及欧洲传统的贸易区当中驱逐出去。很难相信，如果没有政府的强力支持，英国的对外贸易能够发展得如此之快。

正是这一时期港口贸易的发展奠定了英国近现代港口分布的基本格局，在此之后英国西部港口的发展越发明显。尤其是利物浦发展速度十分惊人，到19世纪其港口的进出口贸易额已经远远地甩开了身后的其他港口，甚至可以与伦敦一较高下了。我们可以从1880年英国前四名港口的贸易值状况当中略见一斑：第一位，伦敦194043836英镑；第二位，利物浦191489838英镑；第三位，赫尔38735272英镑；第四位，南安普顿18511509英镑。[①] 利物浦的贸易值与伦敦相比几乎要持平了。从另一个方面讲，正是从这一时期开始，英国的经济贸易发展走上了更加均衡的道路。

---

① Davies J. Silverster, *A History of Southampton*, Gilbert, 1883, p.253.

结　　语

　　14—17世纪是英国对外贸易历史上至关重要的几个世纪，在这几个世纪当中我们见证了英国对外贸易从落后到强大的发展历程。在这一历程当中出口贸易内容发生了，从以羊毛等工业原材料为主到旧式呢绒，再到新式呢绒，最后不仅棉纺织品出现，其他非纺织行业的工业制成品的出口也逐渐增多的深刻变化。英国对外贸易的区域也从离国土最近的低地国家和法国，历经曲折，渐次扩大到波罗的海和地中海地区。最后，终于不再局限于欧洲大陆的传统贸易区域，英国商人的足迹遍布了整个世界，印刻在了印度、远东、俄罗斯、非洲和美洲大陆。特别是跨大西洋贸易对英国近现代的影响十分深远，直至今天北美地区仍然是英国至关重要的贸易区。

　　还有一点就是，随着英国对外贸易以及国内经济的发展壮大，英国商人和外国商人在对外贸易当中的关系也发生了重大的变化。英国从中世纪一开始与外国发生贸易联系，对外贸易的主要部分就掌握在外国商人的手中。这些外国商人从最初的佛兰德尔商人到后来的意大利商人和汉萨商人，在当时都比英国商人富有，英国商人在对外贸易当中都处于弱势地位。在国家政策的支持下，英国商人经过不断的努力，不仅摆脱了外国商人的控制，而且在国际贸易市场上与外国商人的竞争当中逐渐走向更加强势的一面。这一切都为日后英国发展成为世界头号强国打下了坚实的基础。

　　这一时段英国的港口贸易发展大致分为三个阶段，分别是中世纪晚期英国港口贸易的初步兴盛时期，16世纪到17世纪早期伦敦贸易的大扩张时期，17世纪晚期英国对外贸易变革和西部港口的兴起时期。

从中世纪早期英国开始与外国进行贸易时，羊毛就成为英国出口贸易最主要的产品。之所以如此是因为这一时期低地国家和意大利的毛纺织行业比较发达，它们当地产的羊毛质量较差，而英国的气候适合养羊，产出的羊毛质量较高。低地国家和意大利的纺织工业需要英国羊毛，因而低地国家和意大利的商人纷纷前来英国购买羊毛用于出口。这些外国商人依靠强大的资本以及通过向英国国王提供贷款获得的大量贸易特权基本控制了英国的羊毛出口贸易。

随着中世纪晚期英国羊毛纺织业的发展，英国出口贸易当中呢绒逐渐增多，并且在 15 世纪中期超过羊毛成为最主要的出口产品。英国由工业原料出口国转变成为工业制成品出口国，不再处于欧洲纺织工业体系的最底层。当然，呢绒出口当中外国商人依然占有很大比例。特别是呢绒的出口使得汉萨商人大量涌入。汉萨商人依靠向王室贷款获得了大量贸易特权。他们活跃在英国东部沿海港口把大量呢绒出口到波罗的海地区，成为英国与波罗的海地区进行贸易的桥梁。意大利商人以南部港口南安普顿为基地，出口呢绒到地中海地区。英国商人更多的是向低地国家和法国出口呢绒。值得注意的是，英国这时候出口呢绒的很大一部分是中等质量的宽幅呢绒和克尔赛呢绒。出口的宽幅呢绒大多是半成品白色呢绒，需要出口到外国进行染色和精加工处理，最后再由外国商人分销到欧洲各地的消费者手中。廉价的克尔赛呢绒反而多是在国内进行染色和精加工处理然后再出口到国外，但是相对宽幅呢绒来说数量较少。

随着英国商人力量的壮大，他们试图进入波罗的海和地中海等外国商人控制的贸易区域。英国商人要求在波罗的海拥有和汉萨商人在英国对等的贸易特权。这遭到汉萨同盟的反对，双方发生了激烈的冲突，最后以英国商人的失败而告终，英国商人被排挤出了波罗的海地区。英国商人试图进入地中海地区的行动同样以失败告终。这样的失败只能说明英国商人的力量同强大的外国商人相比还太弱小。特别是英国最为富有的伦敦商人这时大多数已然醉心于和低地地区进行贸易，单靠地方港口商人很难在国际市场上与外国商人进行较量。

受这一时期英国贸易形势的影响，英国西部和南部港口的贸易开始繁荣起来。因为这一时期西南部地区的毛纺织业成为英国呢绒生产的中心，这一地区的港口无疑占有地理上的优势。南安普顿、埃克塞特等港口都是依靠出口呢绒一跃成为全国排行前列的港口。意大利商人把南安普顿作为与英国进行贸易的基地更加快了其走向繁荣的步伐。

从15世纪末开始，英国商人的对外贸易地区越来越多的集中到了低地国家，并且逐渐形成了独特的伦敦—安特卫普贸易模式。这一贸易模式形成的重要原因是安特卫普在16世纪取代布鲁日成为欧洲大陆的贸易和金融中心，从而给英国出口呢绒提供了一个巨大而且便利的市场。而伦敦在与安特卫普进行贸易时拥有特别有利的地理优势以及贸易特权，因而越来越多的原本通过地方港口进行的对外贸易都转移到了伦敦港口。这必然对很多地方港口造成伤害，连那些距离伦敦较远的东部和西部边陲的港口也不能幸免。

伦敦对全国出口呢绒的垄断，不仅仅是建立在吸引地方港口的贸易上，更是建立在从15世纪晚期到16世纪中叶英国对外贸易急速上升的基础上。这一阶段英国呢绒出口量增长超过5倍，对日益繁荣的对外贸易的垄断无疑给伦敦带来了巨大的财富，伦敦经济的发展还吸引了全国乃至欧洲其他国家人口的涌入。不断涌入的人口和财富，使得伦敦的城市规模以那个年代难以置信的速度膨胀式扩张，最终到17世纪末从一个西欧的二流城市发展成为第一大城市。

伦敦这一时期的对外贸易大部分都集中在商人冒险家公司的手中，这个以伦敦商人为主的贸易公司依靠王室赐予的特权，以及本身的经济实力排挤了其他竞争者，成为英国都铎时期最为强大而富有的经济组织。值得注意的是，商人冒险家公司在呢绒出口上的强大并没有妨碍到汉萨商人在英国出口贸易上的特权。汉萨商人依然把相当一部分呢绒从英国出口到波罗的海地区。汉萨商人在全国呢绒出口上所占的比例一直保持在20%左右。伦敦—安特卫普贸易的繁荣使得伦敦商人满足于和安特卫普的贸易，失去开发新市场的欲望。地方港口的商人虽然有一些对外商业冒险的行为，但是限于经济实力不足，鲜有成效。然而过度集中于安特卫普一地的贸易繁荣背后却隐藏着英国纺织工业产能过剩的危机。

到16世纪50年代，对外贸易的连续增长停止了，紧接着繁盛一时的伦敦—安特卫普贸易模式走向崩溃。这一贸易模式崩溃的原因很多，包括英国纺织工业产能过剩危机的爆发；英国国内物价飞涨；英国与西班牙王室的政治冲突加剧；更为重要的是，在低地国家与西班牙经历了一番战争之后，曾经辉煌一时的安特卫普迅速走向了衰落，不能再给英国对外贸易提供广阔的市场。这次经济危机使得一时间英国从事呢绒出口贸易和毛纺织业的商人大面积破产。

然而穷则思变，英国的商人们开始四处寻找新的对外贸易市场来销售它们的商品。他们组织了大量的商业冒险，在16世纪下半叶开辟了许多新的市场。包括俄罗斯、摩洛哥乃至于印度这些英国人从未涉足的地区。更为重要的是，伦敦和东北部港口的商人们开始进入到波罗的海，以及伦敦和西南部港口的商人们开始涉足地中海地区。这对于英国对外贸易来说有着十分重要的意义，因为英国商人的主要市场不再局限于低地国家。这同样意味着地方港口的商人有了在贸易变革当中分得一杯羹的可能，比如取得波罗的海贸易垄断权的东地公司当中很多成员都是东部港口的商人，而远航到地中海地区的商人当中出现很多西南部商人的身影。

波罗的海贸易区也开始成为英国对外贸易的一个主要市场。汉萨商人在此之前一直控制着英国与波罗的海的呢绒贸易。从这一时期开始，英国商人开始越来越多的用本国的船只运输呢绒到波罗的海。这引发了英国商人和汉萨商人的再次冲突，与15世纪晚期不同的是这一次冲突最终的获胜者是英国商人。以东地公司为主的英国商人最终占领了那里的市场。与此同时，包括汉萨商人在内的外国商人在英国出口贸易当中所占的份额已经变得微不足道。这意味着从13世纪开始就被外国商人所控制的对外贸易，在历经了3个世纪之后，终于完全掌握在了英国商人的手中。英国商人在这一时期进入地中海进行贸易的直接动因是英国人对地中海地区来自东方的奢侈品的需求，而不是要出口呢绒到这里。地中海地区的市场仍然被意大利的纺织品所占据。

就出口商品而言，整个16世纪仍以宽幅呢绒和克尔赛呢绒这些传统的纺织产品为主。所不同的是商人冒险家公司出口到低地国家和德国的呢绒大多是半成品的白色呢绒，而出口到波罗的海地区的反而都是经过染色和精加工处理的。但是值得注意的是，从16世纪晚期开始，纺织工业生产悄然开始发生变革，出现了区别于旧式呢绒的新式呢绒。这种新式呢绒，质量轻便价格便宜，而且样式新颖，迅速地在欧洲南部地区找到市场。从17世纪早期开始新式呢绒在南部市场的出口开始稳步增长。

17世纪早期，对于英国旧式呢绒的出口贸易来说是不幸的。因为低地国家、德国乃至于新近开发的波罗的海市场对旧式呢绒的需求量正在减少。旧式呢绒市场的萎缩，使得英国的纺织工业开始调整生产方式以适应市场需求。

首先，技术比较复杂的呢绒染色和精加工工业在全国普遍的扩展开来。从伦敦出口到低地国家和德国的半成品呢绒数量下降得十分迅速，到17世纪末基本上消失不见了。其次，毛纺织业更为重要的变化是新式呢绒生产的大规模扩展。早期的新式呢绒首先在欧洲南部地中海地区赢得了市场。17世纪上半叶新式呢绒在低地国家和德国的销量不大，因为它们比较轻薄，不适合北方寒冷的气候。但是很快一种新的新式呢绒改变了这一情况，在欧洲北部地区打开了市场。那就是西南部地区生产的哔叽呢绒。它比宽幅呢绒轻便，而且比大多数混纺毛纺织品要更加厚实，更加耐穿。这种新式呢绒一经面世便得到了法国、低地地区等市场消费者的青睐。哔叽呢绒的出口主要通过西南部的埃克塞特以及伦敦。这给一度走向衰落的埃克塞特带来了生机。埃克塞特的哔叽呢绒出口量在17世纪60年代还在年均1万匹左右，到1700年则达到了惊人的33万匹，这一出口贸易的发展使埃克塞特超过赫尔和布里斯托尔成为全国第二大贸易港口。新式呢绒在法国和低地国家的畅销，一定程度上抵消了传统呢绒出口衰落带来的影响。

与新式呢绒在地中海西部的出口扩张不同的是，英国成品旧式呢绒反而在地中海东部的黎凡特地区找到了市场。毛纺织品在地中海地区的畅销使得英国与这一地区的贸易形势发生了质的变化，由原来主要以进口贸易为主，转向了以出口贸易为主。随着欧洲南部市场的贸易量飞速扩展，欧洲北部市场和南部市场对英国工业生产的相对重要性从根本上发生了改变。到17世纪末，英国出口到地中海的毛纺织品占到全部出口量的 40%，而出口到欧洲西部和北部的纺织品比例为 50%。

在 17 世纪中晚期，比新式呢绒出口更为重要的对外贸易特征是非欧洲地区贸易的快速兴起。这不仅仅是对外贸易区域的扩展，而且给对外贸易的结构和本质带来了极大的改变。英国商人历史上第一次能够提供给外国消费者大量并非产自本国的货物，这就是英国再出口贸易的兴起。非欧洲贸易区域最为重要的是印度和美洲。起初东印度公司从东方运回国进行再出口的货物是香料等奢侈品，但是更为重要的是从印度进口的白棉布。白棉布的进口给英国的毛纺织业带来了冲击。英国与美洲殖民地的贸易则以烟草、蔗糖以及奴隶贸易为主。

这一时期纺织产品贸易本质的转变，非欧洲地区贸易的发展给西部港口带来了巨大发展契机。布里斯托尔这时候积极参与到大西洋贸易当中，从中获利匪浅。布里斯托尔的商人从非洲贩运大量的奴隶到西印度和美洲，然后从那里运回大量的烟草和蔗糖。布里斯托尔蔗糖和奴隶贸易的繁荣，使得布里斯托尔在城市财富和人口上很快超过了诺里奇成为仅次于伦敦的英国第二大城市。这一时期港口贸易发展不得不提的就是西部港口利物浦的兴起。利物浦在 17 世纪之前都是名不见经传，但是从 17 世纪晚期开始迅速发展，到了 18 世纪就超越了布里斯托尔，成为仅次于伦敦的第二大港口。利物浦的崛起首先得益于其腹地兰开夏、西米德兰地区工业的发展。兰开夏的纺织业引进棉花之后棉纺织业发展迅速，到了 17、18 世纪终于成为英国重要的纺织业中心地区。这不仅使得利物浦的棉花进口贸易日渐发达起来，棉纺织品的出口贸易量也变得很大。当然，这一时期的大西洋贸易对利物浦的影响也很大，烟草、蔗糖、棉花等进口十分繁荣，尤其是奴隶贸易给利物浦带来了巨大的利润。

西部港口的兴起并不意味着伦敦港口贸易的减少，伦敦仍然掌握了全国大部分的对外贸易，而且伦敦从大西洋贸易当中的获利也是最大的。但是，伦敦在全国对外贸易当中的绝对优势地位被削弱了。尤其是利物浦，它在日后发展越来越迅速，不断撼动着伦敦在全国对外贸易当中的霸主地位。与此同时，英国以伦敦为核心的东南部地区在全国经济当中的中心地位被打破了，一个以曼彻斯特、利物浦乃至伯明翰为主的西北部经济中心逐渐形成,英国工业革命的因子已经滋生蔓延开来。

最后需要强调的是英国在对外贸易当中由弱小变强大,是多种因素共同作用的结果。笔者在这里做出以下总结,希望能给我国现在的对外贸易提供一点借鉴。第一,英国商人精诚团结,在进行对外贸易时经常以公司团体的方式进行。从最开始的羊毛出口商公司、商人冒险家公司到后来的俄罗斯公司、东印度公司等等,这种组织性较高的贸易方式使得原本比较弱小的英国商人可以在国内外市场上与外国商人进行竞争。第二,英国政府的政策支持。英国对外贸易的发展壮大,自始至终都离不开英国政府的支持。从中世纪晚期鼓励商人出口呢绒,对外国商人出口羊毛征收高额关税,一直到后来颁布航海法令等一系列法令,都使得英国商人在与外国商人进行竞争时处于十分有利的位置。除此之外,英国政府还通过一场又一场的战争,把英国对外贸易的竞争对手西班牙、法国、荷兰等国打倒在地,为英国商人在对外贸易市场上纵横驰骋扫平了道路。第三,坚实的国内经济基础。英国盛产羊毛使得英国毛纺织业相对外国来说处于有利地位,加上英国国内水利发达,这都利于毛纺织业的发展。繁荣的毛纺织业为英国的对外贸易打下了坚实的基础。中世纪晚期到近代早期日益提高的农业生产效率无疑给英国贸易的繁荣提供了后盾。第四,我们也不能忽略外来因素在英国经济发展当中所起的重要作用。在中世纪,那些富有的外国商人垄断英国羊毛出口贸易,虽然是为自身谋利,但客观上却把羊毛这种工业原料转化为了大量财富,为曾经落后的英国纺织工业的起航奠定了资金基础。他们出口英国呢绒的贸易行为,还起到在海外推广英国呢绒,开拓市场的作用。更为重要的是,那些欧洲大陆不断涌入的移民带来了很多先进的工业生产技术,正是这些技术给英国工业生产带来了一次又一次的变革,改变了英国工业落后的面貌,英国对外贸易也因此不断地走向繁荣。[1] 第五,英国商人不畏艰难险阻,不懈追求的商业精神。对外贸易,尤其是远洋的对外贸易,不仅

---

[1] 刘景华:《外来因素与英国的崛起——转型时期英国的外国人和外国资本》,人民出版社2010年版,第274页。

耗资巨大，回报周期漫长，而且要面临海盗、风暴、疫病、死亡等很多难以预料的情况，因而是一种危险系数极高的商业活动。正是这种商业精神支撑着英国商人不断地进行海外冒险，开拓新的海外市场。在经历了重重危险和失败之后才最终取得了对外贸易的成功。当然，英国商人开拓一些海外市场之后的商业行为，也给某些地区带来了极大的伤害，比如西非、美洲、东印度，乃至于后来的中国。这是不值得提倡的，我们要把这两者加以区分。

参考文献

一　英文文献

(一) 文献档案、数据库和网络资源

Allison K. J., *A History of the County of York East Riding*: Vol. 1: *The City of Kingston upon Hull*, Institute of Historical Research, 1974.

Bland, A. E. & Brown, P. E. & Tawney, R. H., *English Economic History*: *Select Documents*, London: G. Bell & Sons, Ltd., 1925.

Clapp, B. W., Fisher, H. E. S. & Jurica, A. R. J., *Documents in English Economic History*, *England from 1000—1760*, London: G. Bell & Sons, Ltd., 1977.

Douglas, D. C. (general editor), *English Historical Documents*, London: Taylor & Francis Group, 2006.

Henderson, E. F., *Select Historical Documents of the Middle Ages*, London: G. Bell & Sons, Ltd., 1892.

Powell, K. & Cook, C., *English Historical Facts*, *1485—1603*, London: Rowman & Littlefield, 1977.

http://www.etymonline.com/index.php

Wikipedia, http://www.wikipedia.org/

http://www.britannica.com

http://www.medievalgenealogy.org.uk

http://www.londonroll.org

（二）英文著作

Amor, R. Nicholas, *Late Medieval Ipswich: Trade and Industry*, Boydell & Brewer Ltd., 2011.

Ascott, Diana E., *Liverpool 1660—1750, People, Prosperity and Power*, Liverpool University Press, 2010.

Baines, Thomas, *History of the Commerce and Town of Liverpool: And of the Rise of the Manufacturing Industry in the Adjoining Counties*, Longman, Brown, Green, and Longmans, 1852.

Belchem, John, *Liverpool 800: Culture, character & History*, Liverpool University Press, 2006.

Bell R. Adrian, *The English Wool Market, C. 1230—1327*, Cambridge University Press, 2007.

Bird John Brian, *Southampton Island*, E. Cloutier, 1953.

Canny Nicholas, *Merchants and revolution: commercial change, political conflict, and London's overseas traders, 1550—1653*, Verso, 2003.

Capper Charles, *The port and trade of London, historical, statistical, local, and general*, Smith, Elder & Co., 1862.

Clarke Charles Cyril, *The society of Merchant Adventurers of Bristol*, The Society, 1975

Coleman Olive, *England's Export Trade, 1275—1547*, At the Clarendon Press, 1963.

Corry John, *The history of Liverpool: from the earliest authenticated period down to the present times*, W. Robinson, 1810.

Davies J. Silverster, *A History of Southampton*, Gilbert, 1883.

Davis Ralph, *English Overseas Trade, 1500—1700*, Macmillan, 1973.

Dover Percy, *The early medieval history of Boston, AD 1086—1400*, Richard Kay, 1972.

Duffy Michael, *The New Maritime History of Devon: From Early Times to the Late Eighteenth*, Conway Maritime Press, 1992.

Finlay Roger, *London 1500—1700: The Making of the Metropolis*, Longman, 1986.

Fisher F. J., *Trade, Government and Economy in Pre-industrial England*, Weindenfeld and Nicolson, 1976.

Fisher F. J., *London and the English Economy, 1500—1700*, Continuum, 1990.

Frost Charles, *Notices Relative to the Early History of the Town and Port of Hull*, London, 1827.

Fryde, *Studies in Medieval Trade and Finance*, Continuum, 1983.

Henry Swinden, *The history and antiquities of the ancient burgh of Great Yarmouth in the county of Norfolk*, Printed for the author by J. Crouse, 1772.

Henry Swinden, *The History of Great Yarmouth Collected from Antient Records, and Other Authentic Materials*, Printed for the author by J. Crouse, 1772.

Hoskins William George, *Industry, Trade and People in Exeter, 1688—1800*, Manchester University Press, 1935.

Hurst J. D., *Sheep in the Cotswold: The Medieval Wool Trade*, History Press Limited, 2005.

John Palmer Charles, *The History of Great Yarmouth, Designed as a Continuation of Manship's History of that Town*, Louis, 1856.

Kermode Jenny, *Medieval Merchants: York, Beverley and Hull in the later middle ages*, Cambridge University Press, 2002.

Kowaleski Maryanne, *Local markets and regional trade in medieval Exeter*, Cambridge University Press, 2003.

Lloyd T. H., *The English Wool Trade in the Middle Ages*, Cambridge University Press, 2005.

MacCaffrey T. Wallace, *Exeter, 1540—1640: The Growth of an English County Town*, Harvard University Press, 1975.

Mary Eleanora, *The Expansion of Exeter at the Close of the Middle Ages*, University of Exeter, 1963.

Mary Eleanora, *The Merchant Adventurers of Bristol in the Fifteenth Century*, University, Bristol Branch of the Historical Association, 1962.

McGrath Patrick, *Merchants and Merchandise in Seventeenth Century Bristol*, Bristol Record Society, 1955.

Minchinton E. Walter, *The Trade of Bristol in the Eighteenth Century*, Bristol Record Society, 1957.

Morgan Kenneth, *Bristol and the Atlantic Trade in the Eighteenth Century*, Cambridge University Press, 2004.

Muir Ramsay, *A History of Liverpool*, Biblio Bazaar, 2011.

Nightingale Pamela, *A Medieval Mercantile Community: The Grocers'Company and the Politics and Trade of London, 1000—1485*, Yale University Press, 1995.

Oppenheim Michael, *The maritime history of Devon*, University of Exeter, 1968.

Palliser D. M., *The Cambridge urban history of Britain, Vol. 1, 1540—1840*, Cambridge University Press, 2000.

Palliser D. M., *The Cambridge urban history of Britain, Vol. 1, 600—1540*, Cambridge University Press, 2000.

Palmer Charles John, *Pictorial guide to Great Yarmouth*, University of Oxford, 1854.

Pitt Catherine, *The Wine Trade in Bristol in the Fifteenth and Sixteenth Centuries*, M. A. Medieval and Early Modern History, University of Bristol, 2006.

Postan M. M., *Medieval Trade and Finance*, Cambridge University Press, 1973.

Postan M. M., *Studies in English trade in the 15th century*, Routledge, 2005.

Power Eileen Edna, M. M. Postan, *Studies in English trade in the 15th century*, Routledge, 2005.

Power Eileen Edna, *The wool trade in English medieval history*, Greenwood Publishing Group, Incorporated, 1987.

Ramsay G. D., *The City of London, in International Politics at the Accession of Elizabeth Tudor*, Manchester University Press, 1975.

Ramsay G. D., *The queen's merchants and the revolt of the Netherlands: the end of the Antwerp mart*, Manchester University Press, 1986.

Rigby H. Steven, *The Overseas Trade of Boston in the Reign of Richard II*, Oxford University Press 2007.

Ruddock Alwyn, *Italian Merchant and Shipping in Southampton 1270—1600*, Southampton University College, 1951.

Sacks David Harris, *The Widening Gate: Bristol and the Atlantic Economy, 1450—1700*, University of California Press, 1993.

Salzman Louis Francis, *English trade in the middle ages*, H. Pordes, 1964.

Saul Anthony Richard, *Great Yarmouth in the Fourteenth Century: A Study in Trade, Politics and Society*, University of Oxford, 1975.

Sheahan James Joseph, *General and Concise History and Description of the Town and Port of Kingston-upon-Hull*, Simpkin, Marshall & Co., 1864.

Smithers Henry, *Liverpool, Its Commerce, Statistics, and Institutions: With a History of the Cotton Trade*, T. Kaye, 1825.

Studer Paul, *The port book of Southampton*, Cox & Sharland, 1913.

Sutton F. Anne, *The Mercery of London: Trade, Goods And People, 1130—1578*, Ashgate Publishing, Ltd., 2005.

Thomson Gladys Scott, *Wool Merchants of the Fifteenth Century*, Longmans, Green, 1958.

Thrupp L. Sylvia, *The Merchant Class of Medieval London: (1300—1500)*, University of Michigan Press, 1989.

Unwin George, *The Gilds and Companies of London*, London, 1908.

Wells Charles, *A short history of the port of Bristol*, University of Oxford, 1909.

Williams A. Gwyn, *Medieval London*, Routledge, 2013.

Williams Neville, *The maritime trade of the East Anglian ports*,

1550—1590, Clarendon Press, 1988.

Wren Wilfrid John, *Ports of the Eastern Counties: the development of harbours on the coast of the Eastern Counties from Boston in Lincolnshire to Rochford in Essex*, Dalton, 1976.

（三）英文论文

Allison J. E., "The Development of Merseyside and the Port of Liverpool", *The Town Planning Review*, Vol. 24, No. 1, 1953.

Brooks F. W., "The Cinque Ports' Feud with Yarmouth in the Thirteenth Century", *The Mariner's Mirror*, Vol. 19, Issue. 1, 1933.

Carus-Wilson E. M., "Trends in the Export of English Woollens in the Fourteenth Century", *The Economic History Review*, New Series, Vol. 3, No. 2, 1950.

Childs R. Wendy, "The commercial shipping of south-western England in the later fifteenth-century", *The Mariner's Mirror*, Vol. 83, No. 3, 1997.

Paul G. E. Clemens, "The Rise of Liverpool, 1665—1750", *The Economic History Review*, New Series, Vol. 29, No. 2, 1976.

Cobb H. S., "Cloth Exports from London and Southampton in the Later Fifteenth and Early Sixteenth Centuries: A Revision", *The Economic History Review*, New Series, Vol. 31, No. 4, 1978.

Cobb H. S., "Cloth Exports from London and Southampton in the Later Fifteenth and Early Sixteenth Centuries: A Revision", *The Economic History Review*, New Series, Vol. 31, No. 4, 1978.

Coleman Olive, "Trade and Prosperity in the Fifteenth Century: Some Aspects of the Trade of Southampton", *The Economic History Review*, New Series, Vol. 16, No. 1, 1963.

Davis Ralph, "English Foreign Trade, 1660—1700", *The Economic History Review*, New Series, Vol. 7, No. 2, 1954.

Davis Ralph, "English Foreign Trade, 1700—1774", *The Economic History Review*, New Series, Vol. 15, No. 2, 1962.

Dumbell Stanley, "The Beginnings of the Liverpool Cotton Trade", *The Economic Journal*, Vol. 34, No. 134, 1924.

East W. G., "The Port of Kingston-upon-Hull during the Industrial Revolution", *Economica*, No. 32, 1931.

Fisher F. J., "Commercial Trends and Policy in Sixteenth-Century England", *The Economic History Review*, Vol. 10, No. 2, 1940.

Fisher F. J., "London's Export Trade in the Early Seventeenth Century", *The Economic History Review*, New Series, Vol. 3, No. 2, 1950.

J. D. Gould, "Cloth Exports, 1600—1640", *The Economic History Review*, New Series, Vol. 24, No. 2, 1971.

Gould J. D., "The Trade Crisis of the Early 1620's and English Economic Thought", *The Journal of Economic History*, Vol. 15, No. 2, 1955.

Gray H. L., "The Production and Exportation of English Woollens in the Fourteenth Century", *The English Historical Review*, Vol. 39, No. 153, 1924.

Jones S. J., "The Growth of Bristol: The Regional Aspect of City Development", *Transactions and Papers (Institute of British Geographers)*, No. 11, 1946.

Kindleberger P. Charles, "The Economic Crisis of 1619 to 1623", *The Journal of Economic History*, Vol. 51, No. 1, 1991.

Mace A. Frances, "Devonshire Ports in the Fourteenth and Fifteenth Centuries", *Transactions of the Royal Historical Society*, Fourth Series, Vol. 8, 1925.

Maryanne Kowaleski, "The Expansion of the South-Western Fisheries in Late Medieval England", *The Economic History Review*, New Series, Vol. 53, No. 3, 2000.

Minchinton W. E., "Bristol: Metropolis of the West in the Eighteenth Century", *Transactions of the Royal Historical Society*, Fifth Series, Vol. 4, 1954.

Power Eileen, "The English Wool Trade in the Reign of Edward IV",

Cambridge Historical Journal, Vol. 2, No. 1, 1926.

Rees Henry, "The Growth of Bristol, *Economic Geography*", Vol. 21, No. 4, 1945.

Rorke Martin, "English and Scottish Overseas Trade, 1300—1600", *The Economic History Review*, New Series, Vol. 59, No. 2, 2006.

Ruddock Alwyn A., "Alien Hosting in Southampton in the Fifteenth Century," *The Economic History Review*, Vol. 16, No. 1, 1946.

Ruddock Alwyn A., "Alien Merchants in Southampton in the Later Middle Ages," *The English Historical Review*, Vol. 61, No. 239, 1946.

Ruddock Alwyn A., "London Capitalists and the Decline of Southampton in the Early Tudor Period", *The Economic History Review*, New Series, Vol. 2, No. 2, 1949.

Saul Anthony Richard, "English towns in the later middle ages the case of great yarmouth", *Journal of Medieval History*, Vol. 8, Issue. 1, 1982.

Scammell G. V., "English Merchant Shipping at the End of the Middle Ages: Some East Coast Evidence", *The Economic History Review*, New Series, Vol. 13, No. 3, 1961.

Stephens W. B., "Further Observations on English Cloth Exports, 1600—1640", *The Economic History Review*, New Series, Vol. 24, No. 2, 1971.

Stephens W. B., "The Cloth Exports of the Provincial Ports, 1600—1640", *The Economic History Review*, New Series, Vol. 22, No. 2, 1969.

Steven H. Rigby, " 'Sore decay' and 'fair dwellings': Boston and urban decline in the later middle ages", *Midland History*, Vol. 10, 1985.

Stone Lawrence, "Elizabethan Overseas Trade", *The Economic History Review*, New Series, Vol. 2, No. 1, 1949.

Stone Lawrence, "State Control in Sixteenth-Century England", *The Economic History Review*, Vol. 17, No. 2, 1947.

Tavener L. E., "The port of Southampton", *Economic Geography*, Vol. 26, No. 4, 1950.

Tittler Robert, "The English Fishing Industry in the Sixteenth Century: The Case of Great Yarmouth", *Albion: A Quarterly Journal Concerned with British Studies*, Vol. 9, No. 1, 1977.

Walker F., "The Port of Bristol", *Economic Geography*, Vol. 15, No. 2, 1939.

二 中文文献

（一）译著

布瓦松纳：《中世纪欧洲生活和劳动（五至十五世纪）》，潘原来译，商务印书馆1985年版。

亨利·皮朗：《中世纪城市》，陈国梁译，商务印书馆2006年版。

亨利·皮朗：《中世纪欧洲经济社会史》，乐文译，上海人民出版社2001年版。

卡洛·M. 奇波拉：《欧洲经济史》第2卷，贝昱、张菁译，商务印书馆1988年版。

肯尼思·摩根主编：《牛津英国通史》，王觉非等译，商务印书馆1993年版。

罗伯特·杜普莱西斯：《早期欧洲现代资本主义的形成过程》，朱智强等译，辽宁教育出版社2001年版。

施托马克尔：《十六世纪英国简史》，上海外国语学院编译室译，上海人民出版社1958年版。

亚当·斯密：《国富论——国民财富的性质和起因的研究》，谢祖钧等译，中南大学出版社2003年版。

约翰·克拉潘：《简明不列颠经济史，从最早时期到1750年》，范定九、王祖廉译，上海译文出版社1980年版。

约瑟夫·库利舍尔：《欧洲近代经济史》，北京大学出版社1990年版。

詹姆斯·W. 汤普逊：《中世纪经济社会史》上、下册，耿淡如译，商务印书馆1997年版。

詹姆斯·W. 汤普逊：《中世纪晚期欧洲经济社会史》，徐家玲等译，商务印书馆 1996 年版。

E. E. 里奇、C. H. 威尔逊主编：《剑桥欧洲经济史（第五卷）：近代早期的欧洲经济组织》，高德步等译，经济科学出版社 2002 年版。

M. M. 波斯坦、E. E. 里奇、爱德华·米勒主编：《剑桥欧洲经济史（第三卷）：中世纪的经济组织和经济政策》，周荣国等译，经济科学出版社 2002 年版。

M. M. 波斯坦、爱德华·米勒主编：《剑桥欧洲经济史（第二卷）：中世纪的贸易与工业》，钟和等主译，经济科学出版社 2002 年版。

（二）原著

陈曦文：《世界中世纪史研究》，人民出版社 2006 年版。

陈曦文：《英国 16 世纪经济变革与政策研究》，首都师范大学出版社 1995 年版。

陈曦文、王乃耀：《英国社会转型时期经济发展研究，16 世纪至 18 世纪中叶》，首都师范大学出版社 2002 年版。

侯建新：《社会转型时期的西欧与中国》，高等教育出版社 2005 年版。

侯建新主编：《经济—社会史：历史研究的新方向》，商务印书馆 2002 年版。

蒋孟引主编：《英国史》，中国社会科学出版社 1988 年版。

金志霖：《英国行会史》，上海社会科学院出版社 1996 年版。

刘景华：《城市转型与英国的勃兴》，中国纺织出版社 1994 年版。

刘景华：《西欧中世纪城市新论》，湖南人民出版社 2000 年版。

刘景华：《走向重商时代——社会转折中的西欧商人和城市》，中国社会科学出版社 2007 年版。

马克垚：《封建经济政治概论》，人民出版社 2010 年版。

马克垚：《西欧封建经济形态研究》，中国大百科全书出版社 2009 年版。

马克垚：《英国封建社会研究》，北京大学出版社 2005 年版。

张卫良：《英国社会的商业化历史进程，1500—1750》，人民出版社 2004 年版。

赵立行:《商人阶层的形成与西欧社会转型》,中国社会科学出版社 2004 年版。

赵秀荣:《1500—1700 年英国商业与商人研究》,社会科学文献出版社 2004 年版。

(三) 论文

陈曦文:《英国都铎时代伦敦商人的财富和权力》,《世界历史》1993 年第 4 期。

陈兆璋:《论中世纪英国向资本主义的过渡》,《厦门大学学报》(哲学社会科学版) 1987 年第 3 期。

郭丽敏:《转型时期英国商人与对外贸易》,《黑龙江教育学院学报》2011 年第 8 期。

刘景华:《汉萨商人在英国的活动及其对英国社会的影响》,《广州大学学报》(社会科学版) 第 7 卷第 11 期。

刘景华:《试论英国崛起中的尼德兰因素》,《史学集刊》2009 年第 2 期。

刘景华:《外来移民和外国商人:英国崛起的外来因素》,《历史研究》2010 年第 1 期。

刘景华:《中世纪英国的意大利商人》,《天津师范大学学报》(社会科学版) 2008 年第 5 期。

刘景华:《论崛起时期英国经济地理格局的演变》,《天津师范大学学报》(社会科学版) 2009 年第 6 期。

裴敏超:《重商主义思想的演变与英国社会转型的完成》,《青海师范大学学报》(哲学社会科学版) 2007 年第 2 期。

赵秀荣:《16—17 世纪英国商人与政权》,《世界历史》2001 年第 2 期。

赵秀荣:《16—17 世纪英国商业资金的投向》,《世界历史》2003 年第 1 期。

后　　记

　　自 2008 年步入天津师范大学历史文化学院求学，我便在导师的指导下开始英国港口贸易史方面的研究，硕士期间主要是针对英国南安普顿一港的研究，博士期间则扩展为对 1350—1700 年期间，英国港口贸易崛起过程的梳理。博士毕业之后，我在听取相关专家意见和收集阅读相关史料基础上，对博士毕业论文进行了修改和完善，并最终形成了本成果。

　　本书得以出版，与我的导师刘景华先生的指导密不可分。正是先生对我的谆谆教诲使我从学术研究之外进入了专业的研究领域，具备了从事学术研究的基本能力。倘若没有先生不辞辛劳、循循善诱的悉心指导，乃至于毕业参加工作之后的关心和鼓励，也不会有本书的面世。另外，先生高尚的人格魅力、执着而严谨的学术研究精神深深影响着我，学生在此表示衷心的感谢！

　　特别感谢我的爱人彭丽媛，这些年来她一直在支持和鼓励着我，她还主动承担了更多家务劳动，使我能够有较多的时间来进行学术研究，正是她的爱成为我不断前行、克服工作和生活中重重困难的源源动力。

　　同时，我要感谢我的父母，感激他们在我人生每一个时刻都能给予我最无私、最博大的爱，使远在异乡工作的我仍然能够感觉到家庭的温暖。没有他们的支持和养育，便不能有今日我的成长。

　　本书涉及英国港口众多，时间跨度颇长，很多原始的史料笔者并未掌握，再加上笔者学术能力和精力之不足，书中难免有所纰漏，欢迎各位读者批评指正！

康瑞林
2019 年 2 月